Découvrez l'histoire par les archives de presse

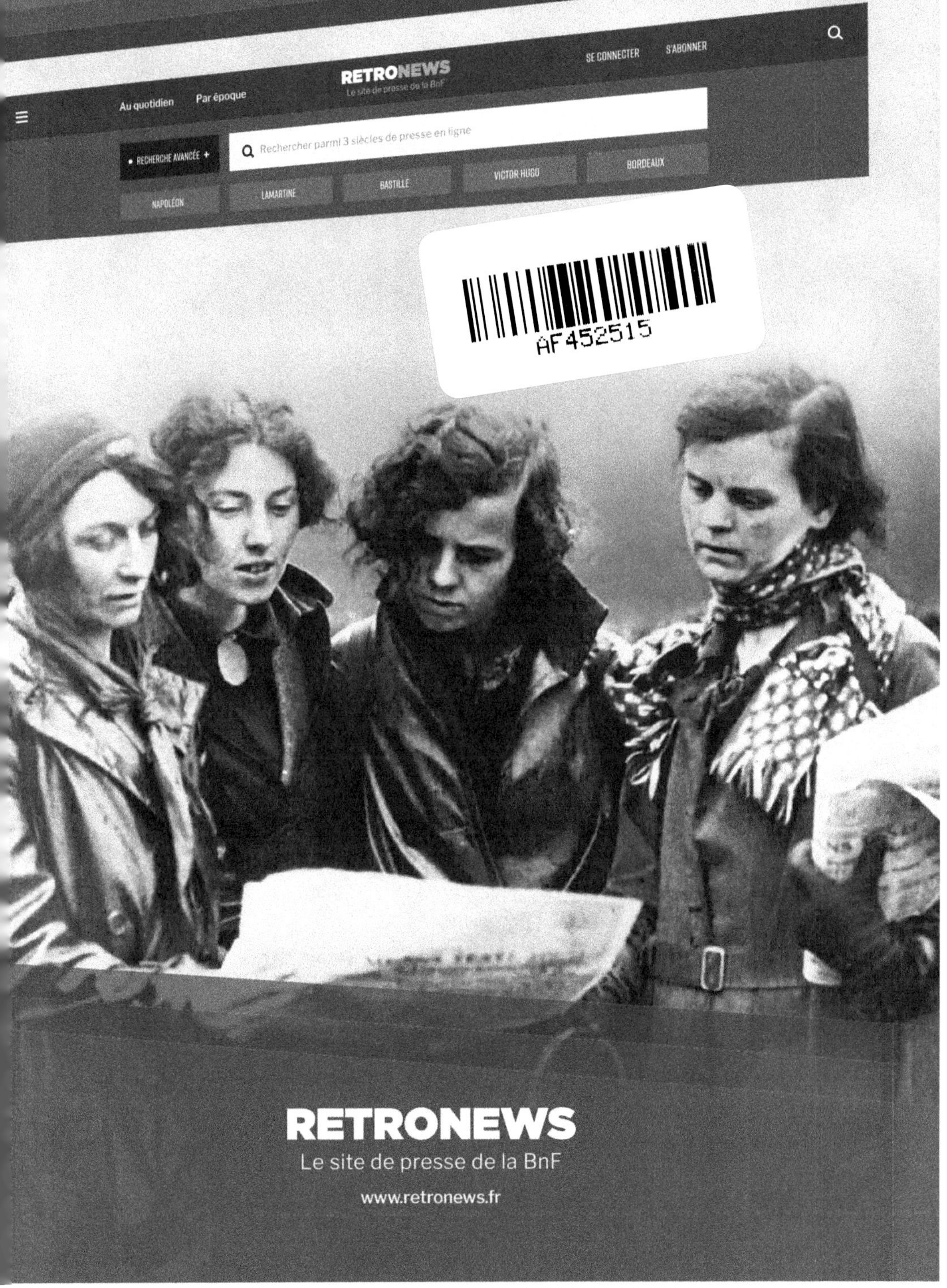

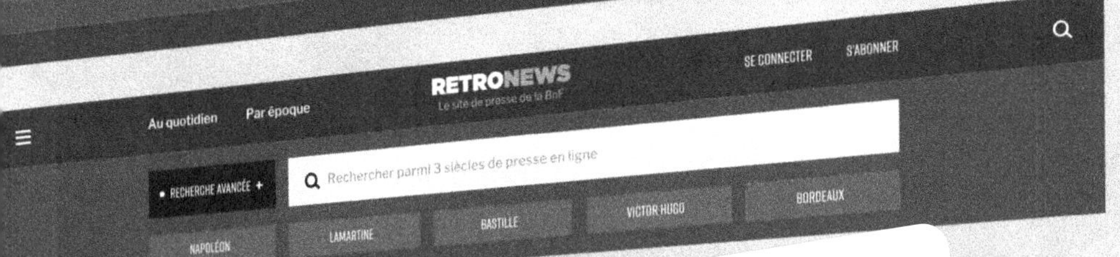

RETRONEWS

Le site de presse de la BnF

www.retronews.fr

PREMIÈRE ANNÉE

SALON DE 1879

Catalogue illustré

CONTENANT CENT DOUZE FAC-SIMILÉS

D'APRÈS LES DESSINS ORIGINAUX DES ARTISTES

PUBLIÉ SOUS LA DIRECTION DE

.F.-G. DUMAS

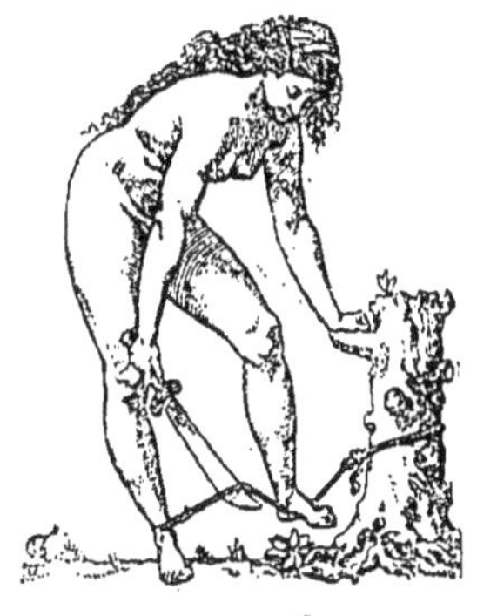

Innovare

ÉDITION AUTORISÉE

par le Ministère de l'Instruction publique et des Beaux-Arts

PARIS

L. BASCHET
LIBRAIRE
126, boulevard Magenta

BRITISH AND FOREIGN
ARTISTS ASSOCIATION
12, rue Halevy

En présentant au public un ouvrage entièrement nouveau, nous réclamons son indulgence pour cette première tentative.

Sans doute notre œuvre est loin d'être parfaite; conçue tardivement et exécutée dans un délai très court, elle doit se ressentir de la précipitation avec laquelle elle a été conduite.

Nous espérons que les encouragements du public nous permettront de continuer notre entreprise et d'apporter dans l'exécution de notre prochain catalogue, non seulement les améliorations qu'il comporte, mais encore de le compléter en donnant à la sculpture la place qu'elle mérite.

Nous devons en premier lieu adresser nos remerciements à l'Administration des Beaux-Arts, dont le concours bienveillant nous a été si précieux; nous ne

*saurions nous dispenser de rendre ici, tout particuliè-
rement, un juste hommage à M. Turquet, sous-secrétaire
d'État aux Beaux-Arts, dont l'initiative éclairée et
l'infatigable activité donnent chaque jour une impulsion
nouvelle aux divers services qui ressortent de son
administration.*

*Nous voulons aussi remercier tous les artistes qui,
en nous accordant leur gracieuse collaboration, nous
ont permis de mettre notre idée à exécution.*

A l'aide du Catalogue illustré du Salon *chacun pourra
conserver le souvenir de certaines œuvres dont il aura
toujours sous les yeux une reproduction d'autant plus
intéressante que chacune a le mérite d'avoir été exécutée
par l'artiste lui-même.*

*Le but que nous désirons atteindre est d'établir un
lien plus intime et plus durable entre l'artiste et le
public. Puissions-nous y réussir!*

CATALOGUE

DES OUVRAGES

DE PEINTURE

Exposés au Palais des Champs-Élysées

LE 12 MAI 1879

1 ABBEMA (Mlle L.). *Portrait de Mlle Jeanne Samary.*
2   —   *Portrait de Mme ***.*
3 ABRAM. (C.-F.). *La Borme, à Cléron* (Doubs).
4   —   *« Mon portrait. »*
5 ABRAHAM (T.). *Le château de Barbe-Bleue* (Maine-et-Loire).
6   —   *La Mare de Blaison* (Maine-et-Loire).
7 ACCARD (E.). *Jeune Mère.*
8   —   *Portrait de M. F. S...*
9 ACLOCQUE (P.-L.). *Portrait de Mme A...*
10 ADAN (F.-L.). *Fruits.*
11 ADAN (L.-É.). *Un petit prodige.*
12   —   *L'Été de la Saint-Martin.*
13 ADELSWARD (G. D'). *A Jehan-de-Paris* (Barbizon).
14 AGACHE (A.-P.). *Champ de trèfle.*
15 AINOLROT (A.). *Le Gros-Fouteau ; forêt de Fontainebleau.*
16   —   *La Mare aux Évées ; forêt de Fontainebleau.*
17 AIVASOVSKY (J.). *Le dernier port de refuge.*
18   —   *Tempête dans la Méditerranée.*
19 ALAINE (F.). *Laveuses à Cernay* (Seine-et-Oise).
20   —   *Les baigneuses sous bois.*
21 ALGÉRY (Mme T.). *Portrait de M. le président A...*
22 ALHEIM (J. D'). *L'étoile du soir ; golfe Juan* (Alpes-Maritimes).
23   —   *Départ pour la pêche ; environs de la Rochelle.*
24 ALHEIM (Mme J. LIMOSIN D'). *Intérieur de cuisine dans la Corrèze.*
25 ALLAIN (Mme P.). *Gibier.*
26   —   *Fleurs.*
27 ALLARD (Mme M.). *Portrait de M. E. P..., professeur au Muséum.*
28 ALLARD-CAMBRAY (C.). *La répétition interrompue.*
29 ALLEMAND (G.). *Un soir d'hiver à Crémieu* (Isère).
30   —   *Vue prise du château Marion à St-Genis-Laval* (Rhône).
31 ALLONGÉ (A.) *La pêche aux écrevisses, à Méluzien* (Yonne).
32 ALMEIDA (J.). *Portrait de M. J. M...*

33 ALOPHE (M.-A.). **H. C.** *La lecture de* Faublas.
34 — *Découragement.*
35 AMIRAULT (H.). *Le miroir de Mervent* (Vendée).
36 AMOUROUX (J.). *Vase céladon, statuette bronze, boîte émail, livres.*
37 AMY (M^llc L.). *Chien bull.*
38 — *Chien terrier.*
39 ANCILLOTTI (T.). *La fin d'une belle journée de mars, env. de Rouen.*
40 ANCONA (V. d'). *Après le bain.*
41 ANDERS (Mme M.-J.). *Rose dans une potiche.*
42 — *Fruits.*
43 ANDERSON (A.-A.). *David garde les troupeaux de son père.*
44 ANDRÉ (C.). *Les saules, à l'approche du soir, sur les bords de l'Yères.*
45 ANDRESCO (J.). *Le commencement du printemps.*
46 — *Foire en Roumanie.*
47 ANDRIEU (H.). *Une rue d'Alet* (Aude).
48 ANDRIEU (P.). *Chasse aux lions.*
49 — *Tigre au repos.*
50 ANDRIEUX (C.-A.). *Jésus porté au tombeau.*
51 — *Don Quichotte et Sancho.*
52 ANNALY (Mme). *Marée basse, à Arcachon* (Gironde).
53 — *Une ferme du Tarn.*
54 ANTIGNA (Mme M.-H.). *Un intérieur à Saint-Briac* (Ille-et-Vilaine).
55 APPIAN (A.). *Route de Port-Vendres* (Pyrénées-Orientales).
56 — *Environs de Lyon.*
57 APVRIL (É. d'). *Un peintre.*
58 AQUILA (L. de BOURBON, comte d'). *Marine.*
59 ARBANT (L.). *Fruits.*
60 ARBOUIN (S.). *Un peintre dans son atelier.*
61 ARCHENAULT (P.-A.-F.-T.). *La nymphe Echo et les Amours pleurent aux pieds de la Fécondité la mort de Narcisse.*
62 — *Une distribution de prix à Avon* (Seine-et-Marne).
63 ARCOS. *Philippe II reçoit une députation des Flandres dans sa cellule, au monastère de Saint-Laurent.*
64 ARIDAS (A.). *Portrait de M^llc M. J...*
65 ARLIN (J.). *Un beau jour de novembre dans les bois.*
66 ARMAND-DELILLE (E.). *La vallée du Dessoubre dans le Jura.*
67 — *Un coin d'herbage en Normandie.*
68 ARMAND-DUMARESQ (C.-É.). **H. C.** *Bataille de Saratoga.*
69 — *Portrait de Son Excellence M. de Santos.*
70 ARMENGAUD (C.-E.). *Temps de pluie.*
71 ARMITAGE (E.). *Après une vente entomologique; félicitations et*
72 ARNOUD (C.). *Coin de cuisine.* [*regrets.*
73 ARTAN (L.-V.-A.). *L'embouchure de l'Escaut, à Breskens* (Pays-Bas).
74 — *La mer du Nord à Blankenbergh* (Pays-Bas), *après l'orage.*
75 ARUS (R.). *Victoire de Coulmiers* (Loiret).
76 ASSELBERGS (A.). *Mare au plateau de Belle-Croix.*
77 ASTRUC (M.-T.). *Les bords de l'Yères, à Villeneuve-Saint-Georges.*
78 ATTENDU (A.-F.). « *Chez mon écaillère.* »
79 — *Les langoustes.*
80 ATTOUT-TAILFER (P.-A.). *Saint-Étienne-du-Mont.*
81 AUBERT (J.). *Portrait de M***.*
82 — *Le Baptême du Christ.*

83 AUBLET (A.). *Le lavabo des réservistes, dans la caserne du Centre,*
84 — *Séléné.* [*à Cherbourg.*
85 AUBRYET (M.). *La plaine de Falère* (Grèce).
86 — *Souvenir de Grèce.*

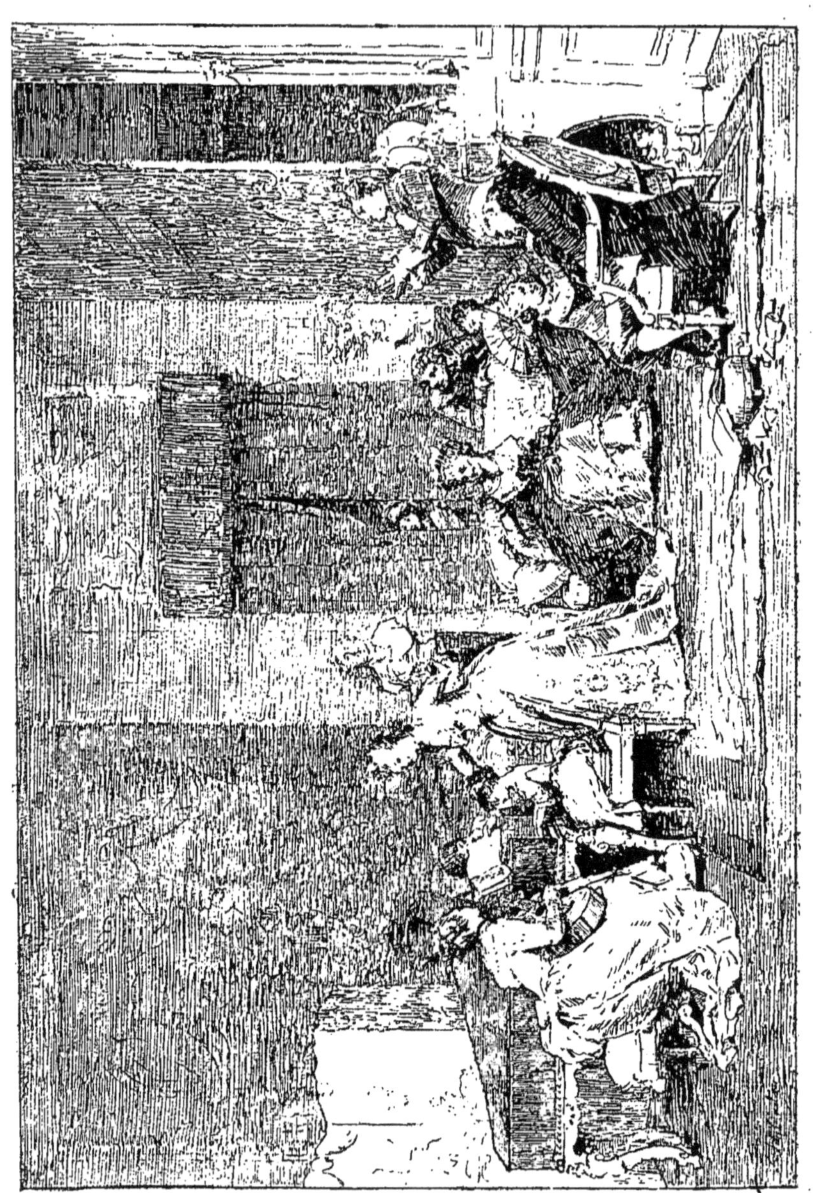

11. Adan (L.-É.). *Un petit prodige.*

87 AUDFRAY (É.-J.). *La .Perruche.*
88 AUDIAT (Mme F.). *Portrait de Mme A...*
89 AUGUIN (L.-A.). *Dans le vallon; Saintonge.*
90 AUMONNIER (James). Easton-Broad; *Suffolk* (Grande-Bretagne).

91 AUSSANDON (J.-N.-H.). *Portrait de M. L. P...*
92   —   *L'oiseau envolé!!*
93 AUTEROCHE (A.). *Le Ravin de Mandailles* (Cantal).
94   —   *La Prairie.*

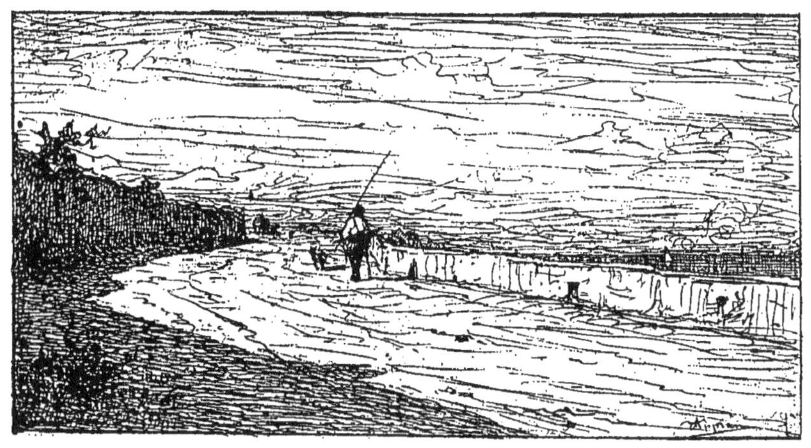

55. Appian (A.). *Route de Port-Vendres* (Pyrénées-Orientales).

95 AUTEROCHE (Mlle E. VENOT d'). *Fruits d'automne.*
96   —   *Prunes de Reine-Claude.*
97 AUTHIAT (E.-A.). *La baie de Cancale* (Ille-et-Vilaine).

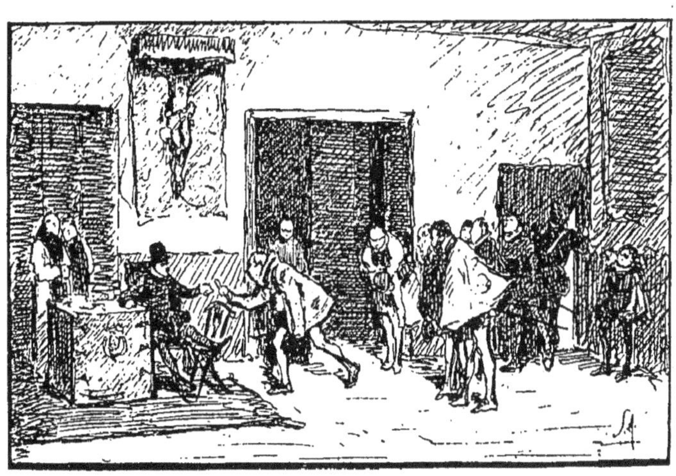

63. Arcos. *Philippe II reçoit une députation des Flandres dans sa cellule, au monastère de Saint-Laurent.*

98 AVIAT (J.). *Ste Élisabeth de Hongrie.*
99   —   *Coin d'atelier.*
100 AXENFELD (H.). *Le petit secrétaire intime.*
101   —   *Une vieille Hollandaise.*

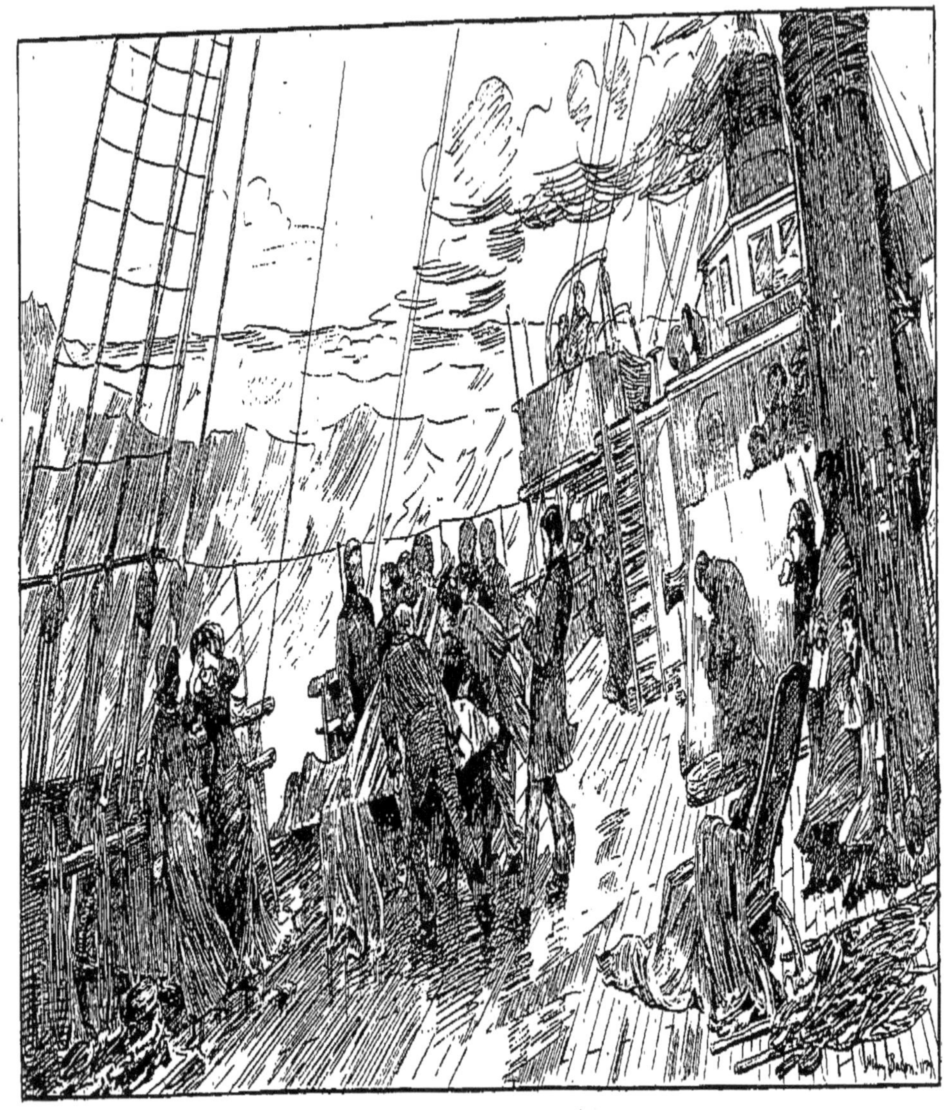

114. Bacon (H.). *Funérailles à la mer.*

102 AYNÉ (L.-A.). *La femme du bûcheron,*
103 AYRTON (Mme ANNIE). *Un coin de cuisine.*
104 — *Oiseaux de mer.*
105 AZAM (J.-B.). *Comestibles.*
106 — *Légumes.*
107 BAADER (L.-M.). **H. C.** *La pêche.*
108 — *Rêverie.*
109 BACCANI (A.). *Portrait de Mlle E. P...*
110 — *Portrait de M. A. C...* ₀
111 BACH (A.-E.). *Dans le chemin de la Grande-Marine, à Capri* (Italie).
112 BACHEREAU (V.). *La veille d'un mariage au* xvie *siècle.*
113 — *En faction du côté de l'office.*
114 BACON (H.). *Funérailles à la mer.*
115 BADIN (J.). *Jeune marchande de légumes à Yport* (Seine-Inférieure).
116 — *Émilia.*
117 BAIL (F.-A.). *Nature morte.*
118 — *Nature morte.*
119 BAIL (J.-A.). *Le chat.*
120 — *Les pommes.*
121 BAIL (J.). *Poissons de mer.*
122 — *Huîtres.*
123 BAILLET (E.). *Pins maritimes à Douarnenez* (Finistère).
124 — *Le port Ru, à Douarnenez ; marée basse.*
125 BAIRD (W.-B.). *A Grez* (Seine-et-Marne).
126 BAKALOWICZ (L.). *Portrait de M. M...*
127 — *Portrait de Mme M.*
128 BAKER (Mlle E.-K.). *Portrait.*
129 BAL (J.-B.-E.). *La timbale.*
130 — *Les bords de l'Oise.*
131 BALIGAND (M.). *La plage de Grandcamp.*
132 BALLANDE (L.). *Portrait de Mme ***.*
133 — *Portrait de M ***.*
134 BALLOT (Mme A.-C.). *Portrait de Mme Henry C...*
135 BALLAVOINE (J.-F.). *Le tir.*
136 BALLUE (P.-E.). *Le chemin de Serbonne* (S.-et-M.).
137 BALMETTE (J.-J.). *Portrait de Mme de V...*
138 BALNY-D'AVRICOURT (G.-L.). *Le pré de Saint-Guénolé* (Finistère).
139 BALZE (R.) **H. C.** *Le dessin d'art, à l'asile.*
140 BANUELOS (Mlle A.). *Mendiants.*
141 BARAU (É.). *Une rue de village, en Bretagne.*
142 — *Souvenir de Normandie.*
143 BARBIER (Mlle V.). *Un intérieur de cuisine.*
144 BARILLOT (L.). *La ferme d'Onival* (Somme).
145 — *Marais d'Hautebut* (Somme).
146 BARILLOT (Mlle L.). *Chrysanthèmes.*
147 — *Roses et azalées.*
148 BARNOIN (A.). *Portrait de Mlle M...*
149 BARON (D.). *Journée d'automne à Crécy*
150 — *Le matin.*
151 BARON (Mlle M.-C.). *Fruits.*
152 BARON (S.). *Une consultation.*
153 — *Chez soi.*

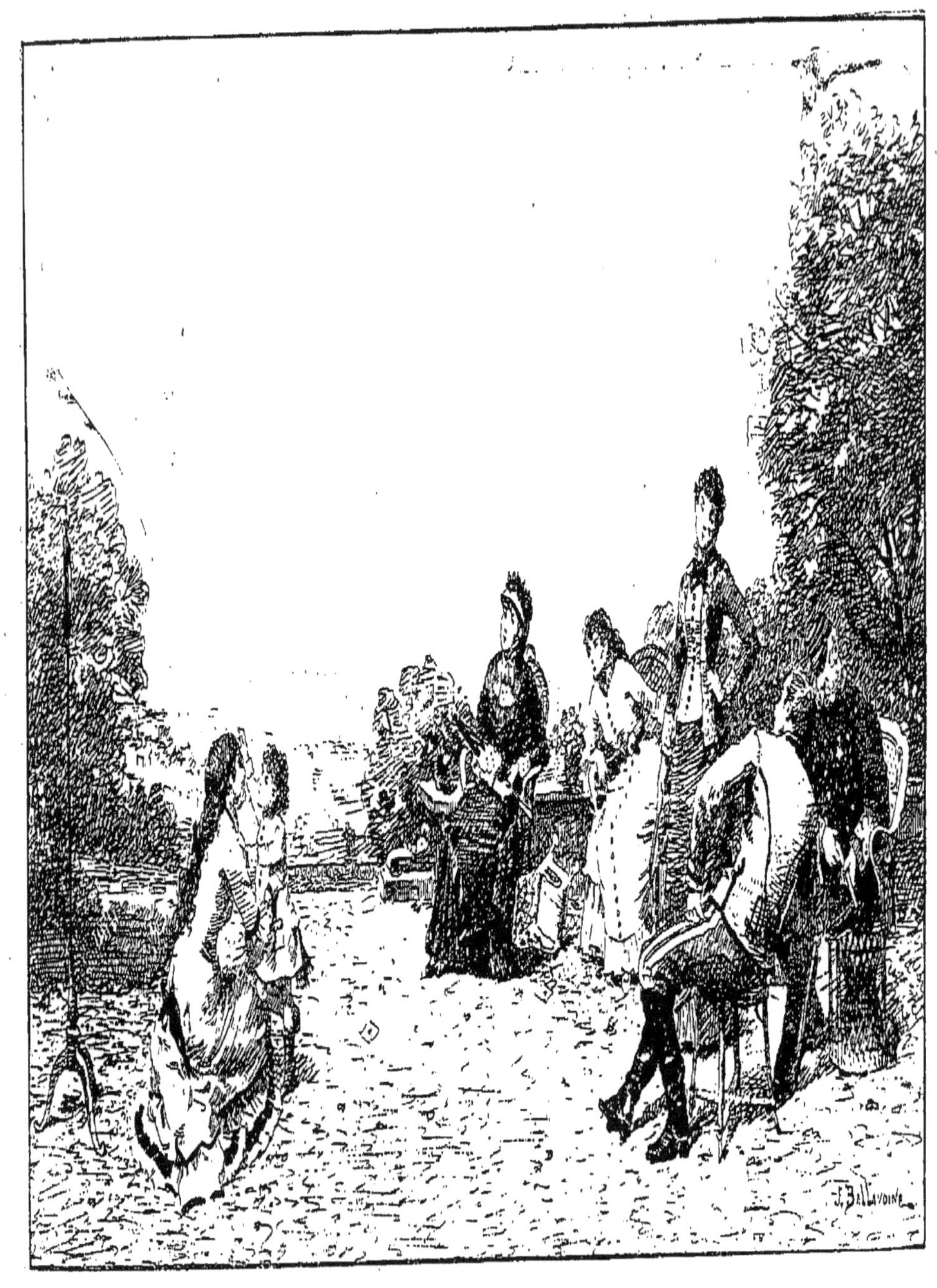

135. BALLAVOINE (J.-F.). *Le tir.*

154 BARRÈRE (É.). *Au pont de la Jatte, à Neuilly.*
155 BARRIAS (F.-J.). **H. C.** *Portrait de M***, colonel aux chasseurs d'Afrique.*
156 BARROIS (J.-B.-A.). *Portrait de Mme T...*
157 BARTHOLOMÉ (P-A.). *Portrait de Mme J...*
158   —   *A l'ombre.*
159 BARZAGHI-CATTANEO (A.). *Une scène de* Fiesco, *de Schiller.*
160   —   *Un page.*
161 BASSET DE BALAVALLE (L.). *Portrait de Mlle Jeanne B. de B....*
162 BASSOT (F.). *Portrait de M. Pajot, professeur.*
163   —   *Tête d'étude.*
164 BASTIEN-LEPAGE (J.). **H. C.** *Saison d'octobre.*
165   —   *Portrait de Mlle Sarah Bernhardt.*
166 BAUD-BOVY (A.). *Portrait de M. R...*
167   —   *Portrait de M. P...*
168 BAUDIT (A.). *Sur les bords de l'étang de Lacanau* (Gironde).
169 BAUDOUIN (E.). *La garrigue du mas Tantajo* (Languedoc).
170   —   *Les basaltes de Monistrol-d'Allier, près du Puy.*
171 BAUDOUIN (P.-A.). *La noce passe!*
172   —   *Strasbourg, 1792.*
173 BAUDRIER (G.-L.). *Gibier.*
174 BAUGNIES (E.). *La prière des derviches, au Caire.*
175 BAVOUX (N.). *Le rocher de la Châtelaine, en Franche-Comté.*
176   —   *Combes du Doubs.*
177 BAYARD (É.). **H. C.** *Le matin d'un premier début.*
178 BAYE (P.-A.). *Vase de fleurs.*
179   —   *Pivoines.*
180 BEAUCHAT (L.-É.). *Le banc du jardinier.*
181 BEAUFEU (P.-A.). *Portrait de M. C...*
182 BEAUGÉ (A.). *Environs de Chauvigny* (Allier).
183 BEAUMETZ (É.). *La prise d'un château, en 1870.*
184   —   *Portrait du docteur D. B...*
185 BEAUMONT (Mlle P.). *Le Printemps, aux environs de Paris*
186 BEAURY-SAUREL (Mlle A.). *Portrait de M. F. Delpire.*
187   —   *Le bandit repentant.*
188 BEAUVAIS (Mme A.). *Perles et roses.*
189 BEAUVAIS (A.). *Novembre; la rentrée.*
190   —   *Le soir; retour des champs* (Berry).
191 BEAUVERIE (C.-J.). *Juin.*
192   —   *Matinée d'octobre.*
193 BECKER (A.). *Portrait de Mme G. T...*
194 BECKER (Mlle B.). « *Nos Ardennes.* »
195 BECKER (G.). **H. C.** *Portrait du docteur T...*
196   —   *Une martyre chrétienne.*
197 BÉDARD (J.-M.-É.). *Abatis d'arbres sur le boulevard de Sannois.*
198 BEERNAERT (Mlle E.). *Dans les dunes, Zélande.*
199 BELLANGER (C.-F.). **H. C.** *Portrait de Mlle ***.*
200   —   *Scène de l'Enfer, du Dante.*
201 BELLANGER (Mlle S.). *Poissons.*
202 BELLÉE (L. DE). *En forêt, une coupe.*
203   —   *En forêt; le givre.*
204 BELLEL (J.-J.). **H. C.** *Souvenir du Vivarais.*
205   —   *Route de Médéah à Boghar* (province d'Alger).

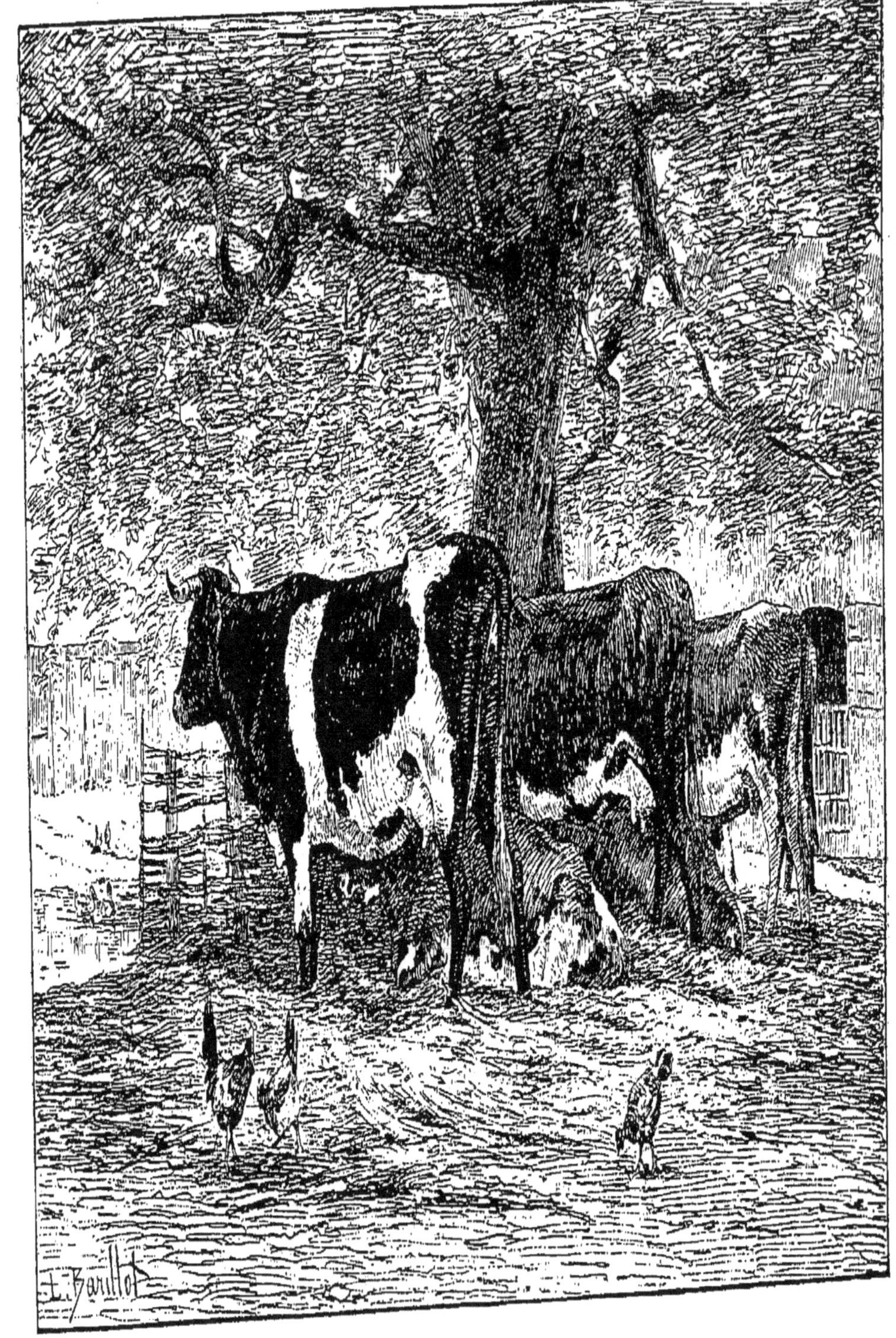

144. Barillot (L.): *La ferme d'Onival (Somme).*

206 BELLENGER (G.). *La Madone.*
207 BELLET DU POISSAT (P.-A.). *La nuit dans le port.*
208 — *Vieux moulin sur le Rhône, à Genève.*
209 BELLION (G.-J.). *Côtes de Provence.*
210 — *Sous bois, au printemps.*
211 BELLIS (H.). *Nature morte.*
212 — *Nature morte.*
213 BÉNARD (H.). *Nature morte.*

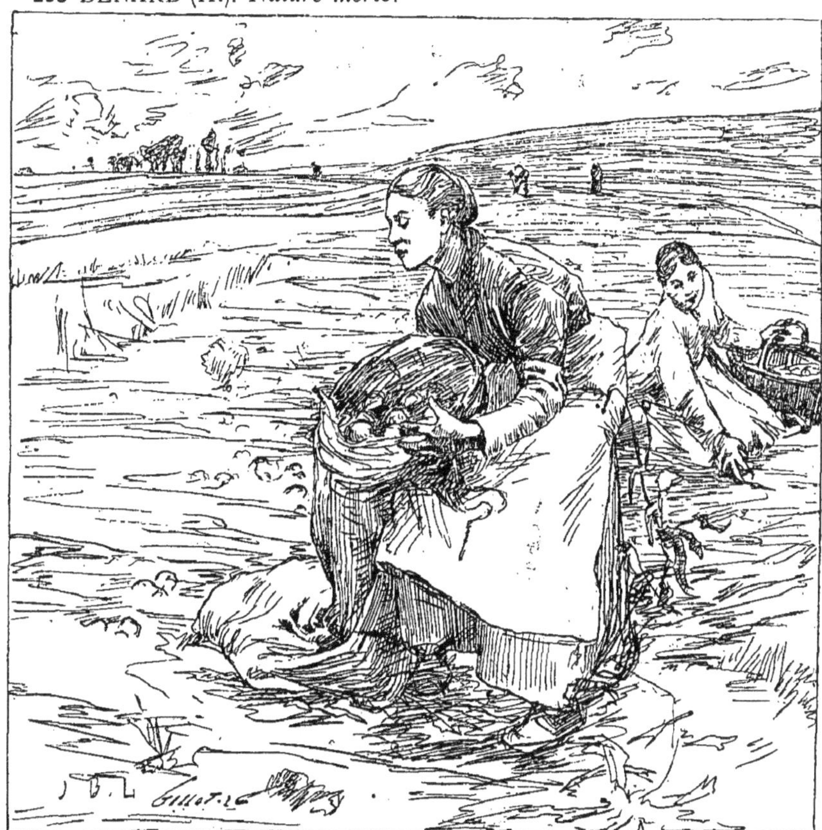

164. Bastien-Lepage (J.). H. C. *Saison d'octobre.*

214 BENNER (E.). *Chasseurs à l'affût.*
215 — *Une dormeuse.*
216 BENNER (J.). H. C. *Une Épave.*
217 — *Néréide.*
218 BENOIT (C.). *Mare sous bois.*
219 BÉRANGER (J.-B.-A.-É.). H. C. *Une Écaillère.*
220 — *Le premier quartier de la lune rousse.*
221 BÉRARD (L.-D.). *Portrait de M. M. L...*
222 BÉRAUD (J.). *Condoléances.*
223 — *Les Halles.*
224 BÉRENGIER (T.). *Portrait de Mme...*
225 BERGERET (D.-P.). H. C. *Poissons.*

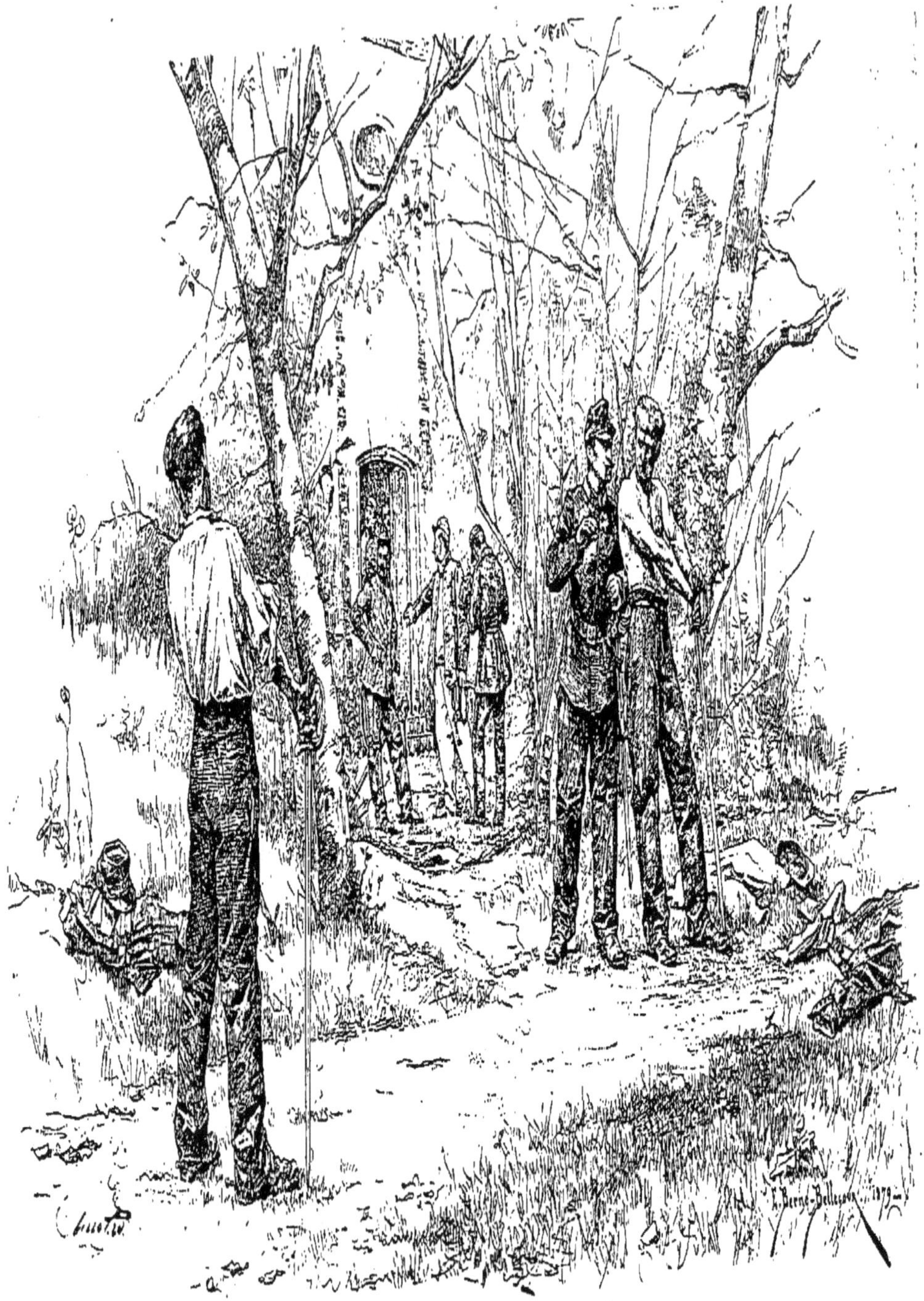

231. Berne-Bellecour (E.). H. C. *Sur le terrain.*

226 BERNARD (A.). *Les bords de la rivière d'Ain, près de Poncin* (Ain)).
227 BERNARD (J.). *Portrait de Mme G...*
228 BERNARD (P.). *Maître Choux et Cie; nature morte.*
229 BERNDTSON (G.). *La présentation du tableau.*
230   —   *Portrait de M. de L...*
231 BERNE-BELLECOUR (É.). **H. C.** *Sur le terrain.*
232 BERNHARDI (H.). *Nature morte.*
233 BERNIER (C.). **H. C.** *L'allée abandonnée.*
234 BERNIER (P.-A.). *Village aux environs de Rouen.*
235 BÉROUD (L.). *La fontaine Médicis* (Jardin du Luxembourg).
236   —   *Portrait de Mme L. A...*
237 BERTEAUX (H.-D.). *Portrait de M. Bobierre.*
238   —   *Portrait de M. A. R...*
239 BERTHAULT (L.). *La fille de Jephté.*
240 BERTHÉLEMY (P.-É.). *Entrée des jetées de Courseulles* (Calvados).
241   —   *L'église de Saint-Vaast-de-la-Hougue* (Manche).
242 BERTHELON (E). *Les bords de la Seine à Épône* (Seine-et-Oise).
243   —   *Avant l'orage, à Saint-Pierre-Louvier* (Seine).
244 BERTHIER (P.). *Ruines du Temple de Castor et Pollux, à Agrigente.*
245 BERTHON (N.). *Sortie de l'Église* (Auvergne).
246   —·   *Un paysan auvergnat en 1815.*
247 BERTIER (F.-É.). *Portrait de Mme G. B...*
248   —   *Un vieux curé de campagne.*
249 BERTIN (A.). *Portrait de M. C. S...*
250   —   *Tireurs d'arc gaulois se disputant un oiseau.*
251 BERTON (A.). *Portrait de Mme La Villette.*
252   —   *Portrait de Mlle B. V...*
253 BERTON (P.-E.). *Le sort d'un chevreuil perdu.*
254   —   *Marée basse à Villerville* (Calvados).
255 BERTRAND (J.). **H. C.** *Galatée et Axis surpris par Polyphème.*
256   —   *En sortant de l'école.*
257 BERTRAND (J.-G.). *Les roses.*
258   —   *Loisir d'esclave.*
259 BERTRAND (L.). *Portrait de M. L. B...*
260   —   *Portrait de Mlle J. B...*
261 BERTRAND (M.-L.). *Nature morte.*
262 BERTRAND-PERRONY (A.). *Élévation mentale vers Dieu.*
263 BESNARD (P.-A.). *Portrait de Mme la baronne d'E...*
264 BESNUS (M.-A.). *Les charbonniers; bords de la Seine.*
265 BESSEY (Mlle G. de). *Portrait de l'auteur.*
266 BESSON (H.-F.). *Livres.*
267 BEYLE (P.-M.). *De la mairie à l'église.*
268   —   *Une partie de dames.*
269 BIARD (F.). **H. C.** *Le serment du capitaine Lacrosse.*
270   —   *Une veillée dans le village de Samois* (Seine-et-Marne).
271 BIDAU (E.). *Hommage.*
272 BIDAULD (H.). *Petite mère.*
273 BIENVÊTU (G.). *Bibelots.*
274   —   *Dans « mon jardin. »*
275 BIERSTADT (A.). **H. C.** *Vallée de Hetch-Hetchy* (Californie).
276   —   *Dans l'Orégon du Sud* (États-Unis d'Amérique).
277 BIÈVRE (E. de). *L'Escaut à Terneusen* (Pays-Bas).

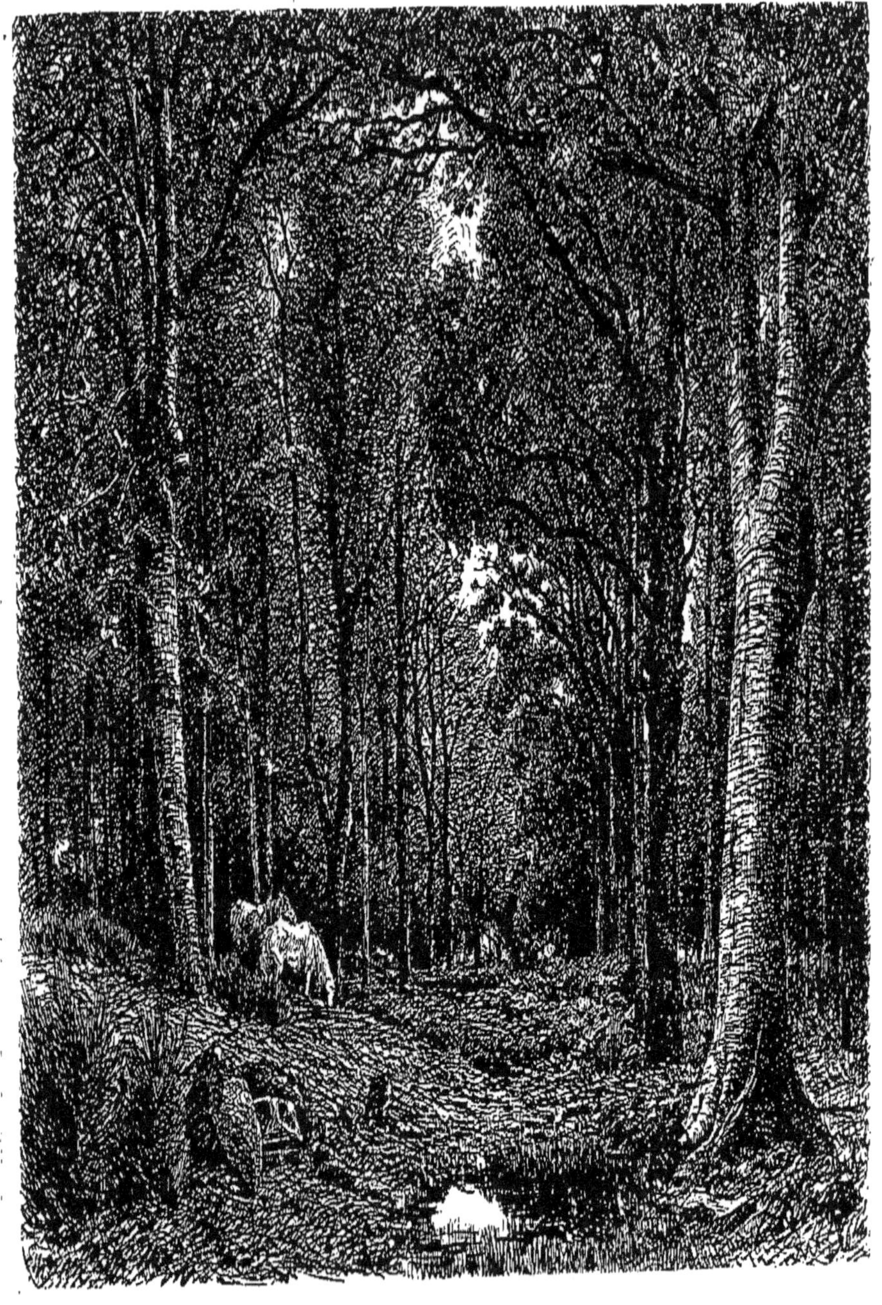

233. BERNIER C.). H. C. *L'allée abandonnée*

278 BILLET (P.). **H. C.** *Avant la Pêche.*
279 BILLIART (N.). *Une ferme à Beuzeval* (Calvados).
280 BILLOT (A.). « *Mon cousin Ernest.* »
281 BILLOTE (R.). *Bords de l'Oise.*
282 BIN (J.-B.-P.-E.). **H. C.** *Portrait de M. de Marcère.*
283 BINET (Mᵐᵒ M.). *Portrait de M. A. B...*
284   —   *Portrait de Mᵐᵒ B...*
285 BINET (V.-J.-B.-B.). *La maison « du père Lecable, » à Saint-Aubin*
286   —   *Une rue à Arcueil* (Seine).   [(Eure).
287 BIRGER (P.-H.). *Une cour à Barbizon* (Seine-et-Marne).
288 BISPHAM (H.-C.). *Sultan.*
289 BISSON (É.). *La raison du plus faible.*
290 BISTAGNE (P.). *Après la tempête; côtes de Provence.*
291   —   *Bateau de pêche provençal.*
292 BITON (L.). *Portrait de M. E. de L...*
293 BIVA (H.). *Les roses du parc.*
294   —   *Pavillon d'été du château de Villeneuve-l'Étang.*
295 BIVA (P.). *Dans le parc.*
296   —   *L'étang de Villeneuve-l'Étang* (Seine-et-Oise).
297 BLANC (C.). *Portrait de l'auteur.*
298 BLANC (J.-B.). *Portrait de M. J...*
299 BLANC (J.-C.). *Portrait de M. ***.*
300   —   *Portrait de Mˡˡᵒ E. G...*
301 BLANC (P.-J.) **H. C.** *Judith et Holopherne.*
302   —   « *Mon lieutenant.* »
303 BLANC-GARIN (E.). *Visite à l'atelier de M. Wauters.*
304 BLANCHARD (É.). **H. C.** *Portrait de Mˡˡᵒ T. L. C...*
305   —   *Portrait de Mᵐᵒ de F...*
306 BLANCHON (H.-É.). *La transfusion du sang.*
307 BLASHFIELD (E.-H.). *Les dames romaines; une leçon à l'école des*
308 BLAYN (F.). *Une épave; Yport, 1878.*   [gladiateurs.
309 BLIGNY (A.). *Le retour de la revue.*
310   —   *Portrait de M. F. C...*
311 BLIN (J.). *Dernière ressource; se rendant au Mont-de-Piété.*
312 BLOMMERS (B.-J.). *Au revoir!*
313 BLONDEL (Mˡˡᵒ G.). *En retenue.*
314 BLONDEL (M.-C.). *Notre-Dame de Paris* (vue du pont d'Austerlitz).
315 BLUM (M.). *Les chiens savants; répétition au cirque Fernando.*
316   —   *La poule aux œufs d'or.*
317 BOCION (F.). *Le Grand Canal, à Venise.*
318   —   *Coucher de soleil, à Venise.*
319 BODIN (A.). *La bénédiction du pain.*
320 BODIN (E.). *Rochers du Fournas, à Saint-Raphaël* (Var).
321   —   *Les bords de la mer, à Saint-Raphaël.*
322 BODMER (R.). *Sanglier forçant les banderolles.*
323 BOLHY-GERVAIS (M.). *Raisin de Corinthe.*
324 BOISLECOMTE (E. ᴅᴇ). El desdenoso (*le dédaigneux*).
325   —   *Le palier des exécutions à l'Alhambra de Grenade.*
326 BOIT (É.-D.). *Les bords de la Rance, près de Saint-Malo.*
327 BOLDINI (J.). *La dépêche.*
328 BOLE (Mˡˡᵉ J.). *A la promenade.*
329   —   *Le tambour crevé.*

330 BOMBLÉD (C.). *En tirailleurs.*
331 BOMPARD (M.). *Portrait du docteur G. de Montfumat.*

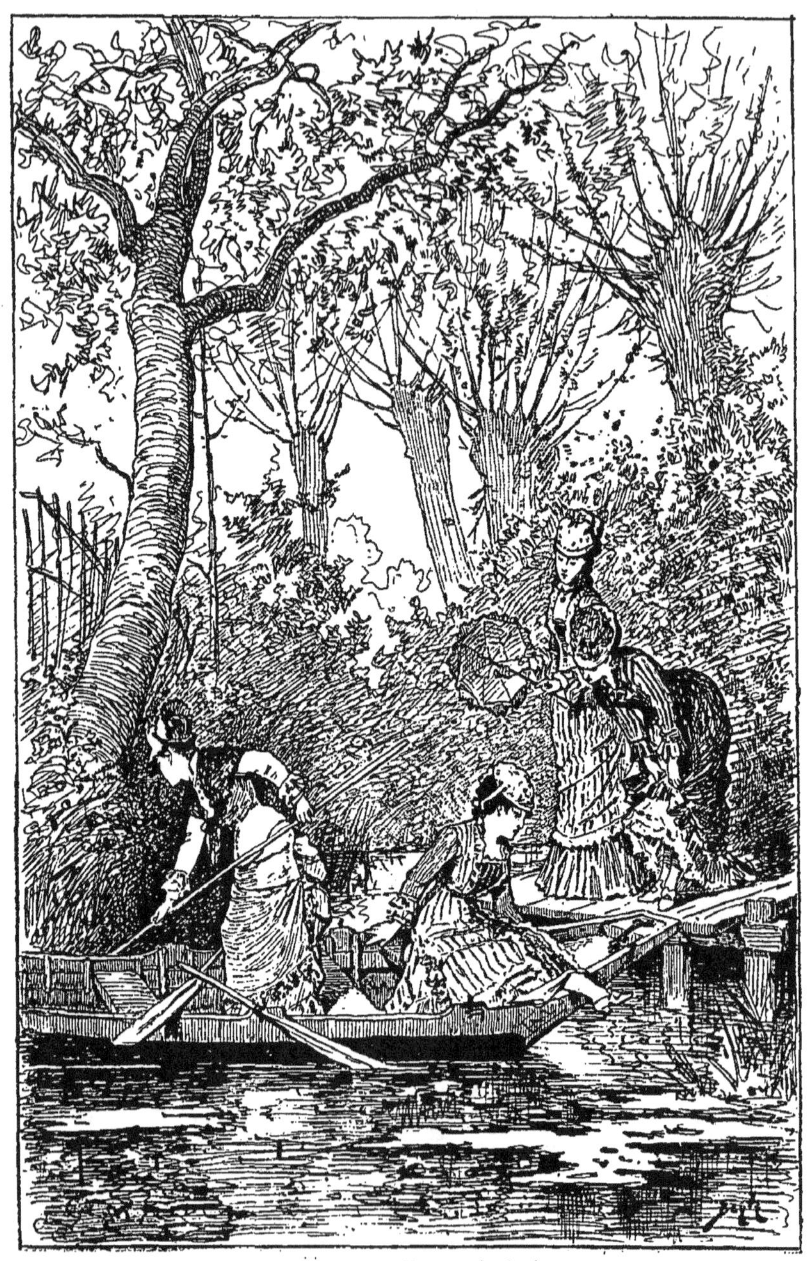

268. BEYLE (P.-M.). *Une partie de dames.*

332 BOMPARD (M.). *Portrait de M. J. B...*
333 BONDY (O. DE). *Le fort du Socoa; baie de Saint-Jean-de-Luz.*

334 BONFILS (G.). *Le repas d'Antonio.*
335 BONHEUR (F.-A.). **H. C.** *Intérieur de forêt.*
336   —   *Le col de Cabre* (Cantal).
337 BONHEUR (G.). *La mare du clos Lavallière, aux environs de Blois.*
338 BONIFACE (Mlle I.). *Jean Valjean.*
339 BONJEAN (Mlle A.-L.). *Giroflées.*
340 BONNAT (L.). **H. C.** *Portrait de M. Victor Hugo.*
341   —   *Portrait de miss Mary S...*
342 BONNAUD (F.). *En Provence.*
343 BONNEFOY (H.). *Aux environs de Cannes* (Alpes-Maritimes).
344   —   *Camaraderie.*
345 BONNEGRACE (C.-A.) **H. C.** *Portrait du docteur Rouch.*
346   —   *Portrait de M. Nadau, commissaire de police.*
347 BONNEMAISON (G.). *La grande haie, près de Dinard* (Ille-et-Vilaine).
348   —   *Plage de Saint-Énogat* (Ille-et-Vilaine).
349 BONVIN (F.-S.). **H. C.** *Pendant les vacances.*
350 BORCHARD (E.) *Le cerf aux abois.*
351   —   *Au repos.*
352 BORDES (E.). *Nature morte.*
353 BORRAS Y MOMPO (V). *Faces de la vie.*
354   —   *Une rencontre.*
355 BOUCHÉ (L.-A). *Le hameau.*
356   —   *La neige.*
357 BOUCHER (A.-J.). *Les bords de la Seine, à Étiolles* (Seine-et-Oise).
358   —   *L'île Laborde, près de Ris* (Seine-et-Oise).
359 BOUCHERVILLE (A. de). *Le dernier né.*
360   —   *Passe-temps.*
361 BOUCHET (A.). *Route de Stora* (province de Constantine).
362 BOUCHET-DOUMENQ (H.). *Sur le Rhône, à Arles.*
363 BOUCHOR (J.-F.). *Neige sous bois.*
364   —   *Porte de Moret-sur-Loing* (Seine-et-Marne).
365 BOUDIER (E.-L.). *Le village de Tremalo* (Finistère).
366   —   *Arnodou an hiviz.* — (*L'épreuve de la fontaine*)
367 BOUDIN (E.). *La plage.*
368 BOUDOT (L.). *Le matin, en Franche-Comté.*
369 BOUEL (L.-F.). *Un moulin à Jarcy* (Seine-et-Oise).
370   —   *Un chemin dans la forêt de Sénart* (S.-et-O.).
371 BOUÉT (P.-H.). *Au bord de la mer.*
372 BOUFFAY (Mlle C.). *Fleurs et fruits d'automne.*
373   —   *Fruits.*
374 BOUGOURD (A.). *Un chemin le long des blés.*
375   —   *Effet de neige.*
376 BOUGUEREAU (W.-A.). **H. C.** *Naissance de Vénus.*
377   —   *Jeunes bohémiennes.*
378 BOUILLON (L.). *Portrait de Mme E. J...*
379   —   *Serment d'amour chez les Ansariès* (Syrie).
380 BOULARD (A.). *Le départ des pêcheurs, à Équihen* (Pas-de-Calais).
381 BOULIAN (Mlle A.). *Seule !*
382   —   *Portrait de Mlle Marthe P...*
383 BOUQUET (M.). **H. C.** *La Seine à Carrières-Saint-Denis* (S.-et-O.).
384 BOURDON (C.-V.). *En forêt, au mois de mars.*
385   —   *Sous les hêtres, en mai, par un temps de pluie.*

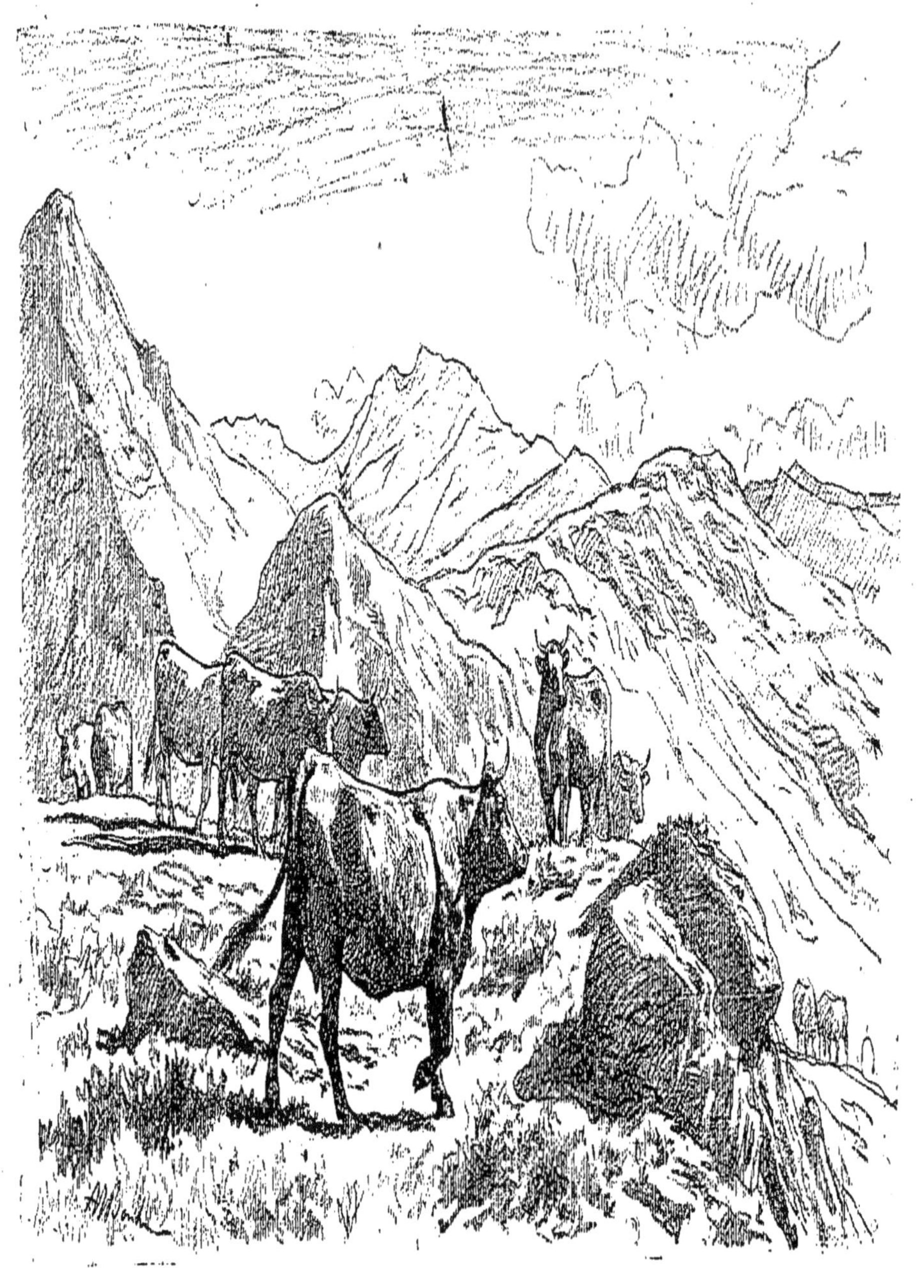

336. Bonheur (F.-A.). B. C. *Le col de Cabre* (Cantal).

386 BOURET (J.-L.-A.-M.). *En carême.*
387 BOURGEOIS (Mme A.-L.). *Fleurs et nature morte.*

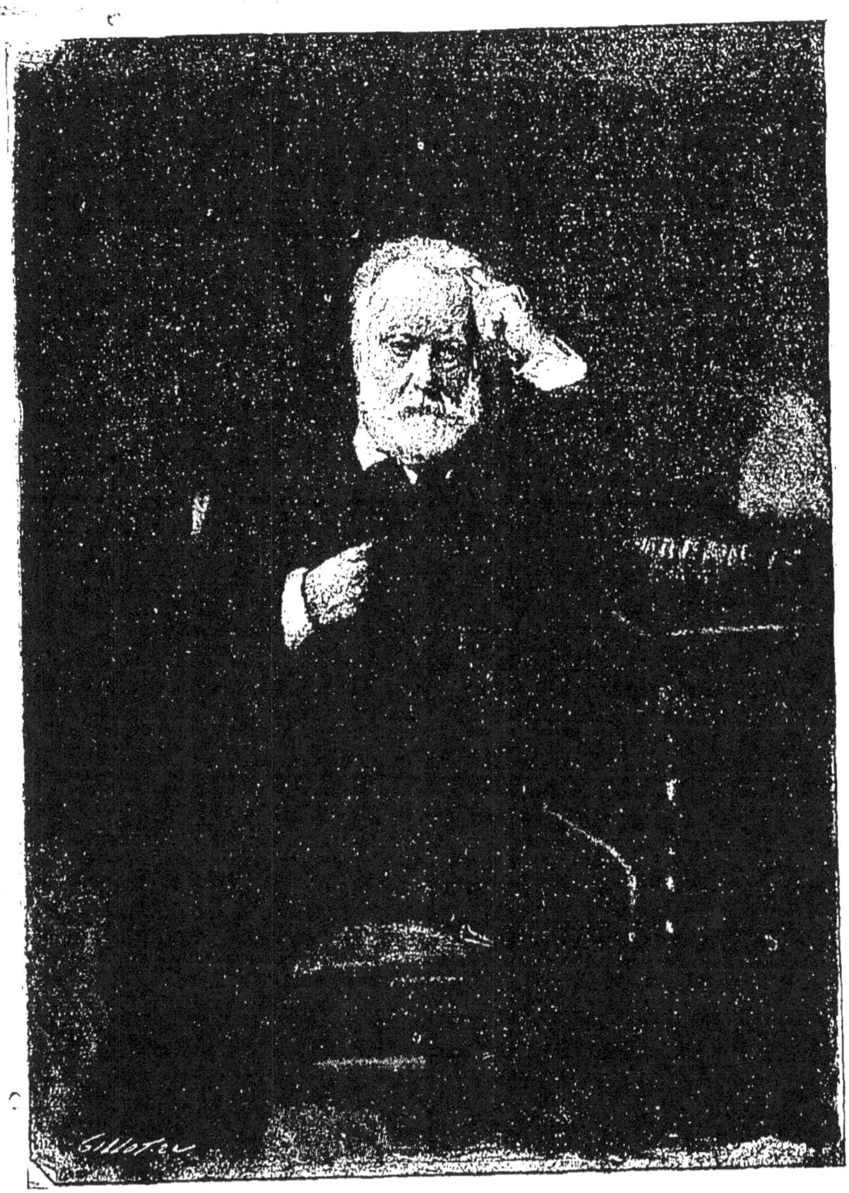

340. BONNAT (L.). H. C. *Portrait de M. Victor Hugo.*

388 BOURGEOIS (E.-V.). *Plaine d'Ecoublay, près de Chaumes (S.-et-M.).*
389   —   *La mare de Leurres.*

390 BOURGEOIS (L.-P.-U.). *Le corps du diacre St Vincent, jeté aux oiseaux de proie, est gardé par des anges.*

391 BOURGES (Mlle L.). *Neige, à Auvers (Seine-et-Oise).*

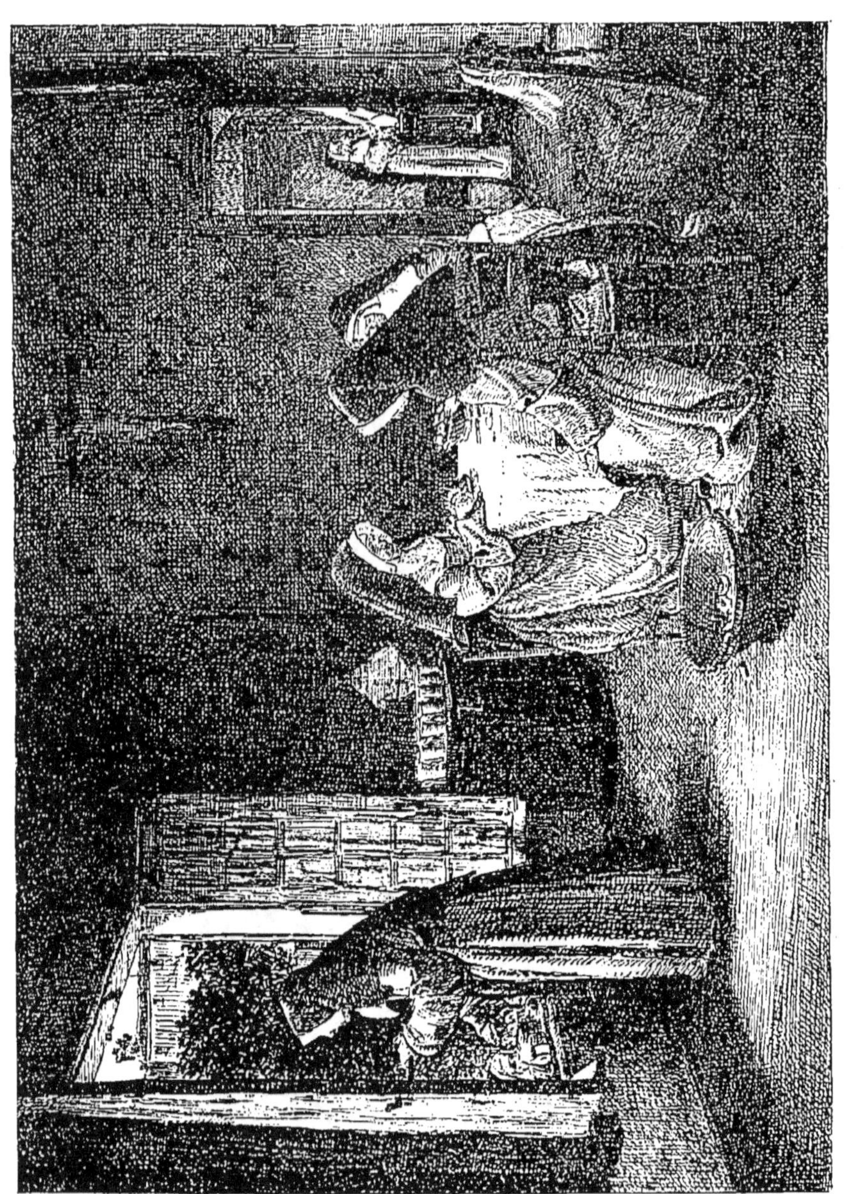

349. BONVIN (F.-S.). H. C. *Pendant les vacances.*

392 BOURGES (Mlle L.). *La porte d'un jardin, à Auvers.*

393 BOURGOGNE (P.). *Fleurs d'été; roses.*

394 BOUSSENOT (A.-E-F.). *Le boulevard des Batignolles.*

395 BOUTET (G.). *Conférence diplomatique.*
396 BOUTIGNY (P.-É.). *Épisode des guerres de Vendée, en* 1793.
397   —   *Grand camp.*
398 BOUVART (F.-G.). *Portrait de « ma grand'mère. »*
399 BOYENVAL (V.). *Portrait de M*^me^ *G. D....*
400 BRAMTOT (A.-H.). *L'Amour transi.*
401   —   *Portrait du vicomte O. de S. M.*
402 BRANDEGEE (R.-B.). *Portrait de...*
403 BRAZIER (A.-A.). *Vendredi chair ne mangeras...*
404 BRÉHAM (P.). *David chante devant Saül.*
405 BREIGNOU (H. DU). *Les* harriers *de Mallow et leur* huntsman (Islande).
406 BRÉLY (A. DE LA). *Portrait de M*^me^ *la comtesse L. de M.*
407   —   *Portrait de M. F...*
408 BRESLAU (Mlle L.). *Tout passe!...*
409 BREST (F.). *Village d'Eyoub* (Constantinople).
410   —   *La tour de Galata* (Constantinople).
411 BRETON (É.-A.). **H. C.** *L'Hiver.*
412   —   *Église.*
413 BRETON (J.-A.). **H. C.** *Portrait de M*^me^ ***
414   —   *Villageoise.*
415 BRICOUX (J.-C.). *Portrait de M*^me^ *H. G.*
416 BRIDGMAN (F.-A.). **H. C.** *Procession du bœuf Apis.*
417 BRIELMAN (J.-A.). *Le moulin Perrot, à Guérard* (Seine-et-Marne).
418   —   *Dîner champêtre au Perreux* (Nogent-sur-Marne).
419 BRILLAUD (F.). *Portrait de M*^me^ *B...*
420   —   *La petite morte.*
421 BRILLOUIN (L.-G.). **H. C.** *Matinée dans les prairies de la Boutonne.*
422   —   *Orage et pluie dans les marais de la Vergne.*
423 BRION (L.). *L'Extrême-Onction, dans le Finistère.*
424   —   *Portrait de M*^lle^ *A...*
425 BRIOUX (L.). *Portrait de M*^me^ *B...*
426 BRISPOT (H.). Domine, salvam fac Republicam.
427 BRISSARD (G.). *La rue Godefroy, à Puteaux* (Seine).
428 BRISSET (É.). *Portrait de M*^me^ *B...*
429 BRISSOT DE WARVILLE (F.-S.). *Une Lande.*
430   —.   *Pâturage.*
431 BROCHOCKI (V. DE). *Le Matin.*
432 BRODBECK (Mme M.). *Un soir à l'étang de Cernay* (Seine-et-Oise).
433 BRONNER (X.). *Intérieur de forêt ; vallée de Fréland* (Haute-Saône).
434 BROSSARD (A.-G.-É.). *Un baptême en Normandie.*
435   —   *Portrait du baron de Ravignan, sénateur*
436 BROUILLET (P.-A.). *Portrait du docteur L. B...*
437 BROUTELLES (T. DE). *Marine.*
438 BROWNE (J.-L.). *Portrait de M.* ***
439 BROZIK (V.). *La partie d'échecs des fiançailles.*
440   —   *Portrait de M. H...*
441 BRUCK-LAJOS (L.). *Abandonnés !*
442   —   *Une émigrante.*
443 BRUELLE (G.). *Barques de pêche surprises par un grain.*
444 BRUN (A.). *Le quai de Rive-Neuve, à Marseille.*
445   —   *Une pêche à la* palangrote, *en Méditerranée.*
446 BRUN (C.). *Une rue de Constantine.*

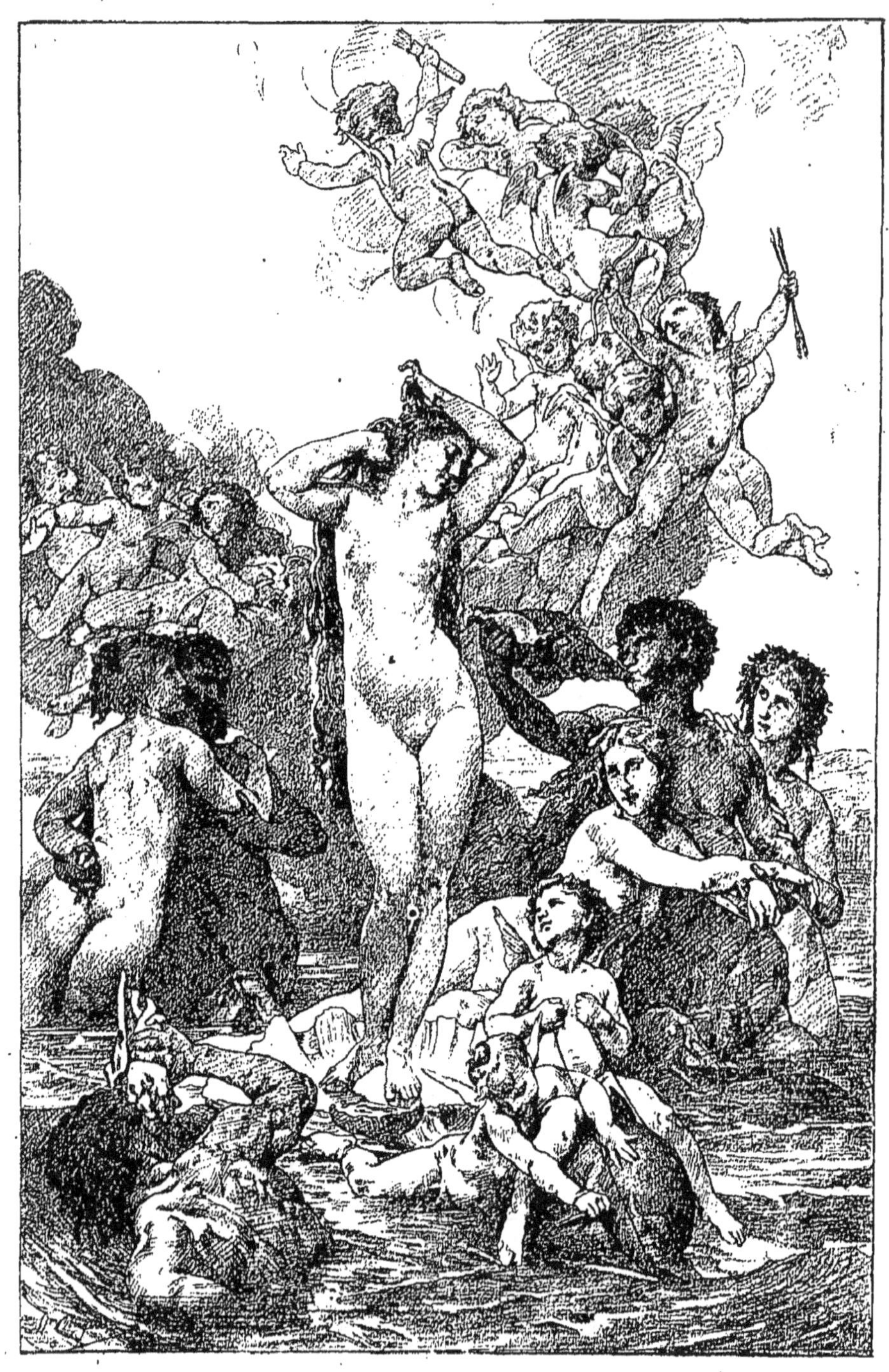

376. Bouguereau (W.-A.), H. C. *Naissance de Vénus*.

447 BRUNEAU (C.). *Portrait de Mlle M. M...*
448 BRUNEL (A.-A.). *Pommes et raisins.*
449 BRUNEL (R.-L.). *Portrait de M. A. B...*
450 BRUNERI (F.). *Le retard du fiancé.*

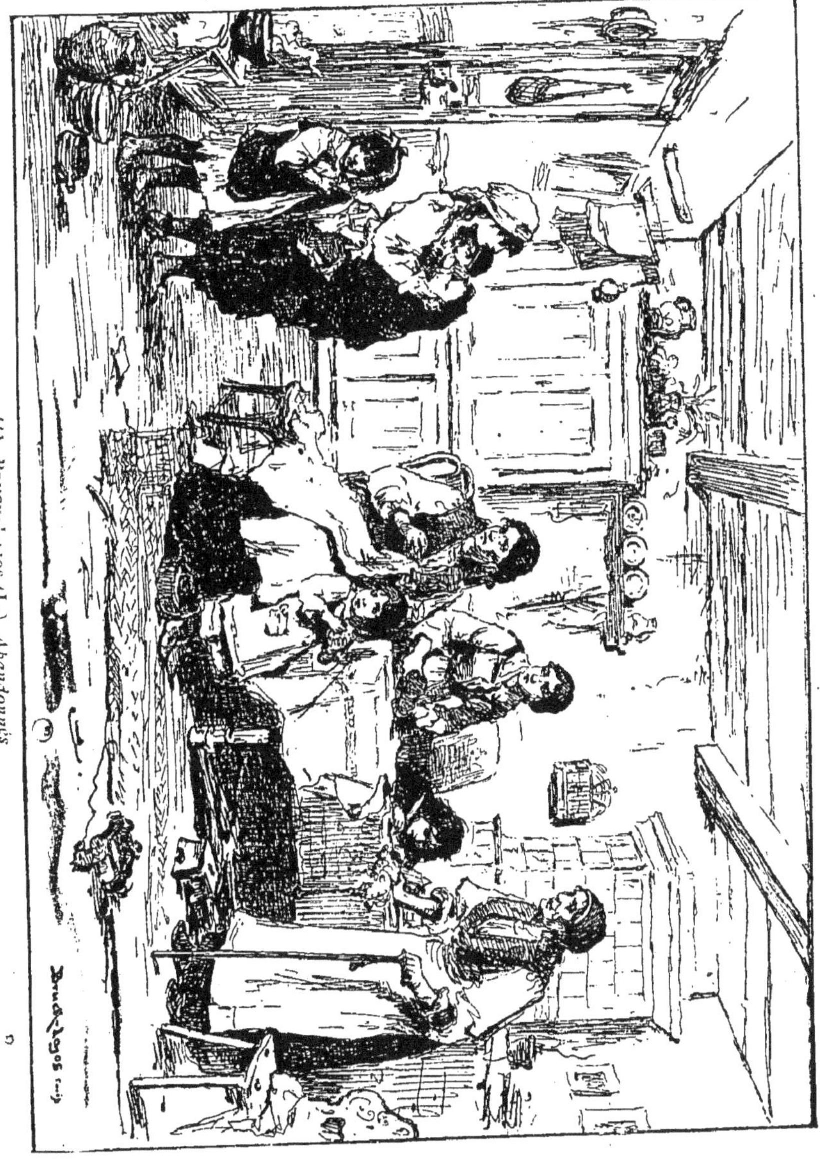

451 BRUNET (J.-B.). *Caron.*
452 BRUNET-HOUARD (P.-A.). *Curée chaude; forêt de Fontainebleau.*
453 BRUYAS (M.). *Fleurs et fruits.*
454 BUKOVAC (B.). *Jeune Monténégrine.*
455   —   *Portrait de Mme J...*

456 BULAND (J.-E.). *Offrande à la Vierge.*
457 BUNCE (W.-G.). *Un matin à Venise.*
458 BURGERS (H.-J.). **H. C.** *Après le départ; femme de pêcheur* (Pays-Bas).
459   — *La mère et l'enfant; le perron.*
460 BURNAND (E.). *Fileuse valaisanne.*
461   — *Bûcheron en prière.*
462 BURNIER (R.). *Souvenir des Ardennes.*
463   — *Temps orageux en Hollande.*
464 BURN-SMEETON (J.). *Près de Robinson* (Seine).
465   — *Dans la vallée d'Aulnay* (Seine).
466 BUSHELL (F.-F.). *Tête d'enfant.*
467   — *Avant le bal.*
468 BUSSON C.). **H. C.** *Ancien déversoir, près Montoire.*

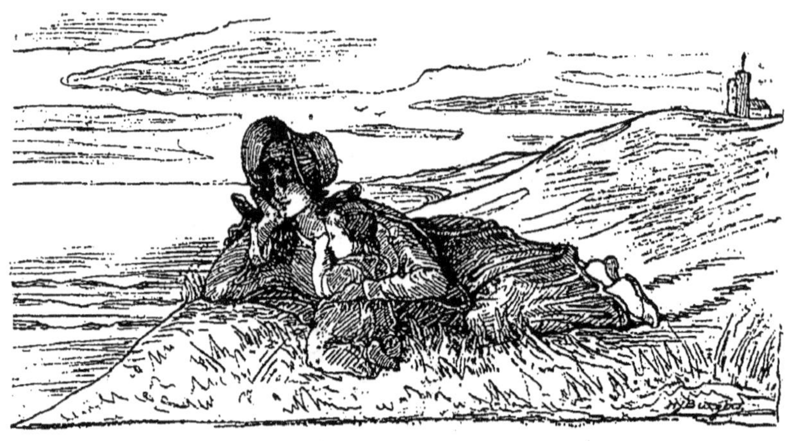

458. BURGERS (H.-J.). H. C. *Après le départ; femme de pêcheur* (Pays-Bas).

469 BUTIN (U.-L.-A.). **H. C.** *La femme du marin; côte normande.*
470 BUTTURA (A.-E.-E.). *Les bords de la Siagne, à Cannes.*
471   — *Fossés du château d'Égreville* (Seine-et-Marne).
472 CABAILLOT-LASSALLE (C.-L.). *Les bons sujets.*
473   — *Les mauvais sujets.*
474 CABANEL (A.). **H. C.** *Portrait de Mme la marquise de C... T...*
475   — *Portrait de M. Mackay.*
476 CABANEL (P.). *Italiens à Paris.*
477 CABASSON (G.-A.). *Louison, la fille du pêcheur.*
478   — *Antonio.*
479 CABAUD (P.). *Un hameau dans la Haute-Savoie.*
480 CAGNIART (É.). *Pâturage près de Cherbourg* (Manche).
481   — *Un quai à Cherbourg.*
482 CAILLAUD (A.-B.). *Objets religieux.*
483 CAILLE (L.). *Près de l'âtre.*
484   — *Le départ pour l'école.*
485 CAILLON (Mlle S.). *Portrait de Mme C. L...*
486   — *Près du cimetière, à Montfort-l'Amaury* (Seine-et-Oise).

487 CAILLOU (L.). *L'automne au village.*
488 — *Le matin sur la Canche* (Pas-de-Calais).
489 CAIN (G.-J.-A). *Envoi de la ferme.*
490 — *L'heure du déjeuner*

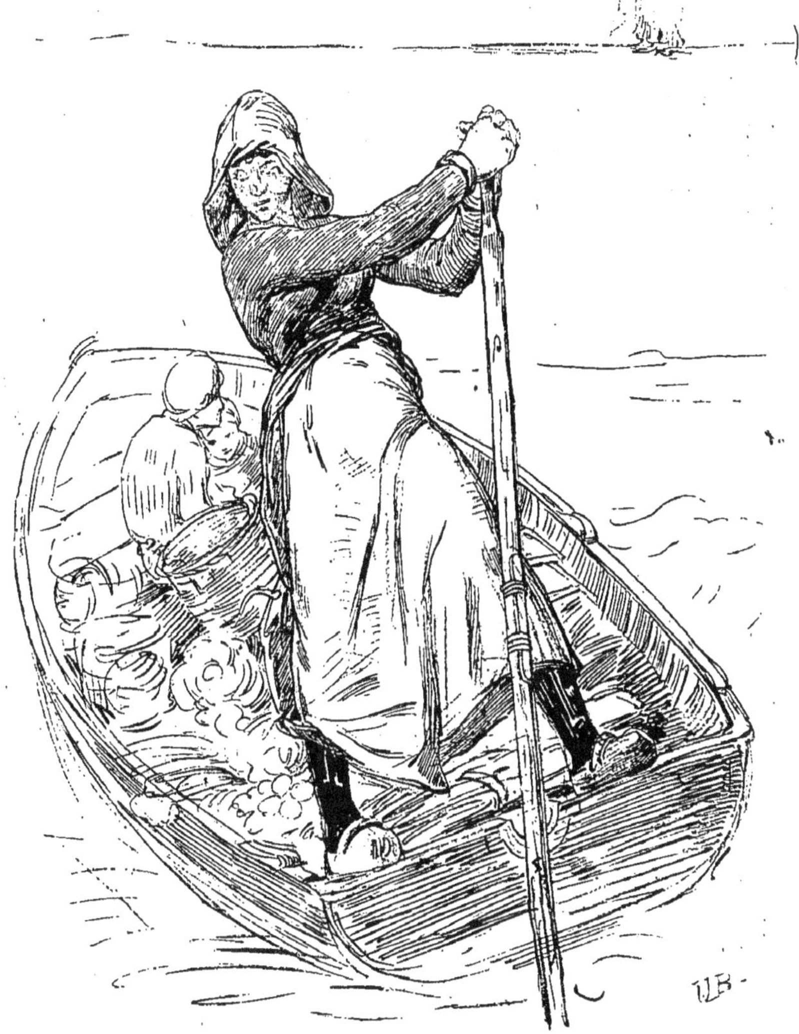

469. BUTIN (U.-L.-A.). **H. C.** *La femme du marin; côte normande.*

491 CALA DE MOYA (J.). *Portrait de M. Lemoine.*
492 — *Portrait de Mme Acevedo.*
493 CALAMATTA (Mme J.). **H. C.** *Le Récit du grand-père.*
494 CALAME (A.). *Ruines du vieux fort d'Hendaye* (Basses-Pyrénées).
495 CALLIAS (H. DE). *Mort du général Kléber, le 14 juin 1800.*
496 — *Le tombeau de Ste Geneviève à Saint-Étienne-du-Mont.*

497 CALLOT (G.). *La chasse; panneau décoratif.*
498 — *Portrait de M. C...*
499 CALMELS (H.). *Premiers jours d'automne*
500 CALMETTES (F.). *Méditation.*
501 CALOUDIS (A.). *Un bouquet.*
502 CALVES (G.). *Portrait de « mon père. »*
503 — *Le noyer de Charmont, en Champagne*

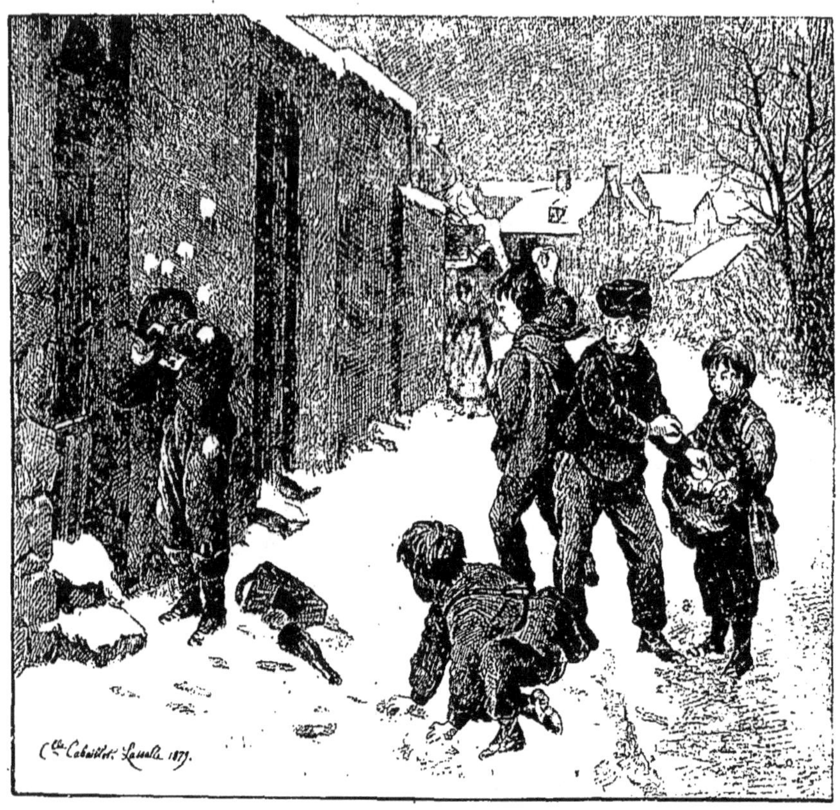

473. Cabaillot-Lassalle (C.-L.). *Les mauvais sujets.*

504 CAMARROQUE (C.). Nick et Stop.
505 CAMBON (A.). **H. C.** *Portrait de Mlle L. B...*
506 — *Portrait de Mme L. H...*
507 CAMBUZAT (Mlle L.). *Portrait de Mme C...*
508 CAMINADE (G.). *Querelle!*
509 CAMPO (F. del). *Vue de Venise.*
510 — *Vue de Venise.*
511 CAMUS (F.). *Les bords de la Seine, à Neuilly.*
512 CANDELIEZ (C.). *Piqueurs aux écoutes, dans la forêt de Fontainebleau.*
513 CAPDEVIELLE (L.). *Portrait de Mme de S...*
514 — *Portrait de Mme la comtesse de G...*
515 CAPPELLI (A.). *Chez le cloutier ; intérieur (départ. de l'Orne).*

516 CARAUD (J.). **H. C.** *Bouderie.*
517 — *La bouquetière.*
518 CARLIEZ (A.). *Loisirs de gentilshommes.*
519 CARMONA (P.-L.). *L'arrivée de la mariée.*
520 CARNE (C.-D. DE). *Crépuscule d'hiver; effet de neige.*
521 CARON (É.-J.-B.). *Portrait du docteur L...*
522 CAROT (J.-É.). *Potiche japonaise.*
523 CARRÉ-SOUBIRAN (V.). *Intérieur, en Champagne.*
524 — *Paysanne russe.*
525 CARRIER-BELLEUSE (Mˡˡᵉ H.). *Primevères.*
526 CARRIER-BELLEUSE (P.). *Sous le feu des lorgnettes.*
527 CARRIER DE JONCREUIL (R.-F.). *En Normandie.*
528 CARRIÈRE (E.). *Jeune mère.*
529 CARTERON (C.). *Portrait de M. P. S...*
530 CARTERON (E.). *Saint Jérôme.*
531 CARTIER (K.). *Portrait de Mᵐᵉ D'O.*
532 CASANOVA (A.). *Le mariage d'un prince.*
533 — *L'Indiscret.*
534 CASEY (D.). *Portrait de M***.*
535 CASILE (A.). *Une falaise en Normandie.*
536 CASSAGNE (A.). *L'été sous les grands bois* (Fontainebleau).
537 — *Le carrefour du Gros-Hêtre, en automne* (Fontainebleau).
538 CASTAN (E.). *Portrait de M. G...*
539 — *Portraits des enfants de M. K...*
540 CASTAN (G.). *Le chemin du bois, à Cernay-la-Ville* (Seine-et-Oise).
541 — *A Cernay-la-Ville.*
542 CASTELLANI (C.). *Les marins au Bourget, 21 décembre 1870*
543 CASTELNAU (A.-E.). *Jeune fille.*
544 CASTIGLIONE (J.). *La Promenade des Anglais, à Nice.*
545 — *Les fleurs du printemps.*
546 CASTRES (É.). **H. C.** *La méditation interrompue.*
547 — *Une espièglerie.*
548 CATHELINAUX (C.). *Chiens bassets français.*
549 — *Chien saintonge griffon.*
550 CATOIRE (G.-A.). *Perdu! au pied du puy de Dôme.*
551 CATUFFE (Mˡˡᵉ C.). *Portrait de Mˡˡᵉ E. T...*
552 — *Portrait de Mˡˡᵉ J. T...*
553 CAUCHOIS (E.-H.). *Fleurs.*
554 — *La pièce de résistance.*
555 CAZE (L.). *Portrait de M. J. Guadet.*
556 CAZES (R.) **H. C.** *Un puits dans une rue de Fontarabie* (Espagne).
557 CAZIN (J.-C.). *L'Art.*
558 CÉLOS (Mᵐᵉ G.). *La Musique.*
559 CÉLY (C.). *Village d'Auvergne.*
560 CERAMANO (C.-F.). *Une matinée d'été, forêt de Fontainebleau.*
561 CERIEZ (T.). *D'après la bosse; — époque de Louis XV.*
562 CESBRON (A.-T.). *Fruits et fleurs.*
563 — *Légumes.*
564 CETNER (A. DE). *Tibulle et Lesbie.*
565 CHABAL-DUSSURGEY (P.-A.). **H. C.** *Un rosier de « mon jardin ».*
566 CHABRY (M.-L.). *Marais des Landes de Gascogne, un soir d'automne.*
567 — *Côtes de Saintonge, à mer basse, par un temps de pluie.*

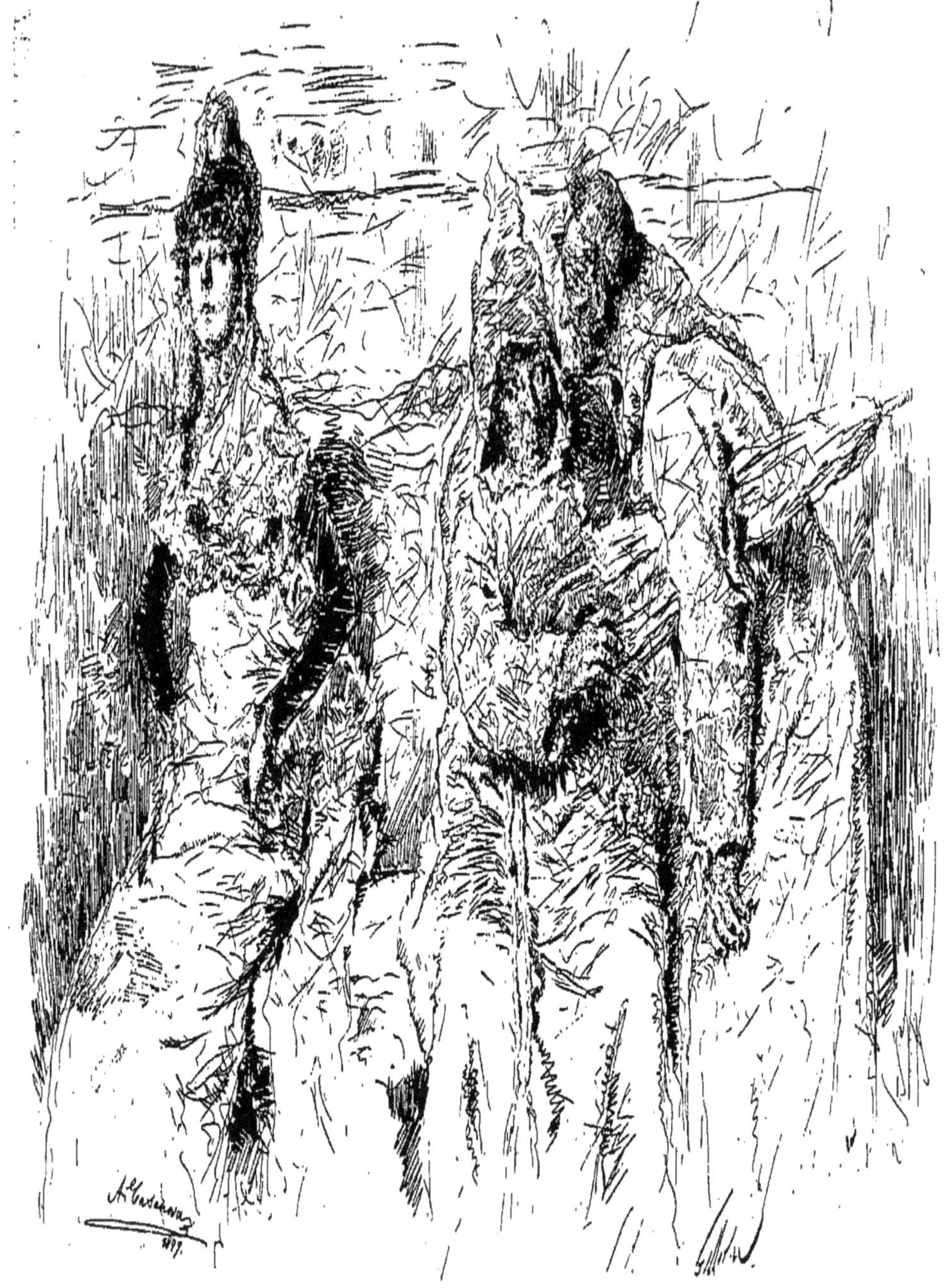

533. Casanova (A.). *L'indiscret.*

568 CHAIGNEAU (F.). *L'étoile du berger.*
569 — *Le champ de sarrasin.*
570 CHAILLERY (E.-L.). *Apprêts de confitures.*
571 — *Giroflée.*
572 CHAILLOU (M.). *Avant la prise.*
573 CHAIX (A.) *Portrait de Mlle B...*
574 CHAIX (Mme D.). *Un coin de jardin.*
575 CHALAMBERT (A. DE). *Tir à l'arc; panneau décoratif.*
576 CHALLIÉ (Mlle A. DE). *Portrait de Mlle de B...*
577 CHALOT (A). *Portrait de M. R. Ponsard.*
578 CHAMBORD (F. DE). *La source.*
579 CHAMPEAUX (O. DE). *Plage de Vasouy* (Calvados).
580 — *Côtes de Normandie, au crépuscule.*
581 CHAMPION (E.-T.). *En Auvergne.*
582 CHAMPMARTIN (C.-É.). *Portrait de Mlle M. de L...*
583 CHANET (H.). *Le 24 avril 1617.*
584 — *Portrait de « ma mère ».*
585 CHANTERAC (F. DE). *Saint Claude.*
586 — *Chemin de Saint-Claude.*
587 CHANTON (Mme L., baronne TRISTAN-LAMBERT). *Reines-Marguerites.*
588 — *Un panier de pommes.*
589 CHANTRON (A.-J.). *Jeanne qui rit et Jean qui pleure.*
590 CHANUT (A.). *Saint Sébastien, martyr.*
591 CHAPERON (E.). *Un poste à la Cosaque; grandes manœuvres de 1878*
592 CHARBONNEL (J.-L.). *Saint Jérôme.*
593 — *« Le père Jean ».*
594 CHARDIGNY (J.). *Tête de chien terrier.*
595 — *L'entre-côte.*
596 CHARLEMAGNE (H.). *Portrait de Mlle A. C...*
597 CHARLES (F.). *Portrait de Mme C...*
598 CHARLES (G.). *Portrait de Mlle F. C...*
599 CHARNAY (A.). *Une boucherie, à Aurillac.*
600 — *Octobre.*
601 CHARODEAU (F.-A.). *Coquetterie.*
602 CHARPIN (A.). *Labourage dans les Alpes-Maritimes.*
603 — *Moutons aux champs.*
604 CHARTIER (P.). *Une ferme dans les Flandres.*
605 CHARVOT (E.). *Prairie bourbonnaise.*
606 CHASE (H.). *Pêcheurs de Scheveningen* (Pays-Bas).
607 CHASSEVENT (M.-J.-C.). *Repentir de Marguerite.*
608 CHATAIGNIER (Mlle A.). *Agar et Ismaël dans le désert*
609 CHATAUD (M.-A.). *Un mariage maure.*
610 — *Un drame dans le sérail.*
611 CHATEAUBRIANT (A.-R.-M. DE). *Fruits.*
612 CHATILLON (Mme L. DE). *L'Année fatale.*
613 — *Retour de Chine.*
614 CHATINIERE (A.-M.). *Portrait de Mme L. F. P...*
615 — *Portrait de M. G...*
616 CHAUVIER DE LÉON (G.-E.). *Étang de Boluson* (Bouches-du-Rhône).
617 — *La saline de Mourgues; petite Camargue.*
618 CHAVET (J.-V.). **H. C.** *Une liseuse.*
619 CHAVILLE (Mlle P.). *Jeune fille de Brides* (Savoie).

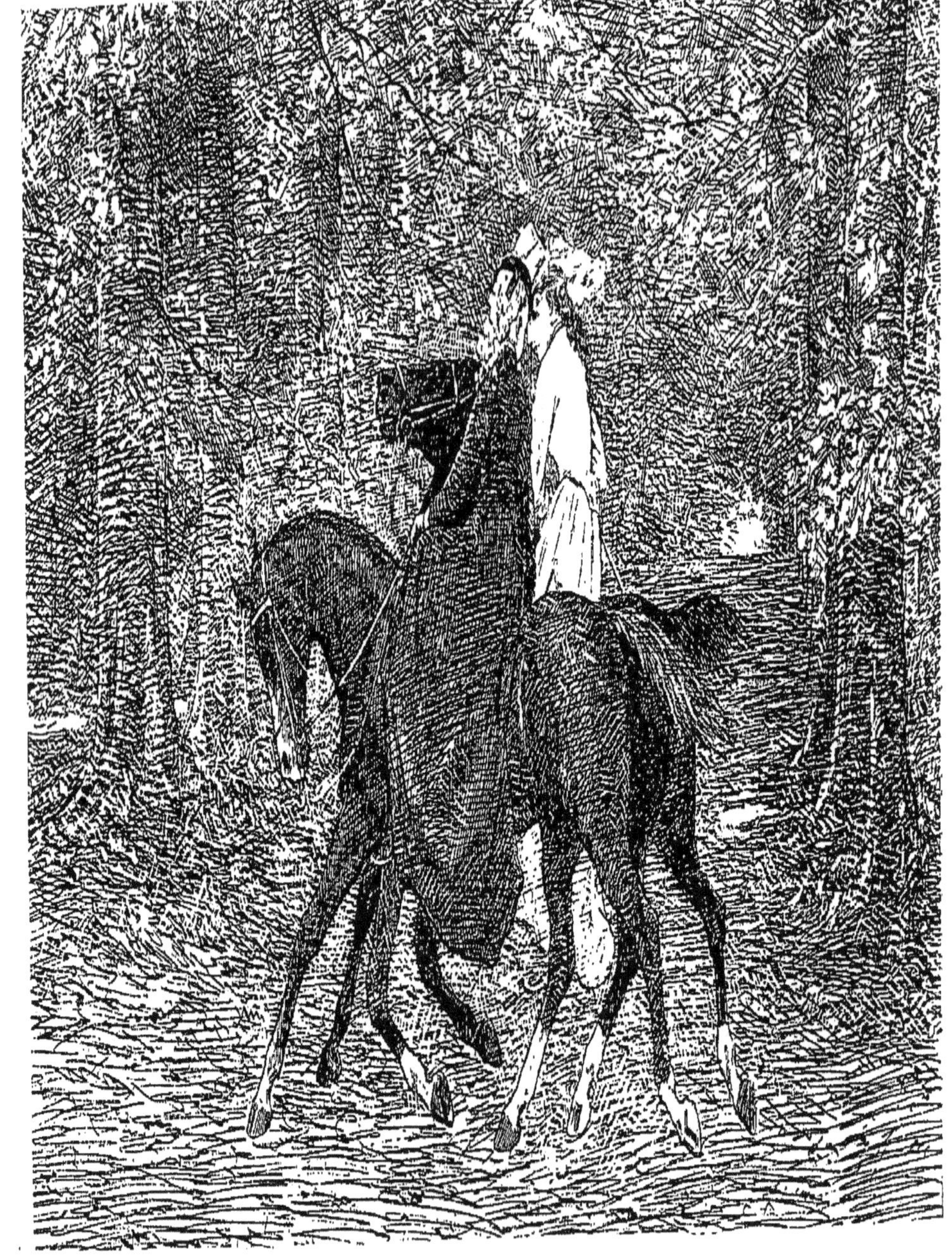

654. CLAUDE (J.-M.). H. C. *Confidence*

620 CHELMONSKI (J.). *Une scène au marché; Ukraine.*
621   —   *Un attelage.*
622 CHEREMETEFF (B.). *Maquignons russes.*
623 CHÉRIER (B.). *L'Assomption de la Vierge; peinture décorative.*
624 CHEROT (E.). *Château de Rambouillet; la tour de François Ier.*
625 CHEVALIER (M.-L.-J.-B.). *L'aumônier; panneau décoratif.*
626   —   *A la campagne; portrait de Mme A. L..*
627 CHIGOT (A.). *Défense d'un convoi.*
628   —   *Cernés!*
629 CHITUSSI (A.). *Environs de l'Elbe, en Bohême.*
630 CHLÉBOWSKI (S.). *Un brocanteur circassien, à Constantinople.*
631 CHOISNARD (F.-J.-C.). *Une soirée à Antony* (Seine-et-Oise).
632   —   *Déjeuner de carême.*

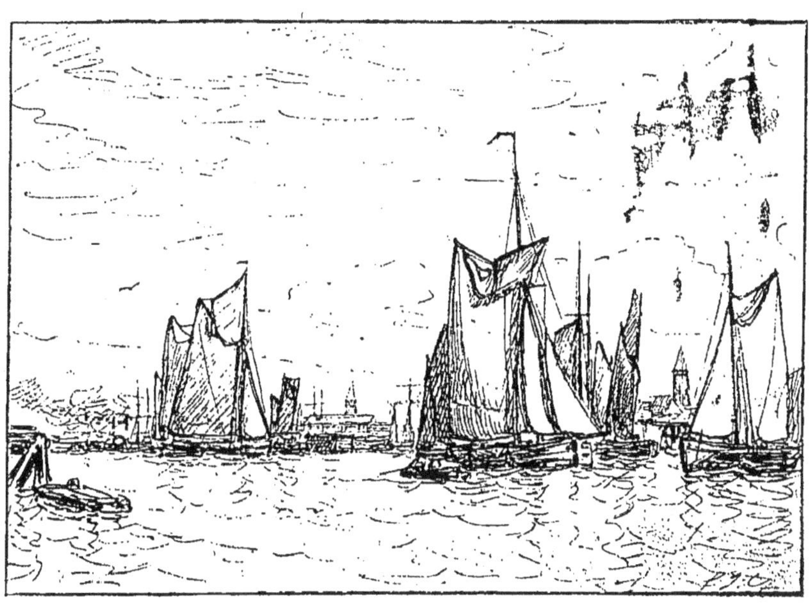

659. CLAYS (P.-J.). **H. C.** *Le port d'Ostende* (Belgique).

633 CHOLET (J.-A.). *La côte des Reines, environs de Rosière-aux-Salines.*
634   —   *La mare du Ravé, aux environs de Rosière-aux-Salines.*
635 CHOUBRAC (A.). *Le Prince des Iles-Noires.*
636 CHRÉTIEN (A.-C.). *Portrait de Mlle G. R...*
637   —   *Portrait de M. H. B...*
638 CHRISTIANI (G.-D. DE). *Pensées.*
639 CHRISTOL (F.). *Jérusalem, vue de la route de Béthanie.*
640   —   *Le mur de Salomon, à Jérusalem.*
641 CHRISTY (E.). *Fleurs de printemps.*
642   —   *Azalées.*
643 CICÉRI (E.). *Une mauvaise drague.*
644   —   *Un mauvais pont.*
645 CIESIELSKI (V.). *Plateau de la Belle-Croix; forêt de Fontainebleau.*
646   —   *Bouleaux de Barbizon.*

647 CINOT (F.). *Le pont de Saint-Germain-en-Brie.*
648 CLARIS (G.). *Pendant le repos; grandes manœuvres.*
649 CLARY (J.-E.). *La Marne, à Charenton.*

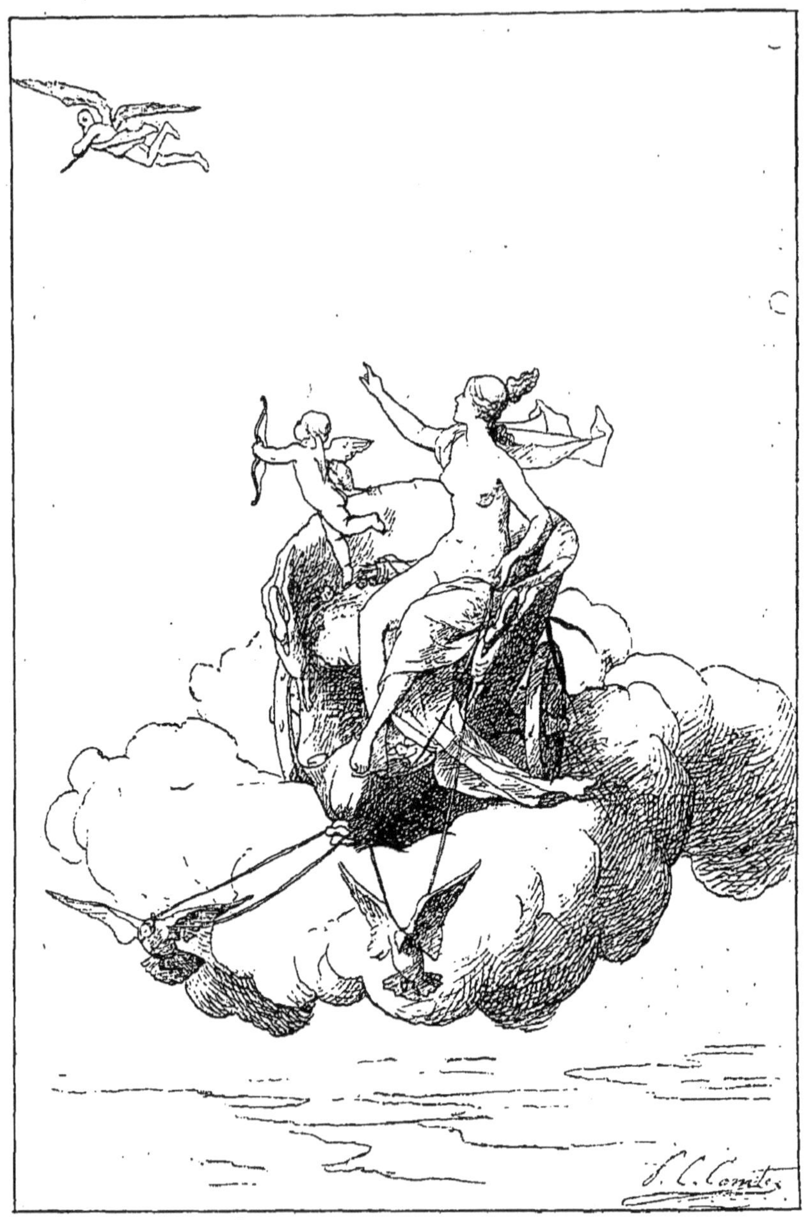

717. Comte (P.-C.). H. C. *L'Amour chasse le Temps.*

650 CLARY (J.-E.). *Une vanne, à Gasny* (Eure).
651 CLAUDE (E.). *Un coin de halle : fruits.*
652   —   *Une vieille bible.*

653 CLAUDE (J.-M.). **H. C.** *Portraits équestres de M. et de Mme C. D...*
654 — *Confidence.*
655 CLAUDE (V.-G.). *Portrait de M. L. Gruel.*
656 CLAUDIE (Mlle). *Étude.*
657 — *Bohémienne.*
658 CLAVEL (É.). *Les rochers de Douarnenez (Finistère).*
659 CLAYS (P.-J.). **H. C.** *Le port d'Ostende (Belgique).*
660 — *Calme aux environs de l'île de Schouwen, en Zélande.*
661 CLAYTON (J.). *Intérieur de pressoir à Bleneau (Yonne).*
662 CLÉMANSIN-DUMAINE (G.). *Portrait de Mme V. C. D...*
663 CLÉMENT (F.-A.). **H. C.** *Portrait de M. F. Liouville.*
664 — *Enfant malade.*
665 CLERC (Mme M.). *Portrait de Mme C...*
666 CLÈRE (J.-F.-C.). *Portrait de M. M...*
667 — *Portrait de Mme M...*
668 CLERGET (É.). *Le marché de Sophie.*
669 CLERMONT (A.-L. DE). *Un chassomane.*
670 — *L'attaque.*
671 CLERMONT (A.-H.-L. DE). *Chevaux dans un pâturage ; effet de lune.*
672 CLÉRY (P.-É.). *L'automne au pied des Castelli ; campagne de Rome.*
673 — *Idylle.*
674 CLIQUOT (Mlle A.). *Portrait de Mme C...*
675 — *Portrait de M. G...*
676 CLOUET (F.). *Nature morte.*
677 — *Groupe de gibier.*
678 COCQUEREL (J.-J.-O. DE). *Carpe et barbeau du Rhône.*
679 COEFFIER (Mme M.-P.). *Portrait de Mme C.-F. W...*
680 — *Portrait de Mme E. C...*
681 COESSIN DE LA FOSSE (C.-A).. *Plaisir d'amour.*
682 — *Casse-cou!*
683 CŒURT (M.). *Étude.*
684 COEYLAS (H.). *Portrait de M. C...*
685 COFFIN (W.-A.). *Une auberge en Bretagne.*
686 — *Une Académie de peinture moderne.*
687 COFFINIÈRES DE NORDECK (L.-G.). *Intérieur arabe.*
688 COGGHE (R.). *La charmeuse.*
689 — *Portrait de Mlle C...*
690 COLAS (A.). **H. C.** *Portrait de M. A. de N...*
691 COLEBY (Mlle A.). *Science et Musique.*
692 — *Nature morte.*
693 COLEMAN (H.). *Marchands de chevaux des environs de Rome.*
694 — *La chute des dernières feuilles ; Terracine (Italie).*
695 COLIN (G.-H.). *Lamaneurs du golfe de Gascogne.*
696 — *L'automne dans le pays basque.*
697 COLIN (P.-A.). *L'allée du Vivier, à Valmont (Seine-Inférieure).*
698 — *Les bords du Vivier, à Valmont.*
699 COLINET (E.-D.). *Moules, casseroles, oignons.*
700 COLIN-LIBOUR (Mme U.). *La pensée.*
701 — Saïka
702 COLLA (J.). *Trembles aux environs de Saint-Menet (Bouches-du-Rhône)*
703 COLLART (Mme M.). *Le soir.*
704 — *Avril ; cerisiers en fleurs.*

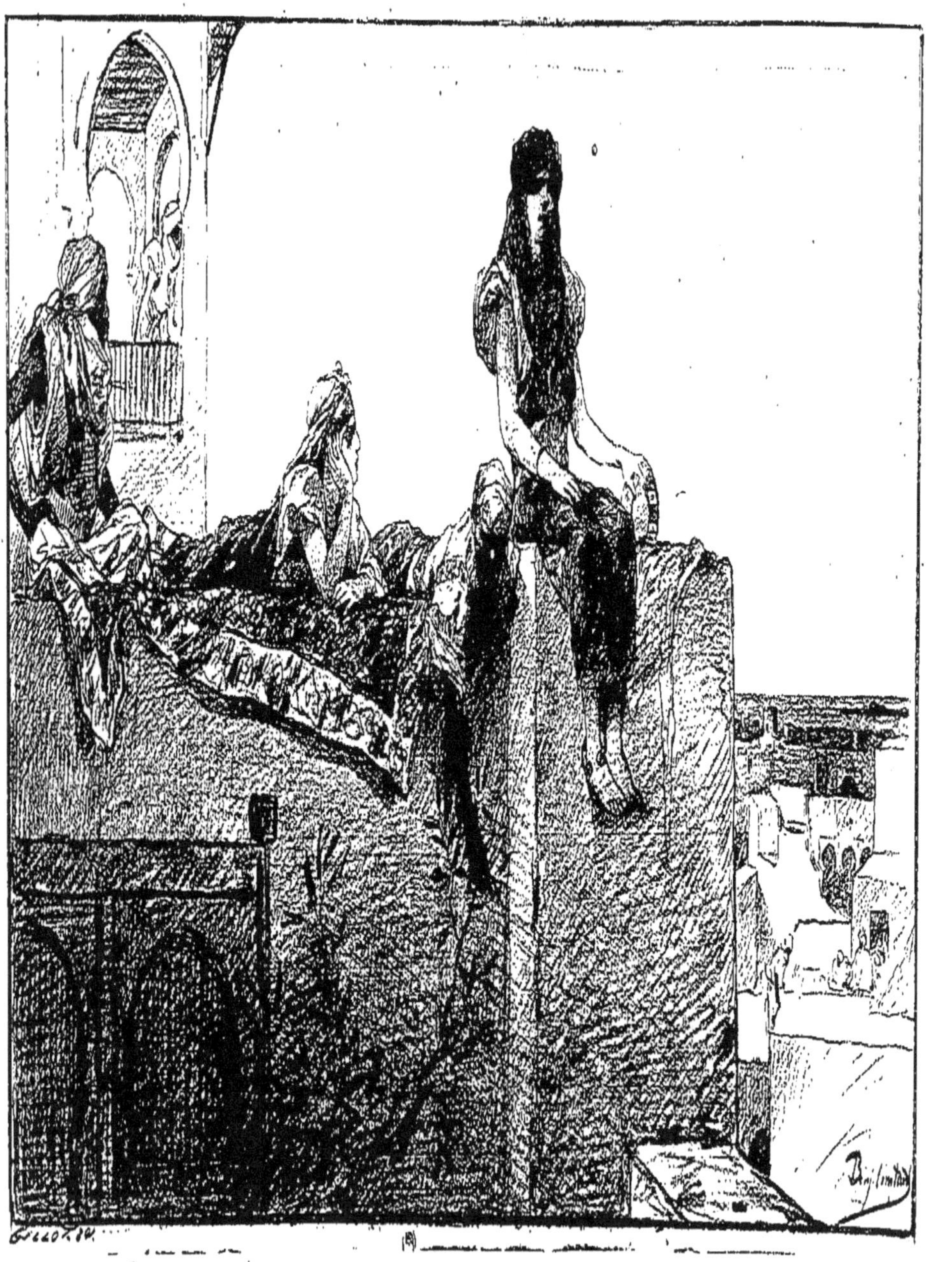

721. Constant (Benjamin). H. C. *Le soir sur les terrasses (Maroc).*

705 COLLAS (A.-P.). *Le port de Sèvres, le matin.*
706 COLLETTE (Mlle J.). *Intérieur de ferme aux environs de Dijon.*
707 COLLIN (R.). *Portrait de Mme M...*
708 — *Portrait de M. S. H...*
709 COLLOMB (Mme L.). *Portrait de M. F.-C. X...*
710 COMAN (Mlle C.-B.). *Vue prise de Dordrecht (Pays-Bas).*
711 COMBE-VELLUET (A.). *Le matin, aux environs de Parthenay.*
712 — *Le soir, aux environs de Parthenay.*
713 COMERRE (L.-F.). *Le Lion amoureux.*
714 COMMANVILLE (Mme C.). *Portrait du baron Jules Cloquet.*
715 COMPTE-CALIX (F.-C.). **H. C.** *L'attaque des premiers plans.*
716 — *Les feuilles mortes.*
717 COMTE (P.-C.). **H. C.** *L'Amour chasse le Temps.*
718 — *Le Temps chasse l'Amour.*
719 CONANT (Mlle C.). *Vie de famille.*
720 CONDAMIN (H.). *Portrait de M. B...*
721 CONSTANT (Benjamin). **H. C.** *Le soir sur les terrasses (Maroc).*
722 — *Les favorites de l'émir.*
723 CONSTANTIN (A.). *Un coin de cuisine.*
724 COOL (Mme D. de). *La curieuse.*
725 COOL (G. de). *A la porte de l'église.*
726 — *Portrait de Mlle N...*
727 COOSEMANS (J.-T). *Journée d'hiver, dans la campagne belge.*
728 COQUAND (P.). *Aux environs de Dinard (Ille-et-Vilaine).*
729 — *Aux environs de Douarnenez (Finistère).*
730 COQUELET (L.). *La favorite.*
731 CORBINEAU (A.-C.). *Rêverie.*
732 — *Portrait de M. L...*
733 CORCHON Y DIAQUÉ (F.). *De Bougival à Marly.*
734 CORDIER (C.-P.-M.). *Plateau de Belle-Croix; forêt de Fontainebleau.*
735 — *Portrait de M. C...*
736 CORMERAY (G.). *Une corderie.*
737 CORNELOUP DU COLOMBIER (Mlle N.). *La première peine.*
738 CORNET (A.). *Le tribunal de Velléda.*
739 — *Jeunes femmes du xvie siècle.*
740 CORNET (J.) *Joseph explique les songes du panetier et de l'échanson.*
741 CORNILLIET (J.). *Sentier perdu.*
742 CORNILLON (J.). *Bassine de fleurs.*
743 — *Fleurs dans un plat.*
744 COROENNE (H.). *Portrait de Jeanne C...*
745 — *Une répétition intime.*
746 CORPET (É). *Bouquet de fête.*
747 CORROLLER (E.). *Le cuirassé le* Redoutable *en préparation d'arme-
ment dans le port de Lorient.*
748 CORSON (Mlle H.). *Nature morte.*
749 — *Nature morte.*
750 CORTA (P.). *Vaches à l'étable.*
751 CORTESE (F.). *Bois de Capo di Monte, près de Naples.*
752 — *Falaises d'Amalfi, près de Salerne.*
753 COSSMANN (M.). *Une matinée dansante chez le cardinal de Richelieu.*
754 — *Portrait de M. E. C...*
755 COSTEAU (G.). *Le matin à Hérisson (Allier).*

756 COSTEAU (G.). *Environs de Melun ; effet de neige.*
757 COSTIL (L.-A-A.). *Portrait de Mme C...*
758 COT (P.-A). **H. C.** *Portrait de Mme H. S...*
759   —   *Portrait de Mme de la M...*

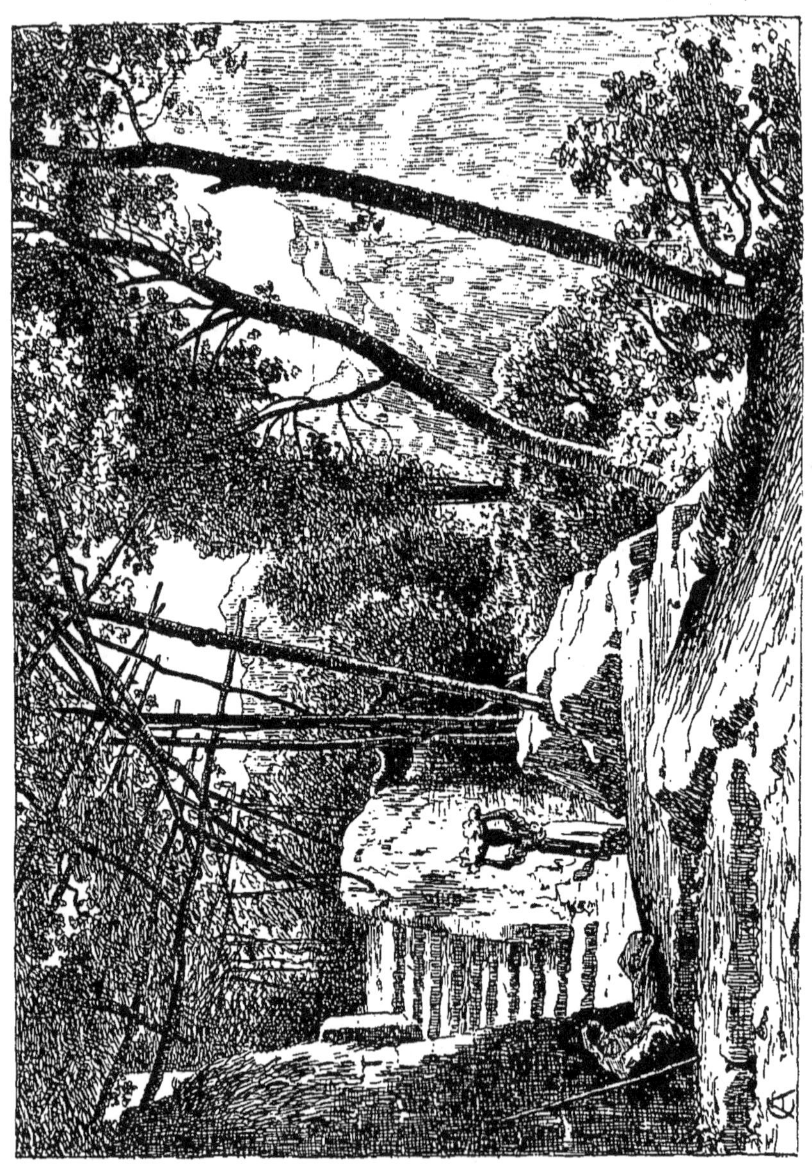

803. Curzon (P.-A. de). **H. C.** *Sur l'escalier d'Atrani, à Ravello* (Italie).

760 COTTI (A.). *Le Dante à Vérone.*
761 COTTIN (E.). *Prise d'armes aux zouaves de marche.*
762 COTTIN (P.). *Ténor de cour.*
763   —   *Une panique.*

764 COUBERTIN (C. DE). **H. C.** *Mort miraculeuse de Saint Jean de Dieu.*
765   —   *Une ronde chez « grand-père. »*
766 COUDER (Feu A.). **H. C.** *Raisins.*
767   —   *Fleurs des champs.*
768 COUDER (É.-G.). *Fleurs.*
769   —   *Fruits.*
770 COULON (P.-F.-L.). *Bords de rivière.*
771   —   *Dans le Sidobre, près de Castres.*
772 COURBOIN (E.). *Convoi du duc de Luynes.*
773   —   *Coin d'atelier.*
774 COURDOUAN (J.-F.-V.). **H. C.** *Fontaine à Notre-Dame-du-Muy, un*
775   —   *Camogli; golfe de Gênes.*   [*jour de fête.*

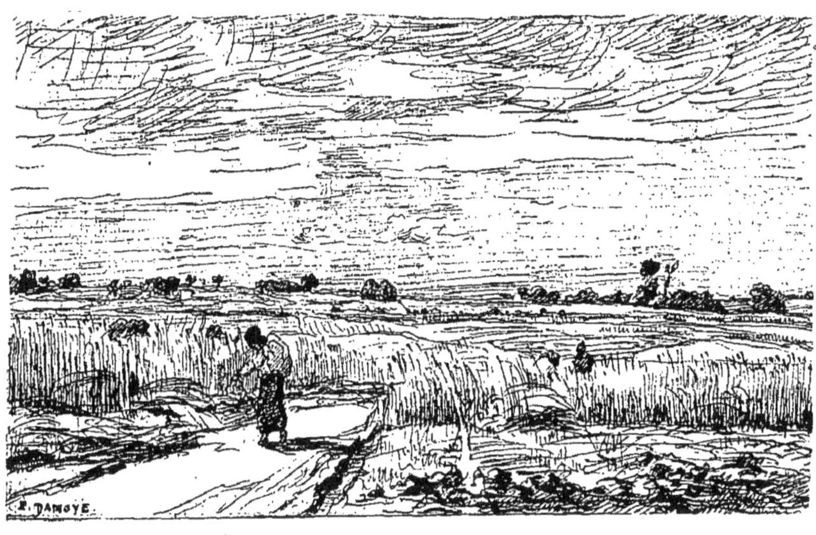

819. DAMOYE (P.-E.). *Les Champs, à Auvers* (Oise).

776 COURANT (M.-F.-A.). *Le calme*
777   —   *Au port!*
778 COURTAT (L.). **H. C.** *Ève et ses enfants*
779 COURTIN (Mlle C.). *Nature morte.*
780   —   *Un chemin, aux environs de Pont-Aven* (Finistère).
781 COURTIN (G.). *La-cour Boutet-Delisle, à Bercy.*
782 COURTOIS (G.). *Portrait de Mme la comtesse de Reculot*
783   —   *Portrait de Mme de B...*
784 COUSIN (V.). *Corbeaux ravageant des meules.*
785 COUTURE (Feu T.). **H. C.** *L'homme à la musette*
786 COUTURIER (L.-L.). *L'école des tambours.*
787   —   *Paysan de Guerchy* (Yonne).
788 COUTURIER (P.-L.). **H. C.** *La fille de la ferme.*
789 COUTY (F.). *Marée.*
790   —   *Fruits.*
791 COX (K.). *Jeune fille vénitienne.*

792 CRAUK (C.-A.). *St Vincent de Paul remet des orphelins à des sœurs*
793   —   *St Vincent de Paul esclave en Afrique.*   [*de charité.*
794 CRENISSE (Mlle A.). *Étude.*
795 CRÈS (C.). *Portrait de M. Maurice Joppé, capitaine d'état-major.*
796 CRISENOY (P.-É. DE). *Vaisseau cuirassé attaqué par des bateaux tor-*
797 CROUAN (Mlle J.). *Le bouquet de la Sainte-Cécile.*   [*pilleurs.*
798   —   *Les giroflées.*
799 CUGNOTET (F.-L.-E.). *Portrait de Mme E. B...*
800   —   *La combe de Chambolle* (Côte-d'Or).
801 CUNO (Mlle P.). *Coquelicots.*
802   —   *Roses.*

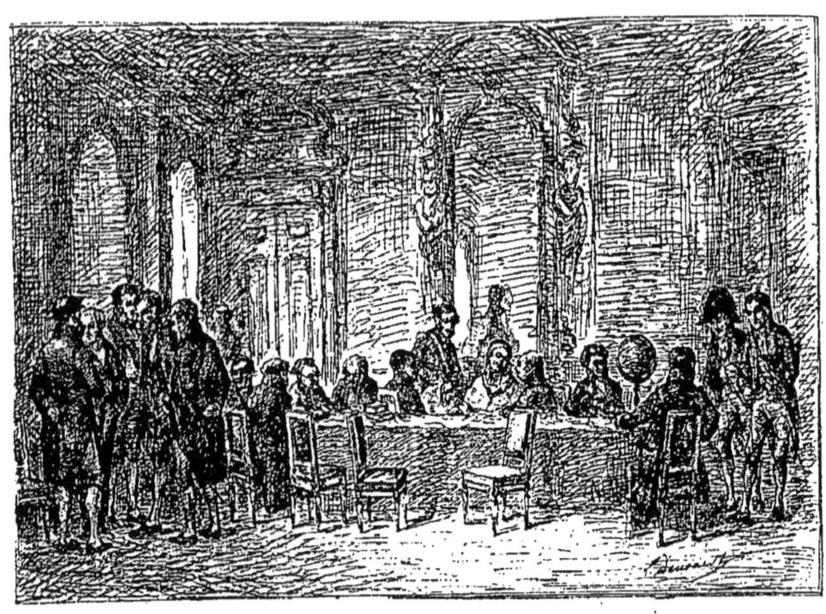

825. DANSAERT (L.). *Un monde qui s'écroule.*

803 CURZON (P.-A. DE). H. C. *Sur l'escalier d'Atrani, à Ravello* (Italie).
804   —   *Au bord de l'eau; souvenir du lac d'Avezzano* (Italie).
805 CUYER (É.). *Au Cro-Marbot, près de Châteaudun* (Eure-et-Loir).
806 CYB (A.). *Roses.*
807   —   *A la bonne ville.*
808 DABLIN (J.). *Le violon.*
809 DACRE (S.-I.). Marietta.
810 DAGNAN-BOUVERET (P.-A.-J.). *Une noce chez un photographe.*
811   —   *Portrait de M. G. B...*
812 DAISAY (J.). *Portrait de M. D...*
813 DALLEMAGNE (L.). *Le matin, à Rossillon* (Ain).
814   —   *Le soir, à Rossillon.*
815 DAMAS (E.). *Une plumeuse.*
816 DAMERON (C.-É.). *Le chemin du bedeau.*

817 DAMMOUSE (É.-A.). « *Le père Devers.* »
818 DAMOURETTE (Mlle A.-A.). *Anna.*
819 DAMOYE (P.-E.). *Les champs, à Auvers* (Oise).
820   —   *Le moulin de Merlimont* (Pas-de-Calais).
821 DANA (W.-P.-W.). *Les brisants.*
822 DANIEL (G.). *Effet d'hiver; gorges d'Apremont, Fontainebleau.*
823   —   *Oranges et pommes.*
824 DANIS (A.). « *Monsieur est servi!* »
825 DANSAERT (L.). *Un monde qui s'écroule.*
826 DANTAN (J.-É.). *Portrait de Mme G. M...*
827   —   *Portraits des enfants de M. G. M...* .
828 DARAS (H.). *Le percement du cœur du Christ.*
829 DARASSE (G.-P.-J.). « *Mon meilleur ami* ».
830 DARDOIZE (É.). *A Maintenon* (Eure-et-Loir).
831   —   *L'automne à Cernay* (Seine-et-Oise).
832 DARETS d'ARDEUIL (H.). *Portrait.*
833 DARGAUD (V.-P.-J.). *Les carrières d'Argenteuil et de Samois.*
834 DARROUX (A.-V.). Mariucca.
835 DARRU (Mme L.). *La valse des roses.*
836 DASTUGUE (M.). *Portrait de Mme L. L...*
837   —   *Baigneuses.*
838 DAUBEIL (J.). *Rochers.*
839 DAUBIGNY (K.). **H. C.** *Environs de la ferme St-Siméon, Honfleur.*
840 DAUDET (Mlle B.). *Portrait de Mlle M. N...*
841 DAUDETEAU)L.-R.-M.). *Ferme du Kerino* (Morbihan).
842 DAUX (E.-C.). *Charmeuse.*
843   —   *Rosina.*
844 DAVID (E.). *Idylle villageoise.*
845   —   *Le garçon jardinier.*
846 DAVID (G.). *Loisirs de page.*
847 DAVID (J.). *Atelier de Mme C. L...*
848 DAVRAY (H.-C.). *En Normandie.*
849 DAWANT (A.-P.). *St Thomas Becket.*
850 DAWIS (Mlle G.). *Portrait de la marquise de G...*
851 DEAKIN (E.). *Église de Chelles; le soir.*
852   —   *Mont Blanc.*
853 DEBON (E.). *Une causerie d'artistes.*
854 DEBRAS (L.). *Portrait de M. L. D...*
855 DECAEN (A.-C.-F.). *Une écurie de la Compagnie des omnibus.*
856   —   *La sieste.*
857 DECAN (E.). *Le moulin d'Angibault.*
858   —   *Plage du Calvados.*
859 DE COCK (X.). *Attelage de bœufs.*
860 DE CONINCK (P.). **H. C.** Mater dolorosa.
861   —   *Portrait de M...*
862 DEFAUX (A.). **H. C.** *Forêt de Fontainebleau.*
863 DEGALLAIX (L.). *Printemps (Fontainebleau) plateau de Belle-Croix.*
864 DEGRAIN (A.). *Un enlèvement.*
865   —   *Aux écoutes.*
866 DEGRAVE (J.-A.). *Les premières à l'Asile.*
867 DE HAAN (M.-J.). *Une controverse sur le Talmud.*
868 DEHAUSSY (Mme A.). *La mère de douleurs.*

869 DEHAUSSY (J.). Sanctus Tarcisius.
870   —   *Une bonne capture.*
871 DEHODENCQ (A.). **H. C.** *La mariée juive.*
872   —   *Départ des mobiles, en juillet 1870.*
873 DEHODENCQ (E.). *Portrait de M. A. H...*
874   —   *Portrait.*
875 DE JONGHE (G.). *La berceuse de Chopin.*
876   —   *L'indiscrète.*
[877 DELACROIX (H.-E.). La] *petite rieuse.*

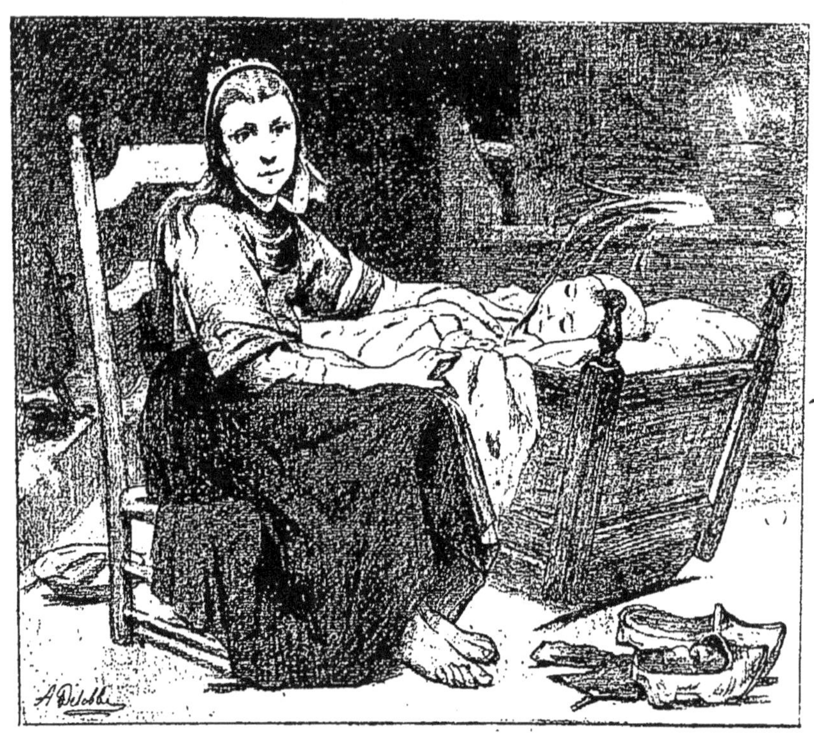

914. DELOBBE (F.-A.). **H. C.** *La grande sœur; souvenir de Bretagne.*

878 DELACROIX-GARNIER (Mᵐᵉ P.). *Portrait de Mᵐᵉ D. M...*
879 DELADEUILLE (A.). *Portraits de M. et Mᵐᵉ B. de S...*
880 DELAHAYE (E.-J.). *Portrait de Mˡˡᵉ M. D...*
881 DELAHAYE (M.). *Lavoir du puits artésien, à Levallois-Perret.*
882 DELAISSE (F.-A.). *Dans l'Ile, à Maisons-Laffitte (Seine-et-Oise).*
883 DELAMAIN (P.). *Chasse aux faucons.*
884   —   *Un relai de poste.*
885 DELAMARRE (T.). *Chevaux et cavaliers mongols.*
886 DELAMBRE (L.-P.). *Les blés sur la lisière de la forêt de Fontai-*
887   —   *En forêt.*   [*nebleau.*
888 DELAMBRE-JOLY (L.). *Un marais, à la fin de l'hiver, en Picardie.*
889 DELANCE (P.-L.). *Les trois âges; triptyque.*

890 DELANGLE (F.). *Le cardinal Trevisianti.*
891   —   *Paysage.*
892 DELANOY (H.-P.). *Chez don Quichotte.*
893   —   *Le Coran.*
894 DELANOY (J.). *Allée des Coteaux, au Raincy.*
895 DELAPORTE (D.). *Nature morte.*
896 DELAPLACE (Mᶩᶩᵉ M.-J.). *Tête d'étude.*
897   —   *Portrait de Mᵐᵒ M. d'A ...*
898 DE LA ROCHE (F.). *Portrait de Mᶩᶩᵉ Berthe B...*
899   —   *Portrait de M. de ***.*
900 DELARUELLE (C.-P.). *Avant le bal.*
901   —   *Les Lilas.*
902 DELAUNAY (A.). *St Léonard.*
903 DELAUNAY (J.). *Ah! malheureuse, je ne puis plus prier.*
904 DELAUNAY (J.-E.). **H. C.** *Portrait de M. Charles G ...*
905   —   *Portrait de Mᵐᵉ D...*
906 DELAVAULT (A.). *Portrait de M. ****
907   —   *Portrait de M. ****
908 DELBEKE (J.-L.). *« Ma fête. »*
909 DELESSARD (A.). *Falaises de Vaucotte, à marée basse.*
910 DELHUMEAU (G.-H.-E.). *Portrait de Mᶩᶩᵉ J. Girard.*
911   —   *Portrait de Mᶩᶩᵉ L. de B...*
912 DELIERRE (Aᵉ). *Le ruisseau de Coiroux, près d'Aubazine* (Corrèze).
913   —   *Black-coq et grousses.*
914 DELOBBE (F.-A.). **H. C.** *La grande sœur; souvenir de Bretagne.*
915 DELORME (Mᶩᶩᵉ B.). *Portrait de Mᵐᵉ V...*
916   —   *Portrait de Mᶩᶩᵉ Marthe D...*
917 DELORME (Mᶩᶩᵉ L.). *Rêverie.*
918 DELPERÉE (É.). *Martin Luther à la diète de Worms.*
919   —   *M. Demany, commissaire de police, interdit la sortie des processions jubilaires (Liège, 18 novembre 1875).*
920 DELPY (C.-H.). *La cour « du père Lambin, » à Brolles* (S.-et-M.).
921   —   *Les bords de la Seine, à Bois-le-Roi* (Seine-et-Marne).
922 DEMARÇAY (Mᵐᵉ C.). *Portrait de Mᵐᵉ D ...*
923 DEMAREST (G.-A.). *L'enlèvement de Psyché.*
924   —   *La grand'mère*
925 DEMARLE (G.-A.). *Mésanges curieuses.*
926 DEMARQUET (Mᵐᵉ I.). *Portrait de Mᵐᵉ J. D...*
927   —   *Portrait de M. A. D.*
928 DEMESMAY (C.). *Le creux des Massottes, dans les bois de Valais.*
929 DEMONT (A.-L.). *L'août dans le Nord.*
930 DEMORY (C.-T.). *Un vieux conteur breton.*
931   —   *Le chemin de Kéraz* (Finistère).
932 DENDUYTS (G.). *Lever de lune.*
933 DENET-CLÉMENT (C.). *Job.*
934   —   *Portrait de M. A. L...*
935 DÉNEUX (G.-C.). *Le viatique.*
936 DENIS (E.). *Portrait de Mᵐᵉ D...*
937 DENISE (A.). *Roses.*
938 DENNEULIN (J.-C.). *Quatuor d'amateurs.*
939   —   *L'enterrement de monsieur le maire.*
940 DENOYELLE (P.-L.). *Nature morte.*

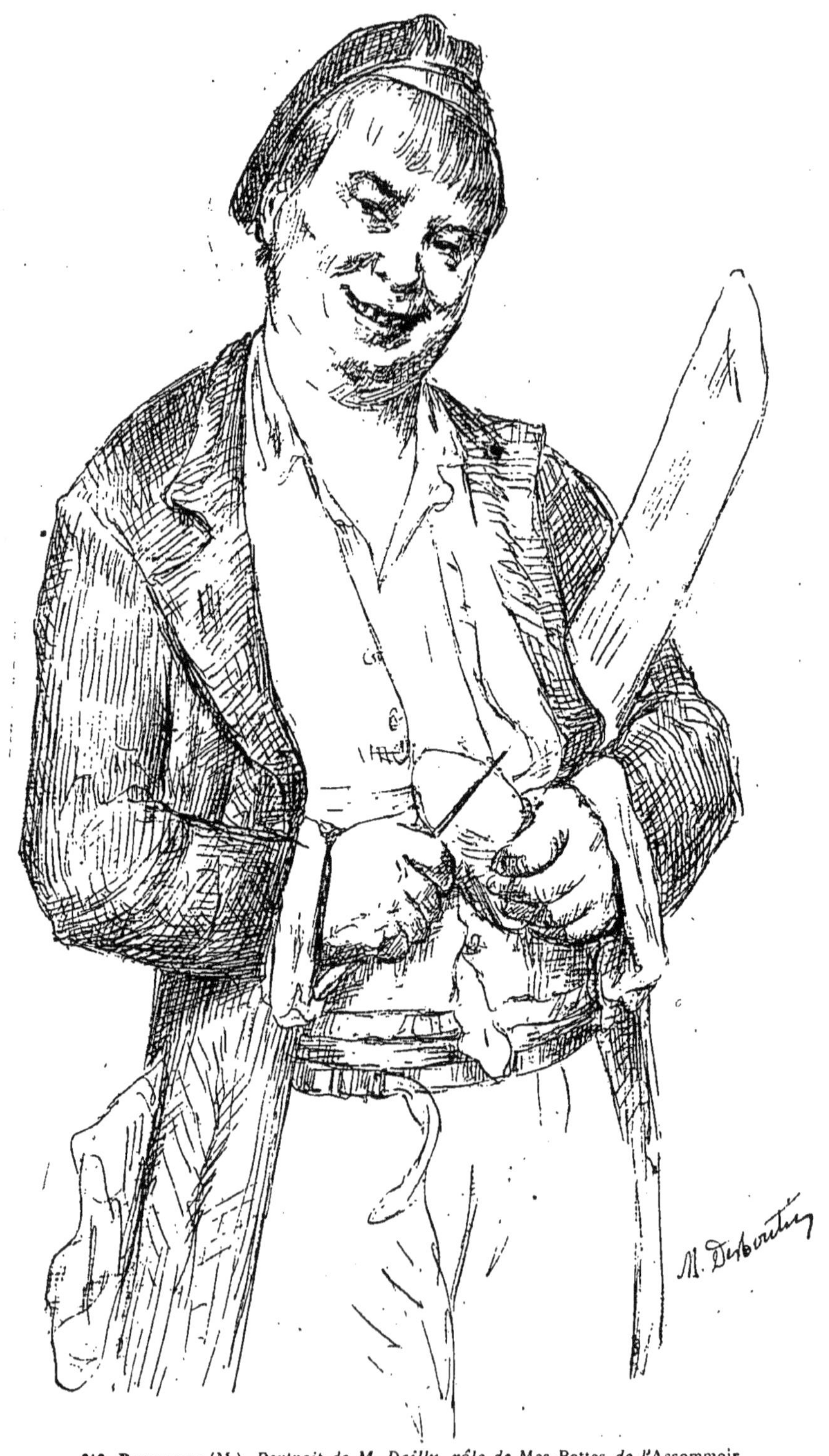

949. **Desboutin** (M.). *Portrait de M. Dailly, rôle de Mes-Bottes de l'Assommoir.*

941 DENYSE (Mlle C.). *Portrait de M. Louis G...*

942 DEROCHE (V.). *Les chercheuses de vers du Crotoy* (Somme).

943 — *Le relais.*

944 DESAVARY (C.-P.). *La fontaine Baudimont.*

945 — *Primevères et camélias.*

946 DESBEAUX (Mlle S.). *Prunes.*

947 DESBORDES (Mlle L.-A.). *Fleurs; panneau décoratif.*

948 — *Souvenirs de première communion.*

949 DESBOUTIN (M.). *Portrait de M. Dailly, rôle de* Mes-Bottes *de l'As-*

950 — *Portrait de Mme B...* [sommoir.

951 DESBROSSES (J.). *La côte du Tartaret, le soir.*

952 — *Les fonds de la Bourboule* (Puy-de-Dôme).

953 DESBROSSES (L.). *La plaine de Mulcent.*

954 DESCAMPS-SABOURET (Mlle L.). *La pêche au vin.*

955 DESCHAMPS (A.). *Gigot aux pommes.*

956 — *Le panier renversé.*

957 DESCHAMPS (Mme A.). *Argenterie et vermeil.*

958 DESCHAMPS (A.-F.). *Portrait du R. P. C..., missionnaire.*

959 — *Portrait de M. V. P...*

960 DESCHAMPS (Mme C.). *Portrait de M. D...*

961 DESCHAMPS (J.). *Une habitation champenoise.*

962 DESCHAMPS (L.). *Portrait de Mlle de S...*

963 — *Mort de Mireille dans l'église des Saintes-Maries-de-la-Mer.*

964 DESDOUITS (L.). *Près du bois d'Oingt* (Rhône).

965 DESGOFFE (B.). **H. C.** *Vase de cristal; buste d'empereur romain* (Tibère);
             médailles; socle de bronze doré; table chinoise; fleurs, etc.

966 — *Environs du puy de Dôme.*

967 DESHAYES (C.-F.-É.). *Effet de soleil aux environs de Paris.*

968 — *Chaudron et pommes.*

969 DESHAYS (C.). *Environs de Crémieu* (Isère).

970 DESLANDES (É.-A, baron). *Expédition de Chine.*

971 — *Le déjeuner improvisé ou le mépris de la science.*

972 DESMAREST (L.). *Portrait de Mme de M...*

973 — *Portrait de Mme R...*

974 DESMARQUAIS (C.-H.). *Au bord de la Seine.*

975 DESMEURE (J.-L.). *Vue de Charenton* (Seine).

976 — *Jeune Italienne.*

977 DESMOULINS (C.-É.). *Sur les platières; forêt de Fontainebleau.*

978 DESPORTES (F.). *Sainte Madeleine repentante.*

979 DESRIVIÈRES (G.). *Armes.*

980 DESSALLES (J.-A.). *Nature morte.*

981 DESTEZ (P.-L.-C.). *Le pansement.*

982 — *Portrait de Mlle M. L...*

983 DESTREM (C.). *Le dépiquage; campagne du Languedoc.*

984 — *Jean Calas.*

985 DESVARREUX-LARPENTEUR (J.). *Crépuscule.*

986 DESVIGNES (Mlle G.-M.-T.). *Le dindon.*

987 DETAILLE (É.). **H. C.** *Champigny; décembre 1870.*

988 DETEURE (P.-P.). *Villers-sur-Mer* (Calvados).

989 DETOUCHE (L.-D.). *Prédication du Christ au lac de Génésareth.*

990 — *La Marseillaise en 1792.*

991 DETTI (C.). *Une fête.*

992 DEULLY (A.-D.-L.). *Le désordre forcé.*
993 DEURBERGUE (Mlle I.). *Portrait de M. H. D…*
994 DEUTSCH (L.). *Portrait de M. Koch.*

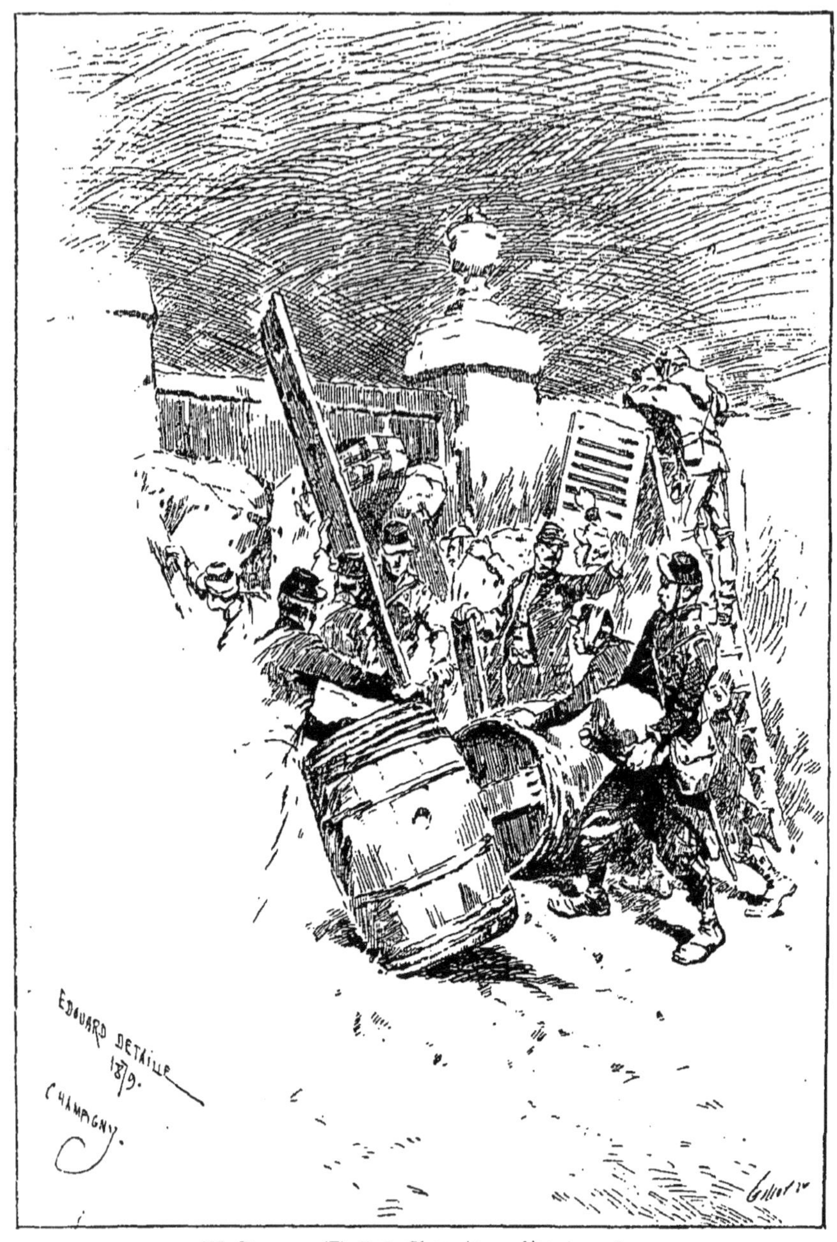

987. DETAILLE (E). H. C. *Champigny; décembre 1870.*

995 DÉVÉ (E.). *Au bord d'un étang.*
996   —   *Dans la vallée de la Calonne (Eure).*

997 DEVEVEY (C.). *Coin de cuisine.*
998 DEVY (Mlle H.). Reinlord.
999 — *Jane.*
1000 DEYROLLE (L.-F.). *Une petite cuisinière de fantaisie.*
1001 — *L'A B C.*
1002 DEYROLLE (T.-L.). *L'écureuse satisfaite.*
1003 — *Mareyeuse, à Concarneau* (Finistère).
1004 DEZAUNAY (É.). *Étude.*
1005 DIAQUE (R.). *Dans la serre.*
1006 — *Dégel.*
1007 DIART (É.). *Coin de table de cuisine.*
1008 DICEY (F.). *Portrait.*
1009 DIDIER (A.). *Mort de Bayard à Romagnano, le 30 avril 1524.*
1010 DIDIER (J.). **H. C.** *Un bœuf égaré ; scène de la campagne romaine.*
1011 — *Le soir ; souvenir d'Ostie* (Italie).
1012 DIÈGUE (G. del Mazanarès). *Portrait de l'auteur.*
1013 DIEN (A.). *Une allée dans le parc de Maintenon* (Eure-et-Loir).
1014 DIÉRICKX (D.). *Une cour, à Montmartre.*
1015 DIÉTERLE (C.). *Portrait de M. J. D...*
1016 DIÉTERLE (P.-G.). *La mare de Gauzeville ; pays de Caux.*
1017 DIEUDONNÉ (E.). *Portrait du docteur Quarante.*
1018 — Fatma.
1019 DIEUDONNÉ (E.-P.). *Portrait d'enfant.*
1020 DILLON (H.). *Portrait de M. P...*
1021 DIZY-THÉVENIN (E.). *Portrait de Mme D. T...*
1022 DMITRIEFF (N. de). *Un incendie, en Russie.*
1023 DODSON (Mlle S.-P.-B.). *Deborah.*
1024 — *La danse ; projet de frise.*
1025 DOERR (C.). *Le dimanche matin, à Gouëzec* (Finistère).
1026 DOLIGER (P.) *Une mendiante.*
1027 DORÉ (G.-P.). **H. C.** *La mort d'Orphée.*
1028 DORR (Mlle B.). *Portrait de « ma sœur. »*
1029 DOUCET (L.). *Portrait de Mlle Yvonne L...*
1030 — *Portrait du comte R. de M. F...*
1031 DOURILLE (M.-E.). *Portrait de M. N. de B...*
1032 DOUX (Mme L.). *Confidence.*
1033 — *Malentendu.*
1034 DOUZIL (H.). *Portrait de Mme D...*
1035 DOYEN (G.). *La leçon.*
1036 DOZE (M.-J.-M.). *St Pierre, après le reniement.*
1037 DRABBLE (R.-R.). *Dans le Kent* (Grande-Bretagne).
1038 DRACOPOLIS (N.-F.). *Oignons et cruche de Marseille.*
1039 — *La boîte au lait.*
1040 DRAMARD (G. de). *La mort de Brunehaut.*
1041 — *Un coin de la cour de l'hostellerie de Dives* (Calvados).
1042 DREVET (Mlle M.). *L'automne dans les bois de Marne* (Seine-et-Oise).
1043 DRIVON (C.). *Portrait de M. D...*
1044 DROJAT (Mlle É.). *Portrait de Mme D...*
1045 — *Portrait de Mlle G...*
1046 DUBASTY (A.-H.). **H. C.** *Portrait de M. G. D...*
1047 — *La rêveuse.*
1048 DUBOIS (A.). *Lilas et giroflées.*

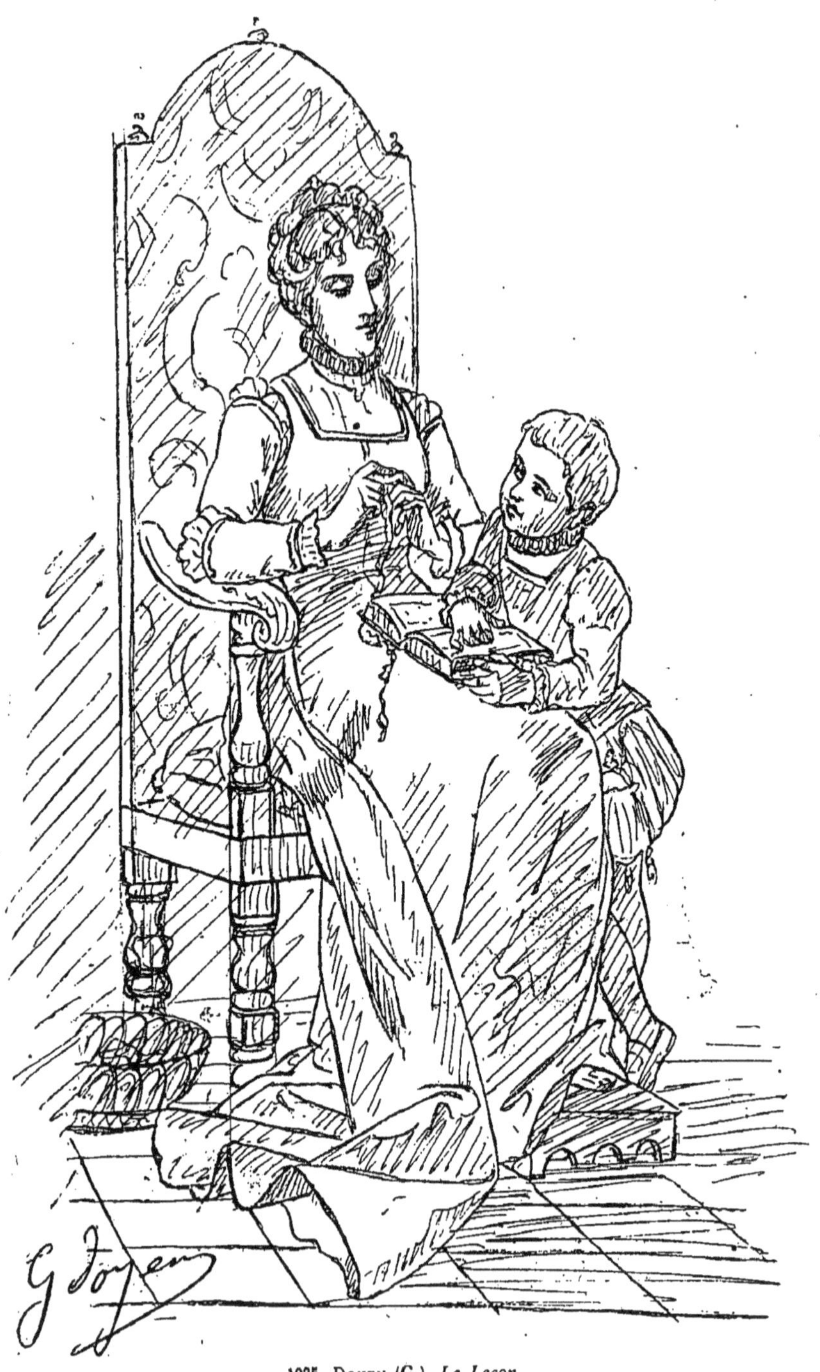

1035. Doyen (G.). *La Leçon*

1049 DUBOIS (A.). *Roses trémières et iris.*
1050 DUBOIS (A.). *Un coin « de mon étang. »*
1051   —   *Une cascade.*
1052 DUBOIS (C.-E.). *Octobre.*
1053   —   *Une chaumière au pied du mont Vuilly* (Suisse).
1054 DUBOIS (D.). *La Seine, à Thomery* (Seine-et-Marne).
1055   —   *Paysage; temps gris.*
1056 DUBOIS (J.-G.). *Portrait de M. G...*
1057 DUBOIS (L.-A.-A.). *Chrysanthèmes.*
1058 DUBOIS (P.). **H. C.** *Portrait de M*me ***.
1059   —   *Portrait d'enfant.*
1060 DUBOS (M*lle* A.). *Portrait de M*me *D...*
1061   —   *La chanson nouvelle.*
1062 DUBOUCHET (A.-L.). *L'ancien rempart d'Abbeville* (Somme).
1063 DUBOUCHET (H.-J.). *Diane sortant du bain.*
1064 DUBOULAN (M*lle* J.). *Portrait du baron de M...*
1065 DUBOURG (L.-A.). *Portrait de M. Achille L...*
1066 DUBOURG (M*me* V.). *Roses.*
1067   —   *Fruits sauvages.*
1068 DUBRÉAU (M*me* L.). *Jeanne d'Arc.*
1069   —   *Étude.*
1070 DUBREUIL (M*lle* M.). *Insouciance.*
1071   —   *Portrait de M*lle *A. M...*
1072 DUBUFE (L.-É.). **H. C.** *Portrait de M*me *F...*
1073   —   *Portrait de M*me *P. D...*
1074 DUBUISSON (A.). *Bords de l'Yères, près de Varennes* (Seine-et-Marne).
1075 DUCHESNE (É.). *Portrait de M. G...*
1076 DUCKETT (M*me* M.). *La promenade en traîneau.*
1077 DUCROS (É.-F., comtesse). *Portrait du comte D...*
1078 DUEZ (E.-A.). *St Cuthbert; triptyque.*
1079 DUFAUD (G.-A.). *Bords de la Marne.*
1080   —   *Poterie de Cricquebœuf* (Calvados).
1081 DUFAUX (F.). *Heures tristes.*
1082 DUFFAUD (J.-B.). *Portrait de M. G...*
1083   —   *La Favorite.*
1084 DUFOUR (C.-É.). *Le hameau de Plomarc'h-Tosta, à Douarnenez.*
1085   —   *Le moulin de Paul-David, près de Douarnenez.*
1086 DUJARDIN (M*lle* V.-A.). *La rêverie.*
1087 DUMAS (M.). **H. C.** *Portrait de M*me *L...*
1088 DUMAS (P.-E.). *Portrait de M*lle *L...*
1089 DU MOTEL (C.-P.). *Portrait de M*me *V...*
1090   —   *Fantaisie.*
1091 DUMOUCHEL (S.). *Avant l'orage; barques de Trouville* (Calvados).
1092   —   *Après la tempête; barques de Trouville.*
1093 DUMOULIN (É.). *Le réveil.*
1094 DUMOULIN (L.-J.). *Environs de Fontainebleau; soleil couchant.*
1095   —   *Bateau-lavoir, à Levallois-Perret* (Seine).
1096 DUMOUZA (P.). *Coin de cellier.*
1097 DUPAIN (E.-L.). **H. C.** *Portrait de M*lle *G. L...*
1098   —   *Portrait de M. H. I...*
1099 DU PATY (L.). *Portrait de M. F. J...*
1100   —   *Embarquement (1627).*

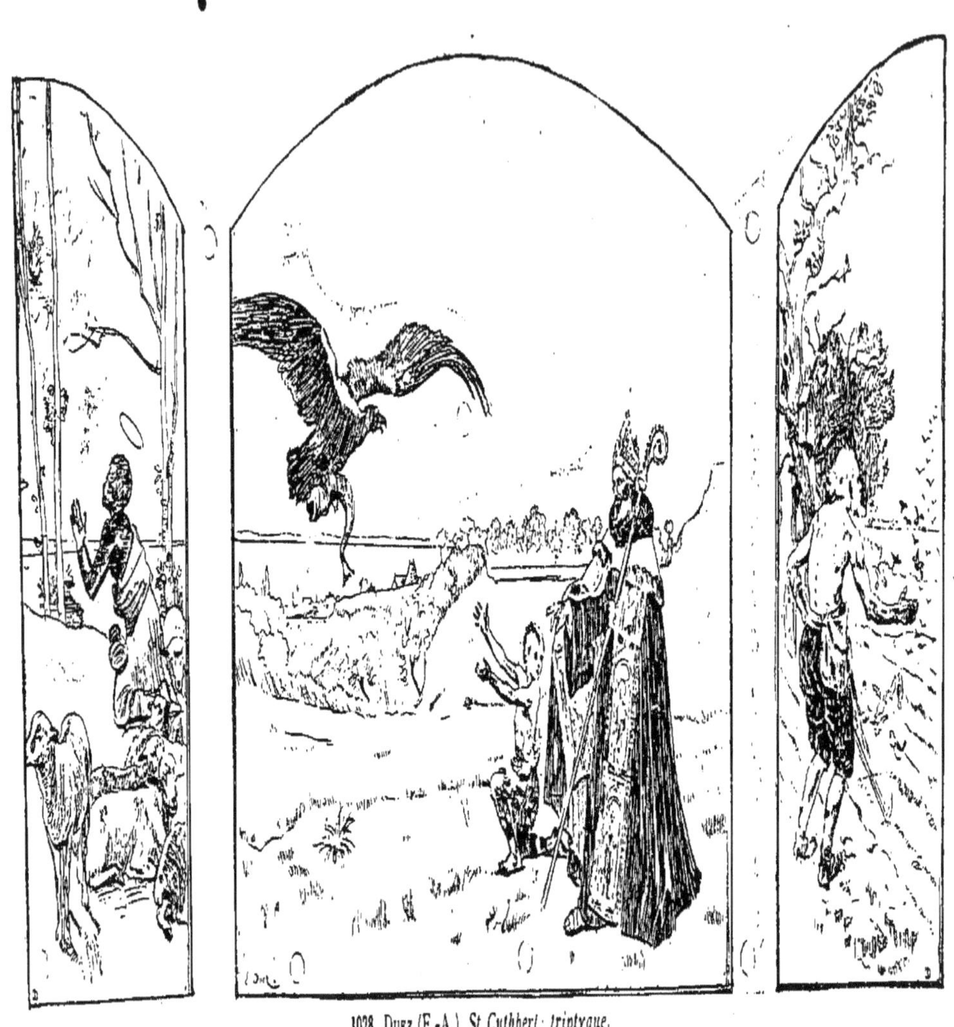

1078. Duez (E.-A.). *St Cuthbert; triptyque.*

1101 DUPERELLE (F.). *Les Vallières, près de Thorigny* (Seine-et-Marne).
1102 DU PLESSIS (G.). *Portrait de Mme E. C...*
1103 DUPONT (J.-F.-M.). *Le saut de la Cuve, près Remiremont* (Vosges).
1104 DUPONT-ZIPCY (É.). *Une dame arménienne.*
1105 DUPRAY (L.-H.). **H. C.** *Un capitaliste.*
1106 DUPRÉ (G.). *Bois de Saint-Martin* (Aisne).
1107 — *Un hameau près de Château-Thierry* (Aisne).
1108 DUPRÉ (J.-B.-P.). *Dans un vallon.*
1109 — *Une mère au village.*
1110 DUPRÉ (J.). *Le regain.*
1111 — *Glaneuses.*
1112 DUPUIS (P.-F.). *Portrait de M. C. G...*
1113 DUPUIS (J.-B.-D.). *Portrait de Mme ***.*
1114 — *Portrait de M. H...*
1115 DUPUIS (P.). *La vague*
1116 DUPUY (Mlle M.-N.). *Portrait de Mlle D...*
1117 — *Portrait de M. A. D...*
1118 DURAN (Carolus). **H. C.** *Portrait de Mme la comtesse V...*
1119 — *Portrait d'enfant.*
1120 DURAND (S.). *Une alerte; commencement d'incendie à Genève.*
1121 — *Loisirs d'un forgeron.*
1122 DURANGEL (L.-V.). *Providence.*
1123 — *Portrait de Mlle V. D...*
1124 DURANT (J.-A.). *Aux environs d'Eu* (Seine-Inférieure).
1125 DURAUD (A.). *Portrait de Mlle J. P...*
1126 DURBESSON (F.). *Cri; tête d'étude.*
1127 — *Portrait de M. F. D...*
1128 DURIEZ (É.-C.-L.). *En maraude.*
1129 DURST (A.). *Portrait de Mme veuve D...*
1130 DU SAUTOY (J.-L.). *Portrait de M. H. S...*
1131 DUSSIEUX (Mlle L.-S.). *Fleurs de printemps.*
1132 — *Fleurs d'automne.*
1133 DUTASTA (L.). *Souvenir des Pyrenées; effet de soir.*
1134 DUTHOIT (P.). *Portrait de Mlle M. de B...*
1135 DUTZSCHHOLD (H.). *Le fort Saint-André, à Villeneuve-lez-Avignon*
1136 — *Belle-Rive, sur le lac de Genève.*
1137 DUVAL-GOZLAN (L.). *Coupe de bois.*
1138 — *Ferme à Daubeuf* (Calvados).
1139 DUVAUX (A.-J.). *Épisode de la journée du 6 août 1870.*
1140 — *Condottieri; souvenir de l'Italie méridionale, en 1860.*
1141 DUVERGER (T.-E.). **H. C.** *La fête de la grand'maman.*
1142 — *Les orphelins.*
1143 DUVIVIER (A.). *La fin du repas.*
1144 EBNER (L.). *L'ivresse.*
1145 — *Une page brûlante.*
1146 ECHTLER (A.). *Souvenir d'Italie.*
1147 — *« Toi que j'aimai toujours... »*
1148 EDELFELT (A.). *Le village incendié; épisode de la révolte des paysans*
1149 — *Les cerises.*   [*finlandais, en 1596.*
1150 ÉDOUARD (A.). *Dante et Virgile sur le lac glacé.*
1151 — *Portrait de Mme P. C...*
1152 EDWARD (Mme B.). *Portrait de Mme la vicomtesse de R...*

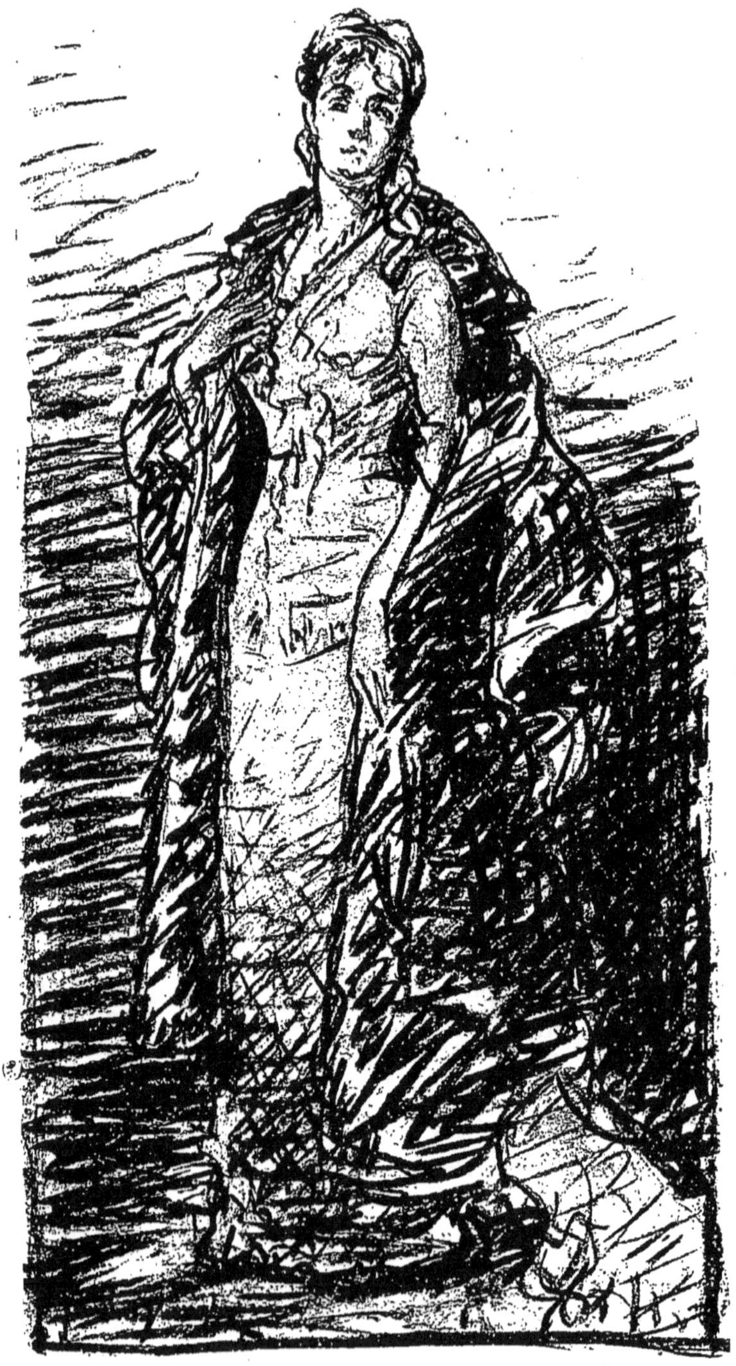

1118 Duran (Carolus). H. C. *Portrait de Mme la comtesse V...*

1153 EECKHOUT (V.). *Le lendemain du Rhamadan, au Maroc.*

1154 EHRMANN (F.). **H. C.** *Paris, sous les auspices de la République, convie les Nations aux luttes pacifiques des Arts et de l'Industrie.*

1155 EHRMAN (Mlle L.). *Portrait de Mme F...*

1156 EKSTROM (P.). *Au bois de Boulogne.*

1157 ELLIVAL (C.-É.-X.). *La petite imprudente.*

1158 ELMERICH (C.-É.). *La vallée d'Ardenne, près de Toulon* (Var).

1159 ÉMERIC-BOUVRET (Mme H.). *La Reine-des-prés.*

1160 — *Roses-de-Noël.*

1161 ÉNAULT (Mme A.-L.). *Visite à la convalescente.*

1162 ENTRAYGUES (C.-B. D'). *Le marchand forain.*

1163 EPINETTE (Mlle M.). *Portrait de Mlle B.*

1164 ERICSON (J.-É.). *Côte de Scanie* (Suède).

1165 — *Paysage de Scanie.*

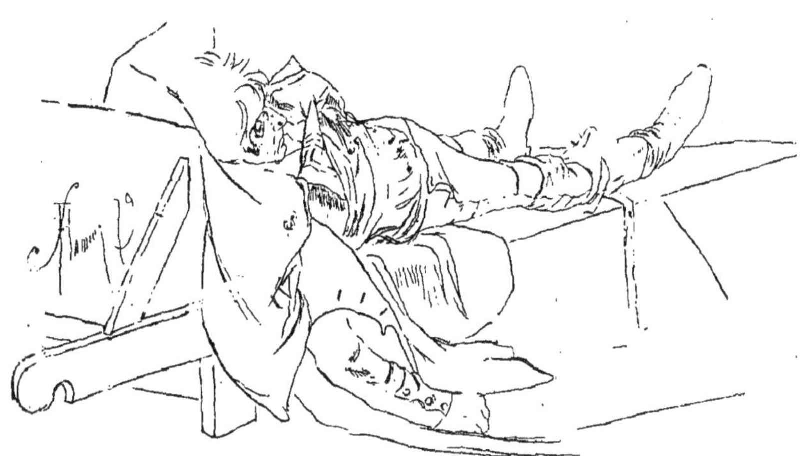

1226. FLAMENG (F.). *L'appel des Girondins, le 30 octobre 1793; prison de la Conciergerie.*

1166 ERNST (R.). *Vénus en exil.*

1167 — *Portrait de M. ***.*

1168 ESCUDIER (C.-J.-A.). *Portrait de Mme E. M...*

1169 — *Lecture matinale.*

1170 ESNEE-PERRIN (Mme M.). *Les coteaux de Suriauville* (Vosges).

1171 ESPINET (Mme C.). *La grève de Keroman* (Morbihan), *à marée basse.*

1172 — *La plage d'Husseim-Dey, à Alger.*

1173 ÉTIENNE (W.). *Un mariage flamand; le retour des mariés.*

1174 EUDES DE GUIMARD (Mlle L.). *La fille du Caïd.*

1175 — *Intérieur d'atelier.*

1176 EYMIEU (B.-L.). *Plage près de Concarneau* (Finistère).

1177 FABRON (L.). *Portrait de M. V...*

1178 — *Portrait de Mme V...*

1179 FAIVRE (L.-M.). *Portrait de M. Cantin.*

1180 FAIVRE (T.). *Fleurs.*

1181 FAIVRE-DUFFER (L.-S.). **H. C.** *Isabelle et le vase de basilic.*

1182 — *Infirmior superest; la faiblesse survit où la force succombe.*

1183 FALERO (L.). « *Mon modèle.* »

1184 — *Portrait de M. A. D...*

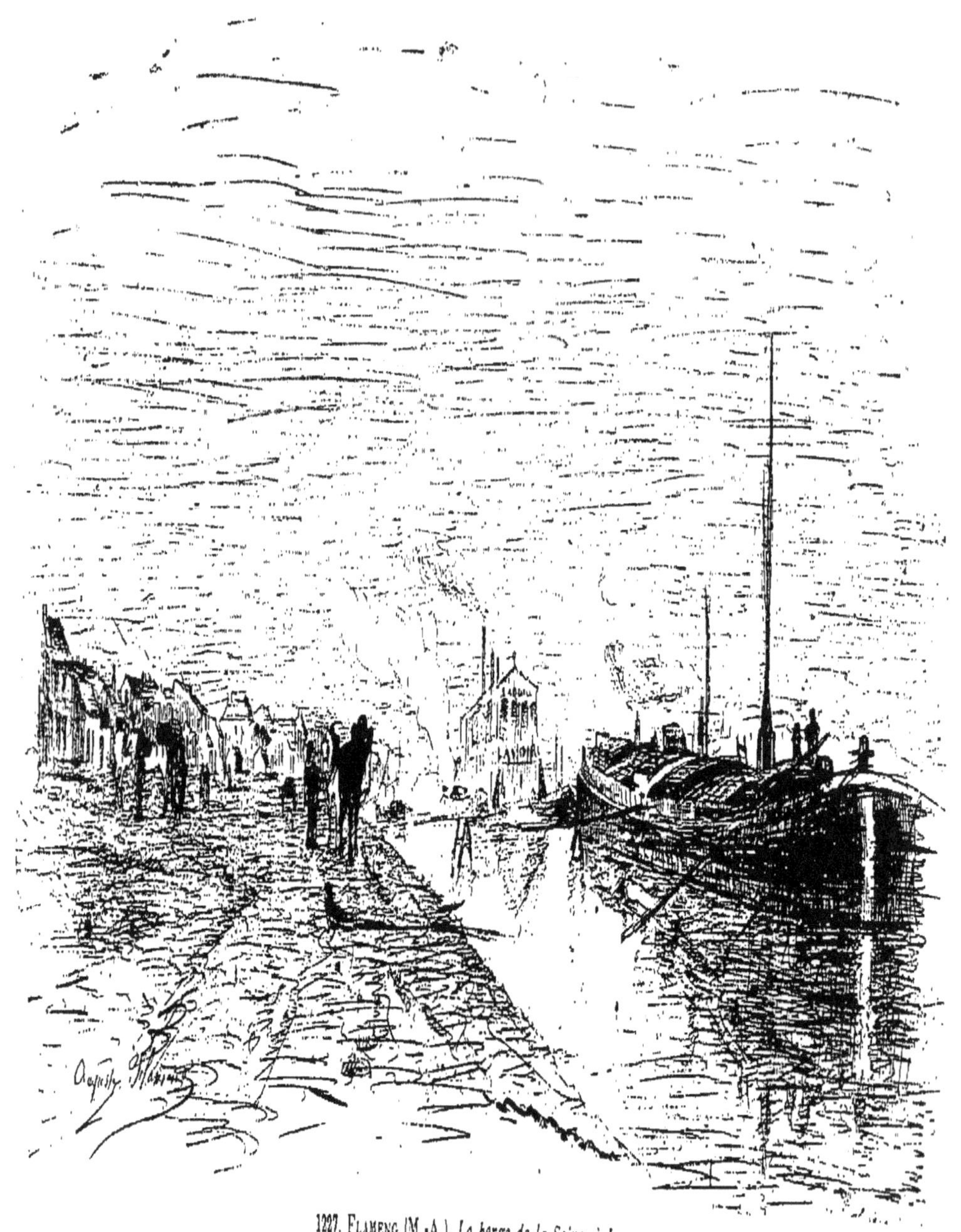

1227. Flameng (M.-A.). *La berge de la Seine, à Ivry.*

1185 FALGUIÈRE (A.). **H. C.** *Suzanne.*

1186 FAMCHON (A.). *Héron et faisan.*

1187 FANART (A.). *Le château de Sion; Valais.*

1188 — *Un vallon dans le Jura.*

1189 FANTIN-LATOUR (H.). **H. C.** *Portraits.*

1190 FANTY-LESCURE (Mlle E.). *Fleurs d'automne.*

1191 — *Fleurs des champs.*

1192 FATH (R.-M.). *Portrait de Mme R. F...*

1193 — *Le premier-né.*

1194 FAURE (Feu E.). **H. C.** *Portrait de Mme E. P...*

1195 — *Portrait de Mme D. de N...*

1196 FAURE-BEAULIEU (É.). *Près de Château-Thierry (Aisne).*

1197 FAUSTINI (M.). *Arrestation de la duchesse Luisa Sanfelice.*

1198 FAUVEL (H.). *Fontarabie (Espagne).*

1199 FAUVEL (Mlle L.). *Fleurs.*

1200 — *Fruits.*

1201 FAVIER (V.). *Portrait de l'auteur.*

1202 FELON (J.). *La brise de mer.*

1203 — *La Nuit.*

1204 FERRANDIZ (B.). *Comme le poisson dans l'eau.*

1205 — *Mars et Vénus.*

1206 FERRERE (Mme C. GUÉRIN). *Portrait de M. G...*

1207 — « *Le père Bértou.* »

1208 FERRIER (G.). **H. C.** *Portrait de Mme ***.*

1209 — *Scène de l'Inquisition en Espagne.*

1210 FERRY (J.-G.). *Faiblesse humaine!*

1211 — *Derniers moments de Hoche.*

1212 FERRY (J.). *Appel aux chiens; chasse au sanglier.*

1213 FÉTIZ (C.). *En pénitence.*

1214 FEYEN (E.). *Enfant sauvé.*

1215 — *Le pêcheur à son retour.*

1216 FEYEN-PERRIN (F.-N.-A.). **H. C.** *Portrait de M. Mercier, premier président de la Cour de cassation.*

1217 — *Tricoteuses au bord de la mer; souvenir de Cancale (Ille-et-Vilaine).*

1218 FICHEL (E.-B.). **H. C.** *Le neveu du curé.*

1219 — *La dernière acquisition du maître.*

1220 FICHEL (Mme J., née SAMSON). *La serre.*

1221 — *La fleuriste.*

1222 FILOSA (J.). *Palpitant souvenir.*

1223 FINES (E.). *La part de prise; des soldats allemands vendent leur butin*

1224 FLAGG (M.). *Portrait.*   [*à un juif.*

1225 FLAHAUT (L.). **H. C.** *Le soir.*

1226 FLAMENG (F.). *L'appel des Girondins, le 30 octobre 1793; prison de la Conciergerie.*

1227 FLAMENG (M.-A.). *Le berge de la Seine, à Ivry.*

1228 — *La fontaine, à marée basse; Yport (Seine-Inférieure).*

1229 FLAMENT (É.-H.). *Iris.*

1230 FLANDRIN (P.). **H. C.** *Étude en Provence.*

1231 — *Étude dans le Bugey.*

1232 FLESCH (T.). *Au cabaret.*

1233 FLEURENTIN (J.). *Le retour du marché.*

1234 FLEURY (A.). *Portrait.*
1235 FLEURY (Mme F.). *Portrait de M. Worms.*
1236   —   Zouhra.

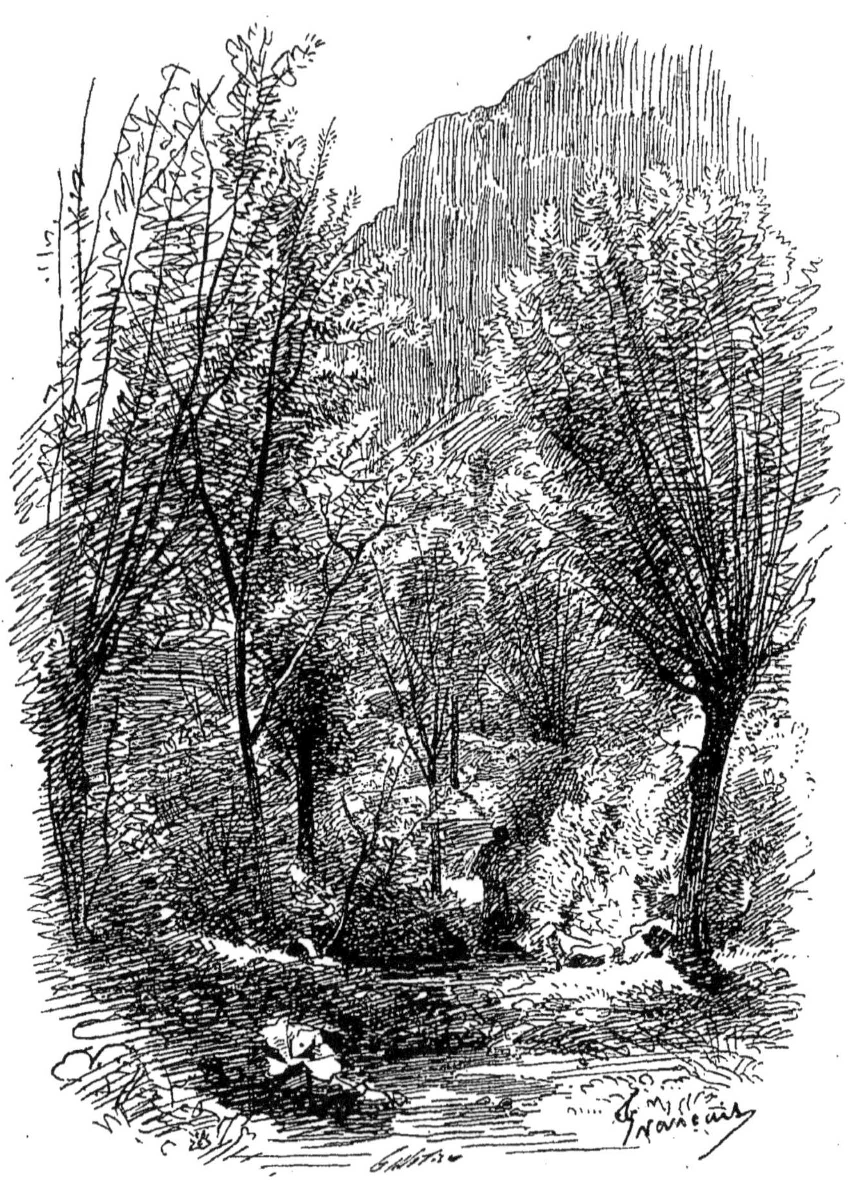

1263. FRANÇAIS (F.-L.). H. C. *Vallée de Rossillon (Ain), le matin.*

1237 FLON (Mlle B.-A.-M.). *Sous bois.*
1238 FLORENCE (P.). *Portrait de Mme S...*
1239 FONDIN (É.). *Bords de l'Ourcq.*

1240 FONTAN (J.-A.). *Portrait de M*^{me} *M. F...*

1241 FONTENAY (A. DE). **H. C.** *Une ferme près de Pontorson* (Manche).

1242 — *Le pic du Midi, de Pau.*

1243 FONVILLE (H.). *Paysage en Bugey.*

1244 FORCADE (R.-A.-J.). *Jeanne!*

1245 — *Une part du bateau.*

1246 FORET (P.). *Gibier et objets d'art.*

1247 — *Lièvre et plat d'huîtres.*

1248 FORGET (Mlle M.-T.). *Portrait de M. F...*

1249 FORMIGÉ (Mlle E.-M.). *Portrait de Mlle A...*

1250 FORMSTÉCHER (Mlle A.). *Portrait de Mlle Marie H..*

1251 FORSBERG (N.). *Ismaël.*

1252 FOUACE (G.-R.). *Béatrix.*

1253 — *Poissons et coquillages.*

1254 FOUBERT (É.-L.). *Nymphes et faune.*

1255 FOUBERT (P.-E.). *Portrait de M. A. G...*

1256 — *Dona Sol.*

1257 FOUCAUCOURT (G. DE). *L'allée de Chaulnes, à Belloy.*

1258 FOULON (Mlle J.). *Un coin de marché.*

1259 FOULONGNE (A.-C.). *Portrait de M. D...*

1260 FOUQUÉ (C.). *Fantaisie sur le hautbois.*

1261 FOURÉ (L.-E.). *Bords de la Seine aux Moulineaux.*

1262 FOURIÉ (A.-A.). *Une récréation au cloître.*

1263 FRANÇAIS (F.-L.). **H. C.** *Vallée de Rossillon* (Ain), *le matin.*

1264 FRANCÉS (P.). *« Par ordre du roi. »*

1265 — *A quoi pense-t-elle ?*

1266 FRAPPA (J.). *La confession du fou.*

1267 — *Les quêteurs.*

1268 FRAPPAZ (J.-M.). *Grand salon Louis XIV, palais de Fontainebleau.*

1269 FRELLIER (Mme A.). *Portrait de M. de B...*

1270 FRÈRE (C.-É.). *Lavage de la Gramigna, à Naples.*

1271 — *Dans la neige.*

1272 FRÈRE (T.). **H. C.** *Beni-Souef* (Égypte).

1273 — *Au Caire.*

1274 FRIEDLAENDER (Mlle C.). *Dans un salon du* XVIIIe *siècle.*

1275 — *Sur une table d'atelier.*

1276 FRIGOLA (L.-J.-J.). *Attrition.*

1277 FRITEL (P.). *Un martyr.*

1278 FROMENT (R.). *La fille d'auberge.*

1279 FURT (H.). *Site à Limousion.*

1280 — *Bassin d'Arcachon* (Gironde).

1281 GABILLOT VAN PARYS (Mme L.). *Tête d'enfant.*

1282 GABRIEL (J.-J.). *Dans la prairie, à Vendeuil* (Aisne).

1283 GABRIELLE (Mlle M.). *Intérieur de cuisine.*

1284 GAGLIARDINI (J.-G.). *Portrait de M. H. Gérardin.*

1285 — *Pêcheuses de crevettes à Grandcamp* (Calvados).

1286 GAGNEAU (L.). *Portrait de M. G. A...*

1287 — *Orphée au tombeau d'Eurydice.*

1288 GAHÉRY (Mme A.-U.). *Portrait de M. Ulric G...*

1289 GAIDA (Mme F.-A.-M.). *Portrait de Mme M...*

1290 — *Portrait de Mlle Henriette B...*

1291 GAILLARD (A.). *Portrait de M. E. H...*

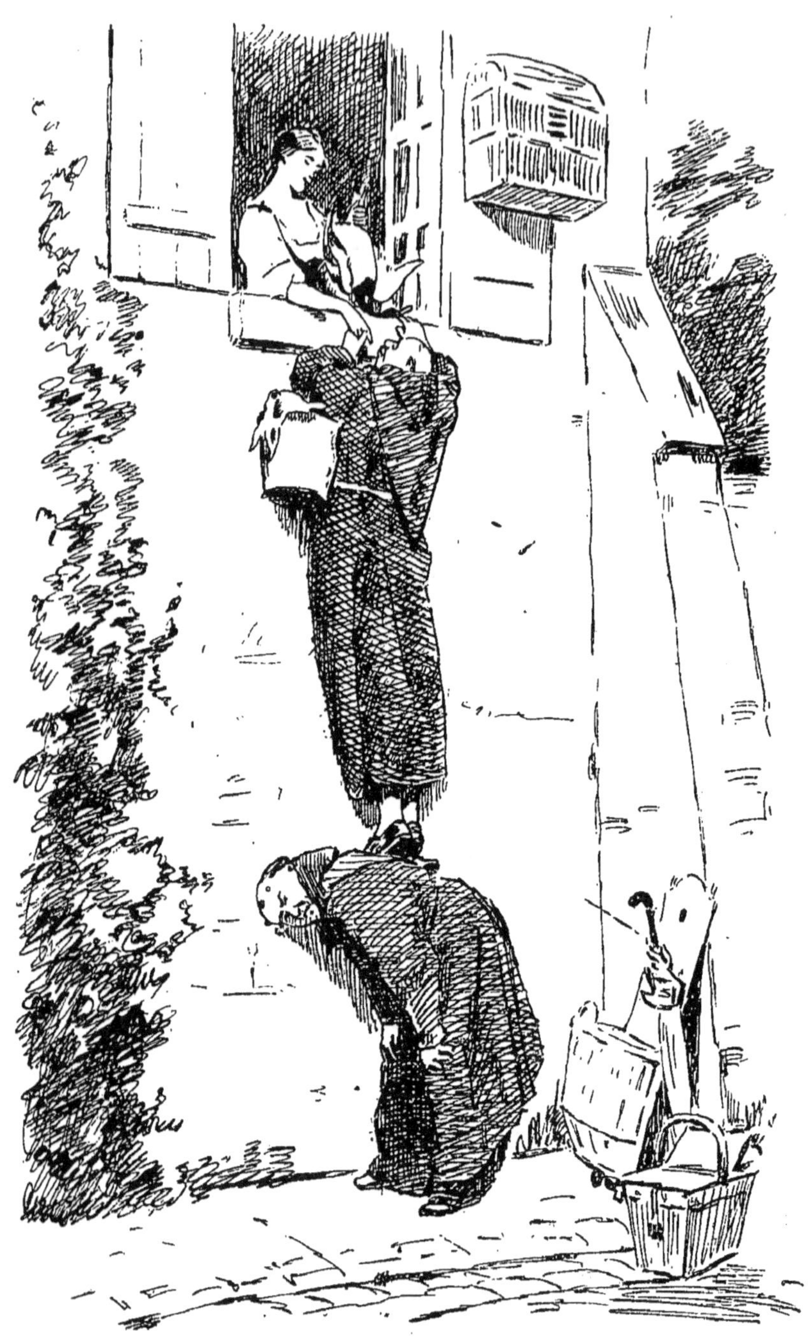

1267. FRAPPA (J.). *Les quêteurs.*

1292 GAILLARD (C.-F.). *Portrait de Mgr de S...*
1293   —   Fiorentina.
1294 GAIROARD (E.). *Le Marché-Vieux à Florence.*
1295 GALERNE (P.). *Les Moulineaux* (Seine).
1296 GALLARD-LÉPINAY (E.). *Le Havre; marée montante, par un vent du nord-ouest.*
1297   —   *La Rochelle; intérieur du port.*
1298 GALLEY (J.-B.). *Sous les châtaigniers, à Doizieu* (Loire).
1299 GALLIAC (L.). *Supplice de l'adultère.*
1300 GALLIAN (O.). *Portrait de M. A. T...*

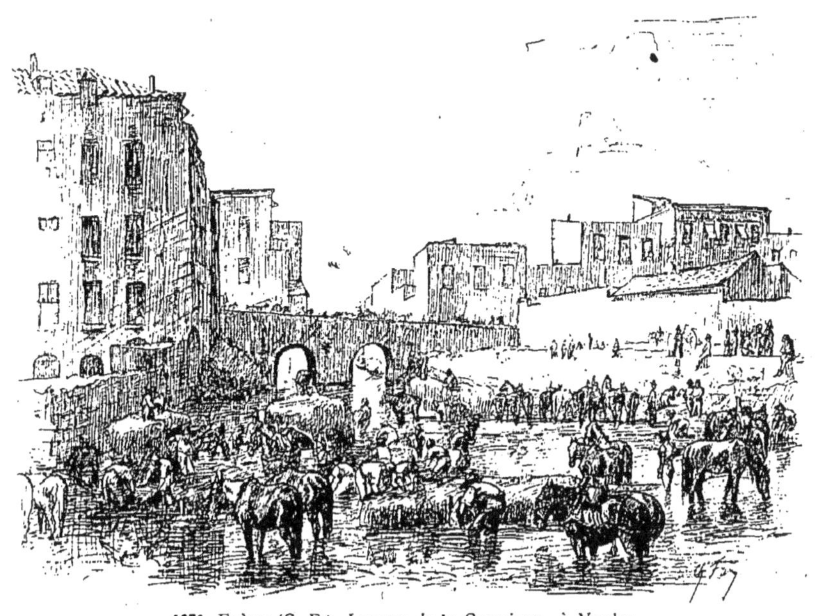

1270. FRÈRE (C.-E.). *Lavage de* la Gramigna, *à Naples.*

1301 GAMBA (F. baron). *La nuit aux marais de Sartirana* (Italie).
1302 GAMBA DE PREYDOUR (A.). *Nature morte.*
1303   —   *Nature morte.*
1304 GAMBEY (A.). *Gibier.*
1305 GARAUD (G.-C.). *Près le Bois Sacré; rade de Toulon* (Var).
1306   —   *Le pâtre de la rivière des Amoureux; environs de Toulon.*
1307 GARCEMENT (A.). *Soirée d'hiver.*
1308 GARCIA-MENCIA (A.). *Une partie de* brisca ; *scène espagnole.*
1309   —   *Une galanterie; scène espagnole.*
1310 GARDANNE (A.). *Passage d'un gué.*
1311 GARDNER (Mˡˡᵉ É.-J.). *A la fontaine.*
1312 GARDOT (J.). *Le Furens, à Rotarieux* (Loire).
1313 GARIOT (P.-C.). *Idylle; site des environs de Terni* (Italie).
1314 GARNIER (J.-A.). *La tentation.*
1315   —   *Jour de fête.*
1316 GARNIER (Mˡˡᵉ L.). *Giroflées.*
1317 GARRIDO (É.-L.). *Retour de la promenade.*

1318 GASSIES (G.). *Aux monts Girard ; Fontainebleau.*
1319   —   *Un verger, à Chailly.*
1320 GASSOWSKI (A. DE). *Bords de l'étang de Lacanau (Gironde), le soir.*
1321   —   *Pensées.*
1322 GATINES (R. DE). *Le Chemin Vert de Crécy, à l'automne.*
1323 GAUCHEREL (L.). *Le petit mont, à Port-Navalo (Morbihan).*

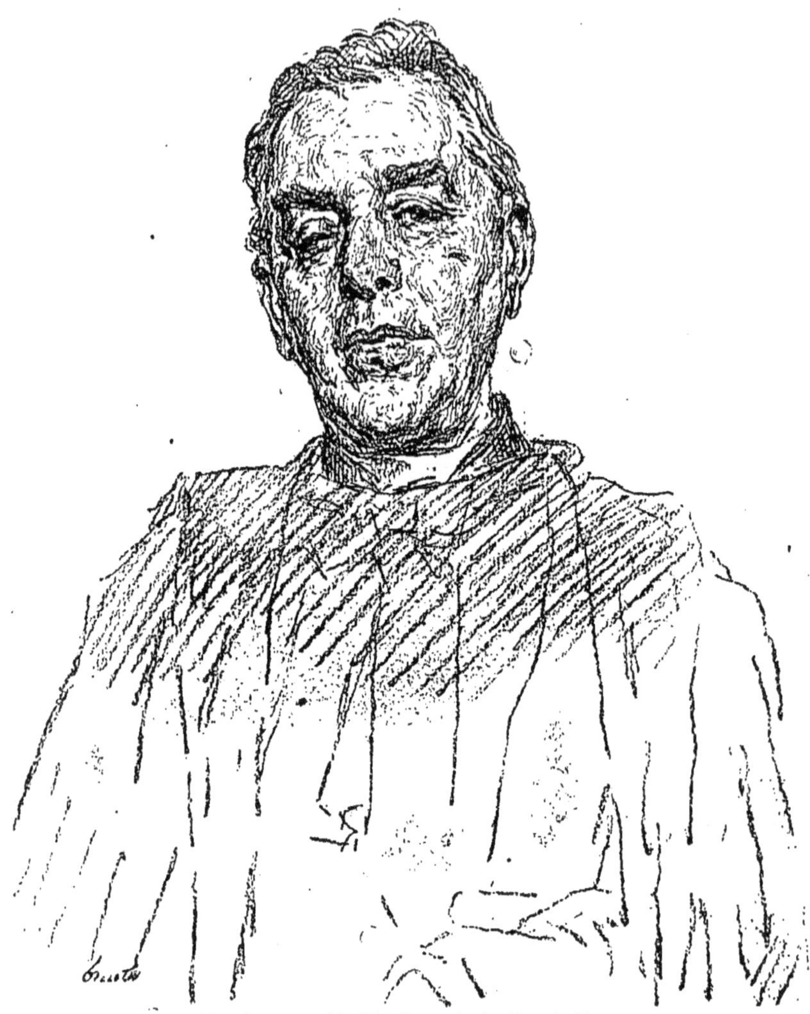

1292. GAILLARD (C.-F.). *Portrait de Mgr de S…*

1324 GAUDEFROY (A.). « *Ces messieurs sont servis !* »
1325   —   *Une soupe aux choux.*
1326 GAUME (M^ll° M.-M.). *Citron, homard, etc.*
1327 GAUTHIER (L.). *Le petit cuirassier.*
1328   —   *Portrait de M. A. G…*
1329 GAUTIER (A.-C.-V.). *Souvenir d'Orient ; la mosquée Bab-el-Oasir.*

1330 GAUTIER (A.). *La République.*
1331　　—　　*Portrait de Mlle Beaugrand, de l'Opéra.*

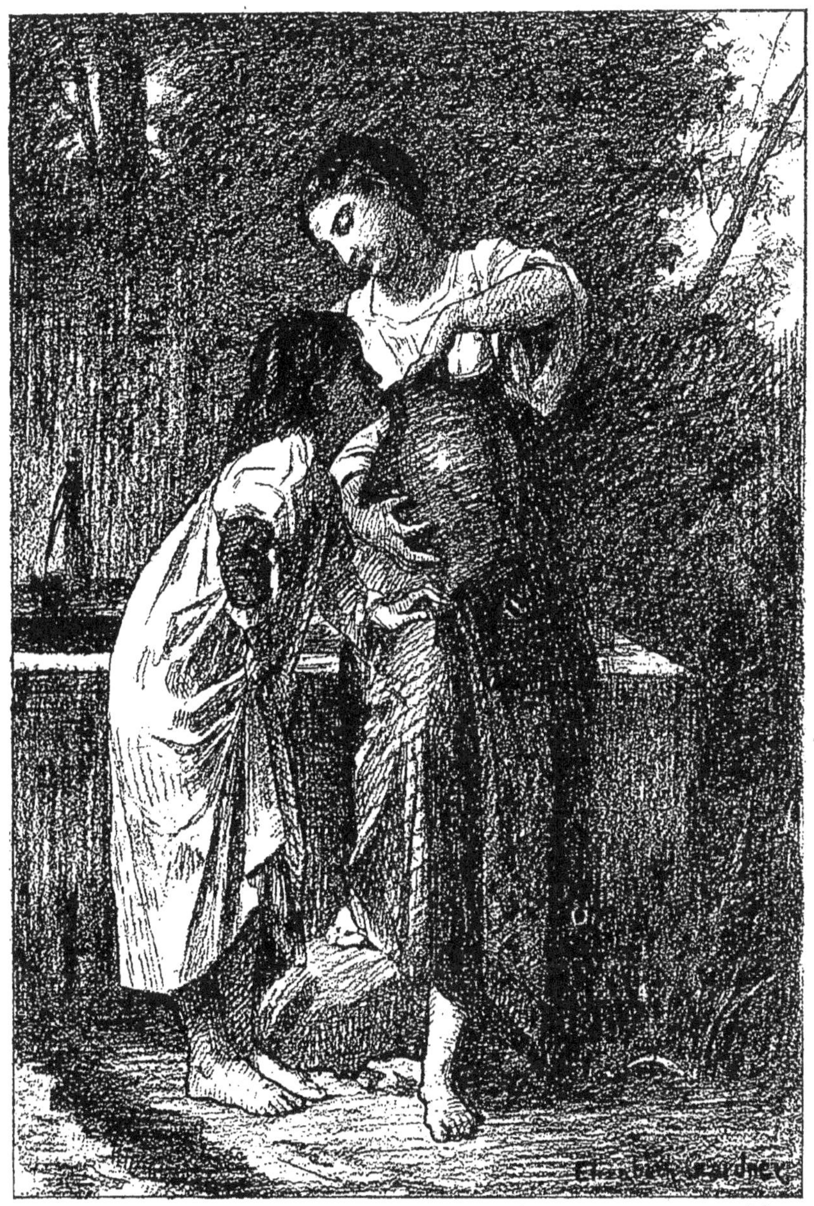

1311. Gardner (Mlle E.-J). *A la Fontaine.*

1332 GAVARNI (P.). *Andromède.*
1333　　—　　*La tribune d'un manège.*

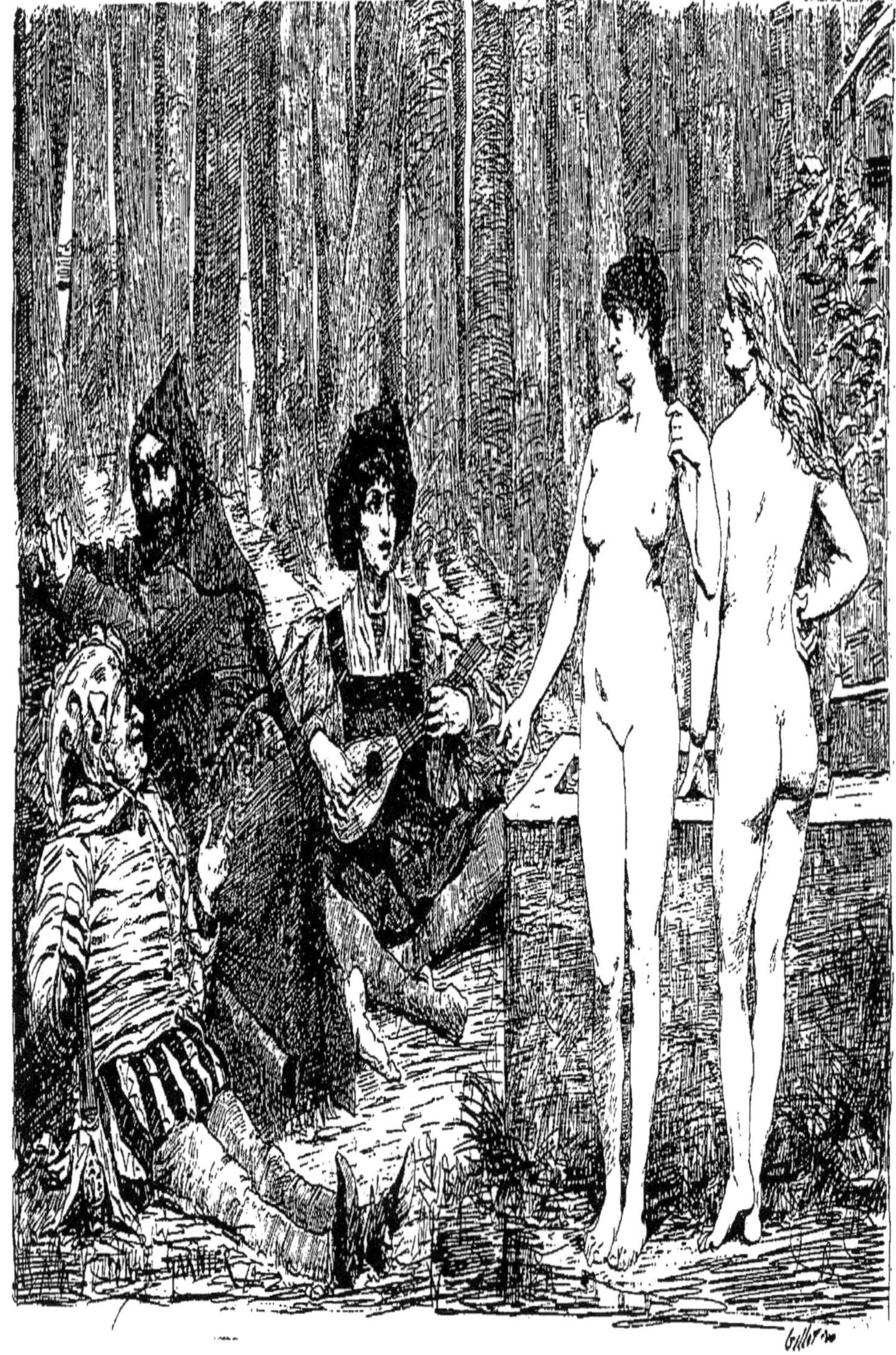

1914. Garnier (J.-A.). *La tentation.*

1334 GAVARRES (Mme E.). *Gibier et fleurs.*
1335 GAVILLET (C.). *Carrières aux environs de Paris, par un temps de neige.*
1336 GAY (J.-L.). *Portrait de M. A. T...*
1337 — *Mendiante.*
1338 GAY (W.). *Une leçon d'escrime.*
1339 — *Paysage; à Fontainebleau.*
1340 GEGERFELT (W. DE). *Coin d'un boulevard extérieur; effet d'hiver.*
1341 — *Côte de Bretagne.*
1342 GELHAY (É.). *Portrait du colonel Landru.*
1343 — *Etude.*
1344 GÉLIBERT (J.-B.). *Une mauvaise rencontre.*
1345 — *Prise d'un ragot.*
1346 GÉLIBERT (P.). *Le printemps : roses.*
1347 — *L'été : fruits.*
1348 GÉNOIS (H.). *Le baptême de Jésus.*
1349 GENTY (E.). *Après le festin;* panneau décoratif.
1350 — *Portrait de Mme D...*
1351 GEOFFROY (J.). *L'abandonnée.*
1352 — *Ressemblance non garantie.*
1353 GEORGES-SAUVAGE (A.-A.). St *Jérôme au désert.*
1354 GEORGET (J.-C.). *L'automne au Bas-Bréau; forêt de Fontainebleau.*
1355 GERVEX (H.). **H. C.** *Portrait de Mlle V...*
1356 — *Retour du bal.*
1357 GESNE (A. DE). *Hallali courant; forêt de Chantilly.*
1358 GIACOMOTTI (F.-H.). **H. C.** *Portrait de Mme L. M...*
1359 — La Giottina.
1360 GIDE (T.). **H. C.** *Othello raconte ses combats au père de Desdémone.*
1361 — *Le père* Fiorista.
1362 GIGOUX (J.). **H. C.** *La Belle au bois dormant.*
1363 GILBAUT (E.). *Roses jaunes.*
1364 GILBERT (V.-G.). *Le carreau des Halles.*
1365 — *Portrait du docteur A...*
1366 GILL (A.). *Portrait de Mlle Bullier.*
1367 — *Un petit homme,*
1368 GIMBEL (C.). *Le pied blessé.*
1369 — *Le miroir.*
1370 GINAIN (L.-E.). **H. C.** *Follette.*
1371 GIORGI (L.). *Paysage et animaux.*
1372 GIRALDON (A.-P). *Vue de Cagli, dans les Marches* (Italie).
1373 GIRARD (A.). *Une Nymphée.*
1374 — *Nymphes des bois.*
1375 GIRARD (F.). **H. C.** *Une noce au* XVIIIe *siècle.*
1376 — *Surprises par la pluie.*
1377 GIRARDET (E.). *Caravane passant un gué.*
1378 — *Les voyageurs attardés.*
1379 GIRARDET (H.). *Un aveugle à Biskra* (province de Constantine).
1380 — *Le cheval blessé.*
1381 GIRARDET (J.). *La plage de Honn-Varaville* (Calvados).
1382 — *Les patineurs.*
1383 GIRAUD (J.). *Fleurs d'automne.*
1384 GIRIER (S.-C.). *Soleil couchant.*
1385 GIRON (C.). *L'enfance de Bacchus.*

1386 GIRON (C.). *Portrait de Mme T. de S...*
1387 GIRONDE (B. DE). *Petite fille du Gorbio* (environs de Menton).
1388 — *Maria.*
1389 GIROT (A.-M.). *Choux et lièvre; garde-manger.*

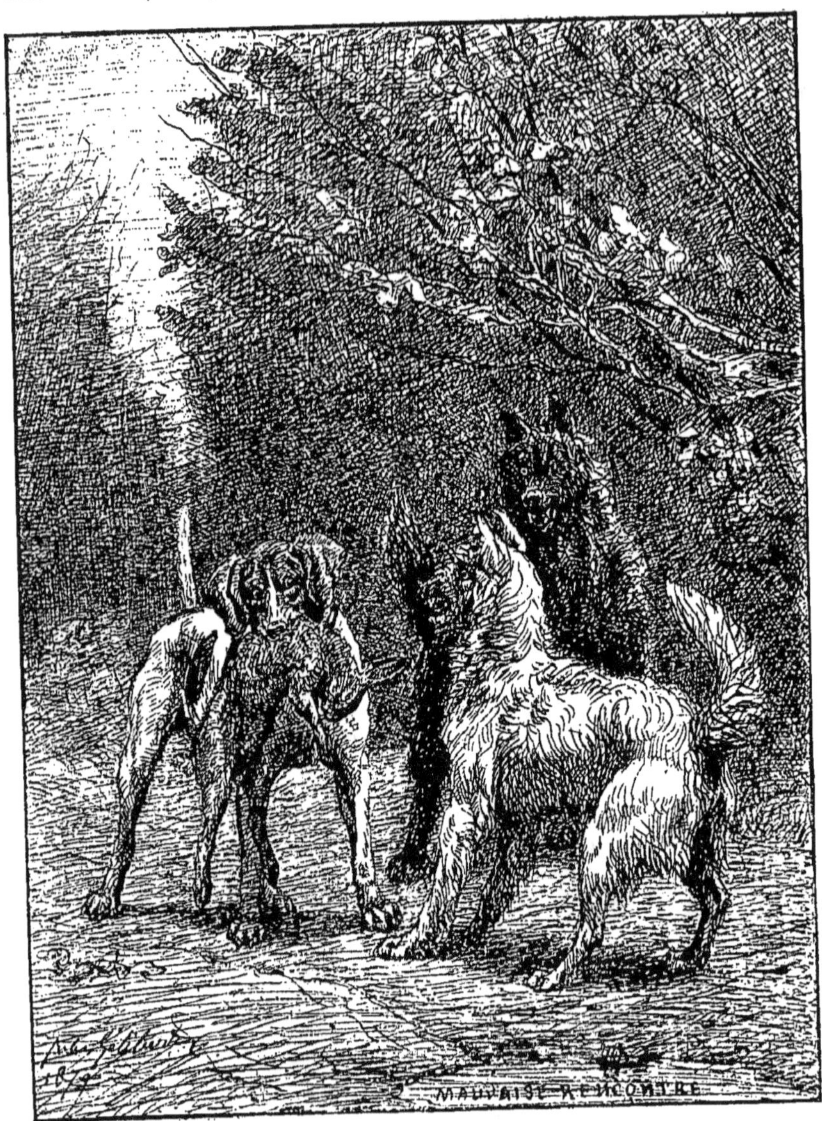

1344. GÉLIBERT (J.-B.). *Une mauvaise rencontre.*

1390 GITTARD (A.-C.). *Un vieux pont en Touraine.*
1391 — *Un moulin en Sologne.*
1392 GLAIZE (A.-B.). **H. C.** *Deux voisines.*
1393 GLAIZE (J.-B.-E.). *La plage de Lomener, sur les côtes de Bretagne.*

1394 GLAIZE (P.-P.-L.). **H. C.** *Portrait de M. Gérôme.*

1395 GLAIZOT (L.-A.). *Les falaises de Pen-Hap* (Finistère).

1396 GLUCK (E.). *Portrait de Mlle ***.*

1397 — *Aux bords de la Marne.*

1398 GODEFROY (P.-A.). *La rade de Brest, le matin.*

1399 GOENEUTTE (N.). *Dernier salut.*

1400 GOETHALS (L.). *Une fileuse.*

1401 GOMONT (M.-A.). *Portrait de M. H. G...*

1402 GONSE (R.). *Moisson de roses.*

1403 — *Lisière de forêt.*

1404 GONZALEZ (Mme É.-C.). *Les bords de la Seine; île Rothschild.*

1405 GONZALÈS (Mme É.). *Une loge aux Italiens.*

1406 GONZALÈS (Mlle J.). *Fruits d'automne.*

1407 GONZALEZ (J.-A.). *Chez l'impressario.*

1408 GORSE (A.). *Les bords du Gave de Pau, le soir.*

1409 GOSSELIN (C.). **H. C.** *Décembre; paysage.*

1410 GOTORBE (E.-É.). *Portrait de M. A. G...*

1411 GOUBIE (J.-R.). *Lunch aux ruines de la Hunaudaye.*

1412 GOUPIL (J.). **H. C.** *L'amie complaisante.*

1413 — *Le repos.*

1414 GOUPIL (L.-.L). *Tête de femme,* xvi° *siècle.*

1415 — *Tête de femme,* xix° *siècle.*

1416 GOURDET (P.-E.). *Discorde.*

1417 — *Nature morte.*

1418 GOUSSAINCOURT (Mme L. DE). *Les Vaches-Noires, à Villers-sur-Mer.*

1419 GOUVION-SAINT-CYR (H. DE). *Déjeuner dans la Garenne.*

1420 GRAEF (G.). *Portrait de Mme de K...*

1421 — *Portrait de Mme L...*

1422 GRAFF (P.-É.). *Portrait de M. E. Morot.*

1423 GRAILLY (V. DE). **H. C.** *Souvenir du Dauphiné.*

1424 — *Aux environs de Tonneins* (Lot-et-Garonne).

1425 GRANDCHAMP (L.-É. PINEL DE). *Emina; souvenir d'Orient*

1426 — *Le langage des fleurs.*

1427 GRANDJEAN (E.-G.). *La place Saint-Georges.*

1428 — *Portrait de M. G. S...*

1429 GRANDSIRE (E.). **H. C.** *Vallée de Plainfaing* (Vosges).

1430 GRANIÉ (J.). *Portrait de l'auteur.*

1431 GRANT (E.-R.). *Le lever du Soleil sur le boulevard de Clichy.*

1432 GRASSET (A.). *Habitation de bûcheron; lisière de forêt.*

1433 GRATEYROLLE (S.). *Taureau.*

1434 GREATOREX (Mlle K.). *Les fleurs de Menton.*

1435 GRELLET (A.-A.). *Procession à Paris,* xi° *siècle.*

1436 GRELLET (F.). *Mariage romain; peinture décorative.*

1437 — *Portrait de Mlle Rachel R. F...*

1438 GRIDEL (J.-É.). *La retraite; retour d'une chasse au sanglier, Vosges.*

1439 GRIMELUND (J.-M.). *Soir d'automne, Mare aux Fées; Fontainebleau.*

1440 — *La mare de Ghika, à la Belle-Croix; forêt de Fontainebleau.*

1441 GRISON (A.). *Coups de fantaisie.*

1442 — *Choix d'une commande.*

1443 GRIVOLAS (A.). *Une bourriche de fleurs.*

1444 — *Fleurs d'automne.*

1445 GROISEILLEZ (M. DE). *A Samois, près de Fontainebleau* (S-et-M).

1446 GROISEILLIEZ (M. DE). *Vue de Querqueville, près de Cherbourg*
1447 GROLLERON (P.). *Le chat parti, les souris...*   [(Manche).
1448   —   *Portrait de M. A. P...*

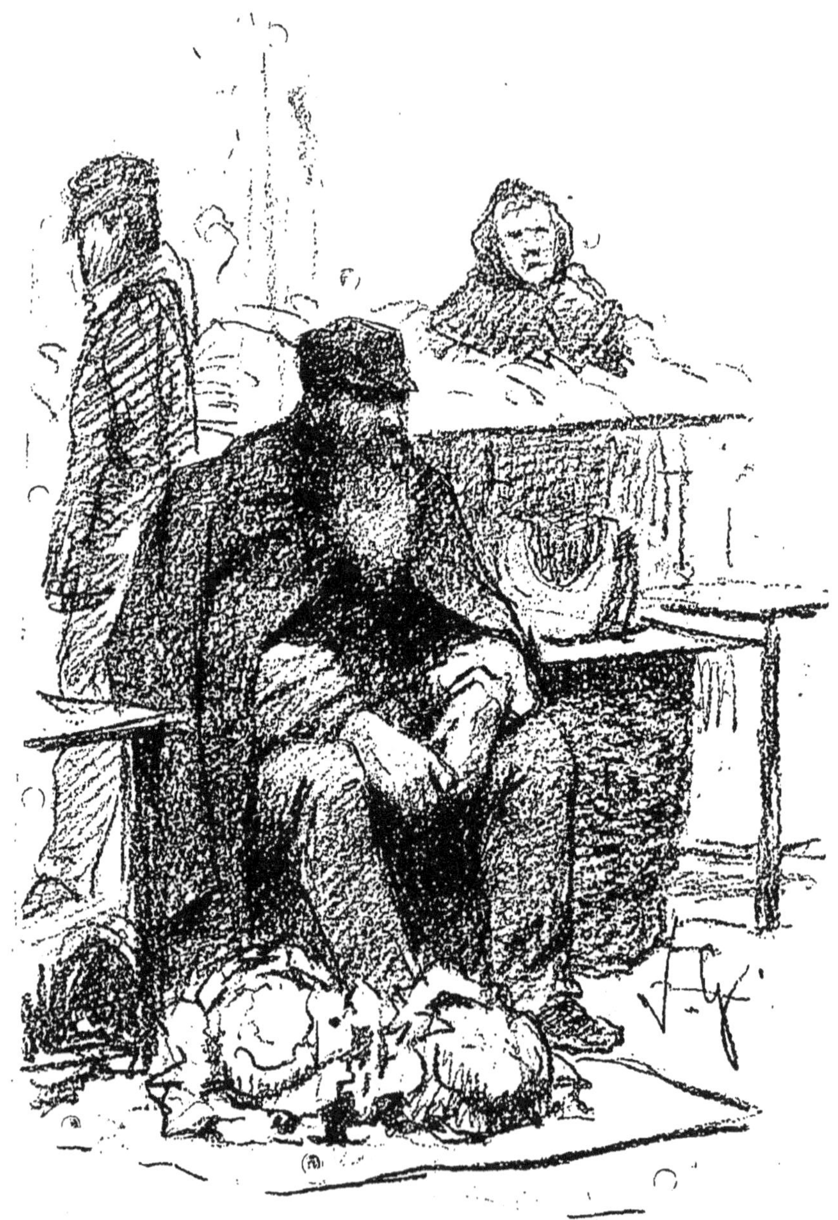

1364. GILBERT (V.-G.). *Le carreau des Halles.*

1449 GROS (J.). *Un verger à Montebourg* (Manche).
1450 GROS (L.-A.). **H. C.** *Le coup de l'étrier.*

1451 GROSCLAUDE (L.-F.). *Tête de vieillard.*
1452   —   *Seuls!*
1453 GRUCHY (G.). *Portrait de Mme ***.*
1454   —   *Les bulles de savon.*
1455 GRUND. *Condamnation d'une jeune nonne.*
1456 GRUYER (H.-X.). *Le petit marchand de pommes « à un sou le tas. »*
1457 GRUYER-BRIELMAN (Mlle E.-A.). *Intérieur de cuisine.*
1458 GSCHWINDT (R.). *Jeune fille à la poupée.*
1459 GUDIN (T.). **H. C.** *Sur les côtes de la Manche.*
1460   —   *Un soir sur les côtes de la mer du Nord.*
1461 GUÉDY (E.). *La Fosse-Bazin, à Fontenay-aux-Roses.*
1462 GUÉDY (L.). *Portrait de M. Mercier, de Niort.*
1463 GUÉRARD (A.). *Le petit écrivain du village.*
1464   —   *La toilette du bébé.*
1465 GUÉRIN (J.-M.-P.). *Souvenir de carnaval.*
1466 GUÉRIN (Mme M.-L.-A.). *Un abus de confiance.*
1467 GUERIN DES LONGRAIS (P.-C.). *Dans l'île de Chatou (Seine-et-Oise).*
1468 GUÈS (A.). *Jeune prince et son bouffon faisant combattre des coqs.*
1469 GUIGNARD (G.). *L'hiver ; forêt de Fontainebleau.*
1470 GUILBERT (C.). *Fruits d'automne.*
1471 GUILLAUME (Mlle N.). *Portrait de Mlle ***.*
1472   —   *Portrait de M. ***.*
1473 GUILLAUMET (G.). **H. C.** *Laghouat ; Sahara algérien.*
1474 GUILLE (L.-E.). *Exécution d'un espion ; le coup de grâce.*
1475   —   *La leçon de musique.*
1476 GUILLEMER (E.). *Une clairière, dans la forêt de Fontainebleau.*
1477 GUILLEMET (J.-B.-A.). **H. C.** *Le Chaos de Villers (Calvados).*
1478 GUILLEMIN (A.-M.). **H. C.** *Notre-Dame d'Aragon.*
1479 GUILLIER (É.). *Le mail.*
1480 GUILLON (E.-A.). *L'adoration des mages.*
1481   —   *Portrait de Mme C. V...*
1482 GUILLON (P.-E.). *Portrait.*
1483 GUILLOT (D.). *Une ferme en Vexin.*
1484 GUILLOT (P.-G.). *Ensevelissement d'un martyr.*
1485 GUILLOU (A.). *Portrait du pilote de Concarneau.*
1486 GUILMARD (H.). *Marée basse, à Dieppe (Seine-Inférieure).*
1487   —   *Normandie.*
1488 GUILMET (A.). *Ferme à Gournay (Seine-et-Oise).*
1489 GUINDON (Mme E.). *Sous le pommier.*
1490 GUINDON (M.). *Au bord de la mer.*
1491 GUY (L.). *La dîme.*
1492   —   *Le matin.*
1493 GUYOT (C.). *Portrait de « mon père. »*
1494 HAAG (J.-P.). *Les boules de neige.*
1495   —   *Le petit fileur.*
1496 HACHET-SOUPLET (Mme M.). *Chrysanthèmes.*
1497   —   *Un coin de bahut.*
1498 HADAMARD (A.). *Au voleur!*
1499   —   *Portrait de Mlle R...*
1500 HADENGUE (L.-M.). *Un coin de jardin.*
1501 HAGBORG (A.). *Grande marée dans la Manche.*
1502 HALBOU (É.). *Portrait.*

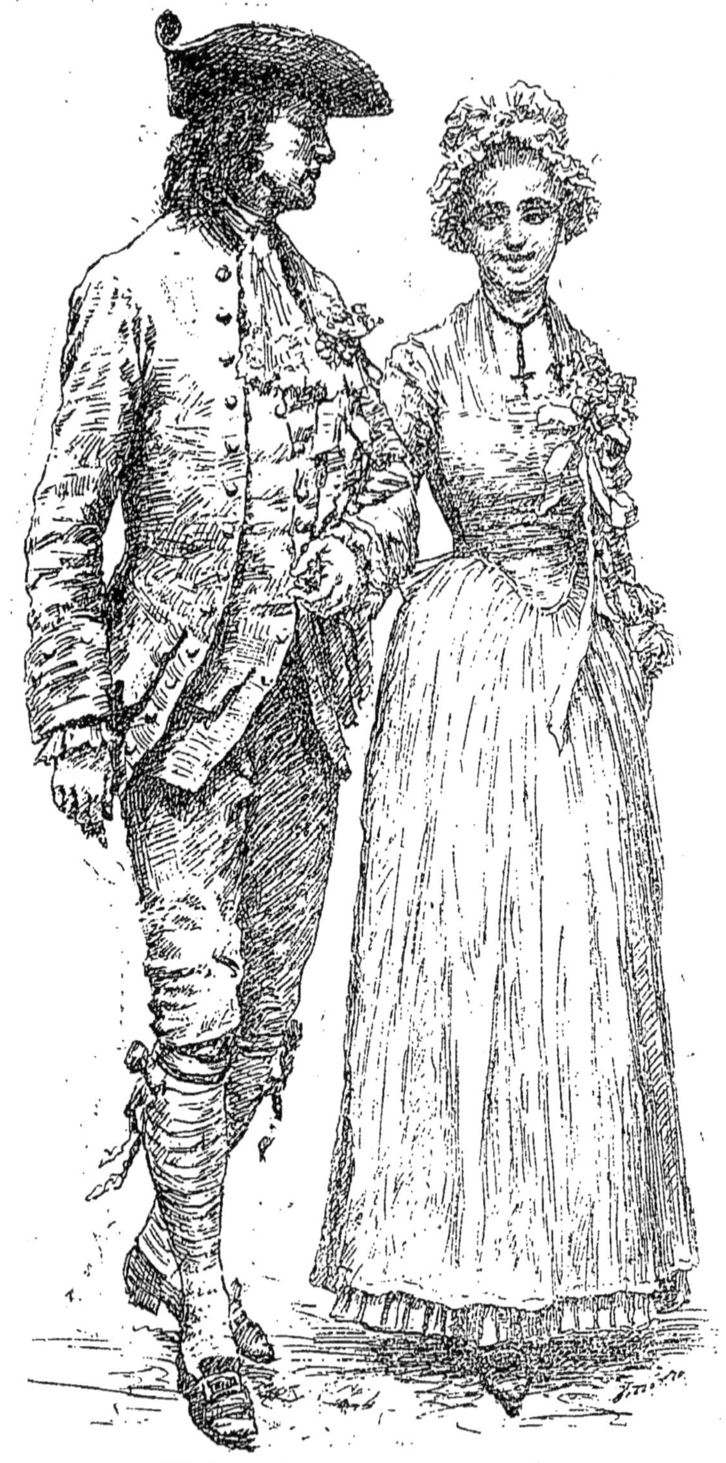

1375. GIRARD (F.). H. C. *Une noce au XVIIIe siècle.*

1503 HALL-MAXWELL (W.). *Vallée de l'Oise.*
1504 HANOTEAU (H.). **H. C.** *La victime du réveillon.*
1505 HANRIOT (J.-A.). *Portrait de M. Gaston G...*
1506 HAQUETTE (G.). *Le manchon de Francine.*
1507   —   *Un intérieur au Pollet (Seine-Inférieure).*
1508 HARDON (A.). *Les bords de la mer, en hiver, à Saint-Raphaël (Var).*
1509 HAREUX (E.-V.). *Le retour du marché ; effet de nuit.*
1510   —   *L'été en Normandie.*
1511 HARO (É.). *Portrait du comte E. de Naurois.*
1512 HARO (H.). « *Ma cousine Madeleine* ».
1513 HARO (J.). *Danse arabe.*
1514 HARPIGNIES (H.). **H. C.** *Le pavillon de Flore ; vue prise du Pont Neuf.*
1515   —   *Les dindons « de Mme Héraut » ; souvenir de l'Allier.*
1516 HARVEY (Y.). *Environs de Grez.*

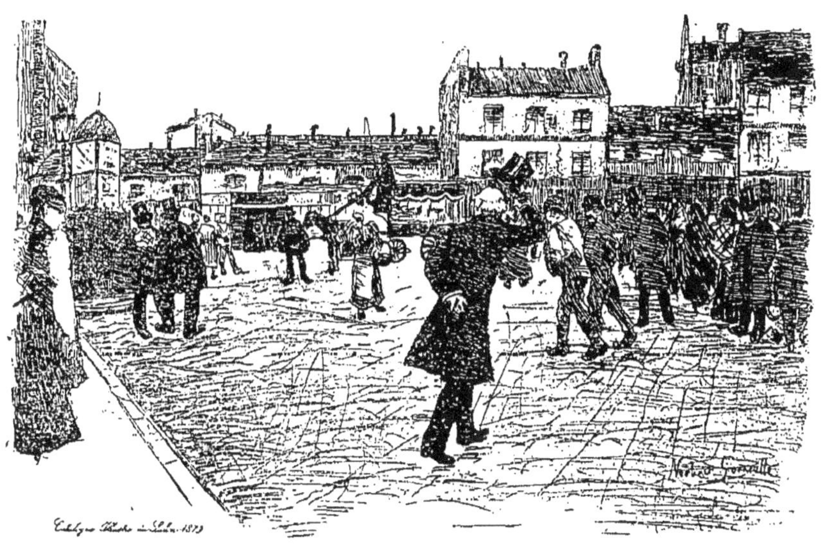

1399. Goeneutte (N.). *Dernier salut.*

1517 HAYON (L.). *Les glaneurs.*
1518   —   *Portrait de Mme F....*
1519 HEALY (G.-P.-A.). **H. C.** *Portrait de Mme la baronne d'E...*
1520   —   *Portrait de Mme la comtesse de Saint-R...*
1521 HEATON (A.-G.). *Un petit calcul.*
1522   —   *Une faveur spéciale.*
1523 HÉBERT (A.-A.-E.). **H. C.** *La sultane.*
1524   —   *Portrait de Mlle de S...*
1525 HÉBERT (G.-J.-B.). *Italienne.*
1526 HÉDÉ-HAUY (Mme S.). *Portrait de Mlle M. L...*
1527 HÉDOUIN (E.). **H. C.** *Arabes sous une tente (Province de Constantine).*
1528 HEGER (Mlle L.). *Le ruisseau du Hoyoux.*
1529   —   *La Sémois au Printemps.*
1530 HEIMERDINGER (F.). *Nature morte.*
1531 HÉLIE (G.-D.-C.). *Une razzia.*

1532 HELLOIN (X.). *Ouverture de la chasse; gibier.*
1533 — *Le bouquet de fête « de ma cuisinière ».*
1534 HÉMAR (E.). *Giotto.*
1535 HEMME (P.). *Près de Pontgibaud* (Puy-de-Dôme).
1536 HÉNAULT (L.-C.). *Marchande de fleurs.*
1537 HENKES (G.). *Le consistoire réuni.*
1538 — *Portrait.*
1539 HENNER (J.-J.). **H. C.** *Jésus au tombeau.*
1540 — *Eglogue.*
1541 HENRIET (F.). *Le Chemin du Port, à Mezy* (Aisne).

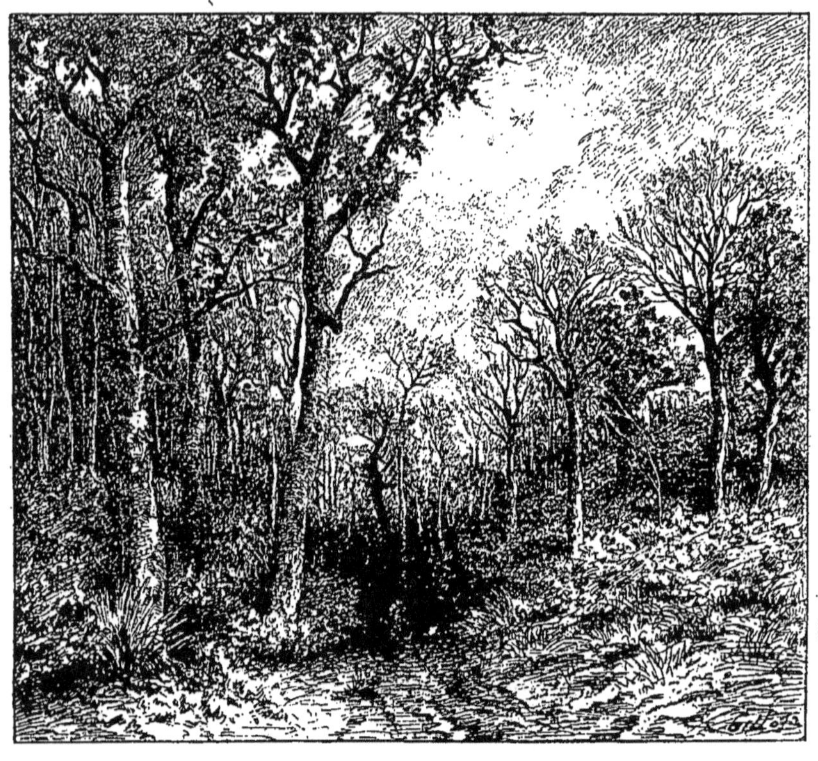

1409. Gosselin (C.). **H. C.** *Décembre; paysage.*

1542 HERBERT (L.-H.). *Pavots.*
1543 HERBO (L.). *Un vieux beau.*
1544 — *Une élection communale.*
1545 HÉREAU (J.). **H. C.** *A l'embouchure de la Seine.*
1546 — *Rives de la Meuse.*
1547 HERKOMER (H.). **H. C.** *Asile pour la vieillesse, en Angleterre.*
1548 HERLAND (Mlle E.). *« Mon bureau. »*
1549 HERPIN (L.). **H. C.** *Paris vu du Pont Neuf, en 1878.*
1550 HERPIN-MASSERAS (Mme M.). *Pommes et raisins.*
1551 — *Fleurs.*
1552 HERRERA (A.-J.). *Portrait de M. M. F. F...*

1553 HERRERA (A.-J.). *Cendrillon.*
1554 HERRMANN-LÉON (C.). *Hallali courant.*
1555 HERVIER (A.). *Effet de matin, à Rossillon* (Ain).
1556 HEULLANT (A.). *Les bulles de savon.*
1557 — *Cléopâtre.*
1558 HEYERDAHL (H.). *Portrait de M. J. Svendsen.*
1559 HEYRAULD (L.-R.). *Changement de forêt.*   [*Fiammetta.*
1560 HILLEMACHER (E.-E.). **H. C.** *Astolphe et Joconde interrogent la*
1561 — « Piccola moneta! » *Paysans de la campagne de Rome.*

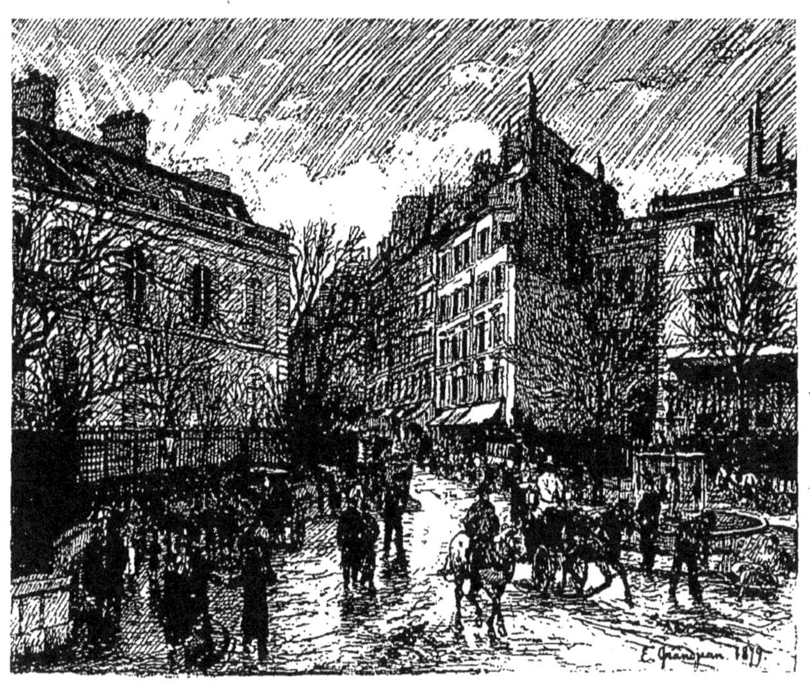

1427. GRANDJEAN (E.-G.). *La place Saint-Georges.*

1562 HINGRE (L.). *Portrait de Mme F. T...*
1563 HIRSCH (A.-A.). *Suzanne.*
1564 — *Portrait de* Graziosa.
1565 HIRSCH (A.). *Portrait de Mme W...*
1566 — *Portrait de Mme M...*
1567 HLASKO (Mlle A). *Portraits.*
1568 HODEBERT (L.-A.). *Portrait de Mme Berthe H...*
1569 HODGKIN (A.-T.). *Portrait de l'auteur.*
1570 HŒRTER (A.). *Un vieux moulin; souvenir du Haut-Rhin.*
1571 HORSIN-DÉON (L.). *Portrait de M. de B...*
1572 HOURY (C.). Ponte del Vin; *Venise.*
1573 — Abbazio san Gregorio; *Venise.*
1574 HOUSEZ (G.). *L'épopée du Lion.*
1575 HOUSSAY (Mlle J.). *Portrait de M. Mace.*

1576 HOUSSAY (Mlle J). *Portrait de Mlle N. de Buffon.*
1577 HOUSSEAUX (A.). *Chemin à Noisiel* (Seine-et-Marne).
1578   —   *La ferme de Chesnay* (Seine-et-Marne).
1579 HOUZÉ (A.). *Une ferme à Erlan* (Pas-de-Calais).
1580 HOVENDEN (T.). *Le faucon favori.*
1581   —   *Paysage.*
1582 HOWYON (P.). *Portrait de « mon ami Lucien Page. »*
1583 HUAS (P.). *Portrait de Mme ***.*
1584   —   *Fleurs et fruits.*
1585 HUAULT-DUPUY (V.-R.). *Chemin en Anjou.*
1586 HUBLIN (É.-A.). *L'attente.*
1587   —   *Convalescence.*
1588 HUE (C.-D.). *On ne badine pas avec l'amour.*

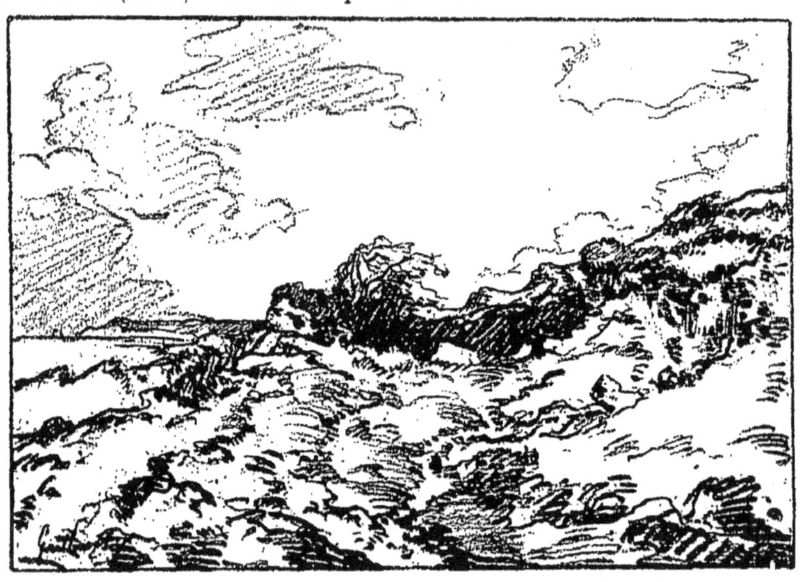

1477. GUILLEMET (J.-B.-A.). **H. C.** *Le Chaos de Villers* (Calvados).

1589 HUET (R.-P.). *Têtes de chiens et de cerfs.*
1590 HUGARD (C.-S.). **H. C.** *Matinée d'automne.*
1591   —   *Une charbonnière dans les bois de Maillard* (Seine-et-Marne).
1592 HUGOT (L.-E.). *La collation.*
1593 HUGREL (H.-P.). *Falaises au Tréport* (Seine-Inférieure).
1594 HUGUES (V.-L.). *Un pommier en Normandie.*
1595 HUGUET (V.-P.). *Les bords du Chéliff; Algérie.*
1596 HUMBERT (F.). **H. C.** *Portrait de Mme L...*
1597   —   *Portrait de M. M...*
1598 HUMBERT (L.). *Bords de l'Aujoyn à Maranville* (H.-M.); *automne.*
1599 HUTIN (C.). *Le pain bénit.*
1600   —   *Envoi de Normandie.*
1601 HUYSMANS (J.-B.). *Retour de l'Exposition universelle; chez un Caïd.*
1602 HYNAIS (A.). *La Sainte Famille et Ste Albertine.*
1603   —   *Portrait de M. L. R...*
1604 HYNEMAN (H.-N.). *Desdémone*

1605 HYON (G.-L.). *Les 8ᵐᵉ et 9ᵐᵉ régiments de cuirassiers prennent position vers Forstheim, le jour de la bataille de Wœrth (6 août 1870).*
1606 INNOCENTI (G.). *Le gâteau de la mariée.*
1607 —
1608 IRWIN (B.). *Les rivaux.*
1609 — *Portrait de Mˡˡᵉ D...*
1610 ISCHIMMER (É.). *Thüringer Landschaft.*
1611 ISENBART (É.). *Les roches de Plougastel* (Finistère).
1612 — *Ruisseau du Puits-Noir* (Doubs).

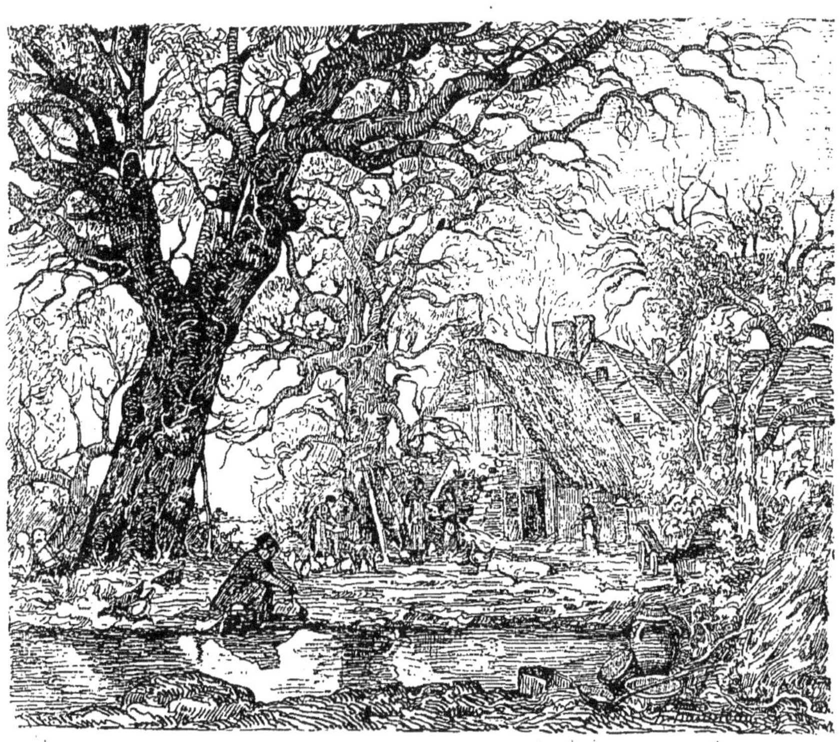

1504. Hanoteau (H.). H. C. *La victime du réveillon.*

1613 ISNARD (J.-R.). *Braconnier de la Camargue.*
1614 ISTA (A.). *Une mare dans la plaine de Gennevilliers.*
1615 IVERNOIS (J.-Fʳ-J. d'). *Pécheurs surpris par une bourrasque.*
1616 IWILL (M -J.). *L'hiver.*
1617 IZZI (A.). *Portrait de Mˡˡᵉ Graziella.*
1618 JACOB (S.). *Portrait de Mˡˡᵉ E. H...*
1619 JACOMIN (A.-L.). *L'indisposition.*
1620 JACOMIN (M.-F.). *Lever de la lune aux gorges d'Apremont.*
1621 JACQUELIN (Mˡˡᵉ M.). *Fleurs.*
1622 JACQUEMART (Mˡˡᵉ N.). H. C. *Portrait du comte de Saint-A...*
1623 — *Portrait de M. Hélie D...*
1624 JACQUET (J.-G.). H. C. *La première arrivée.*

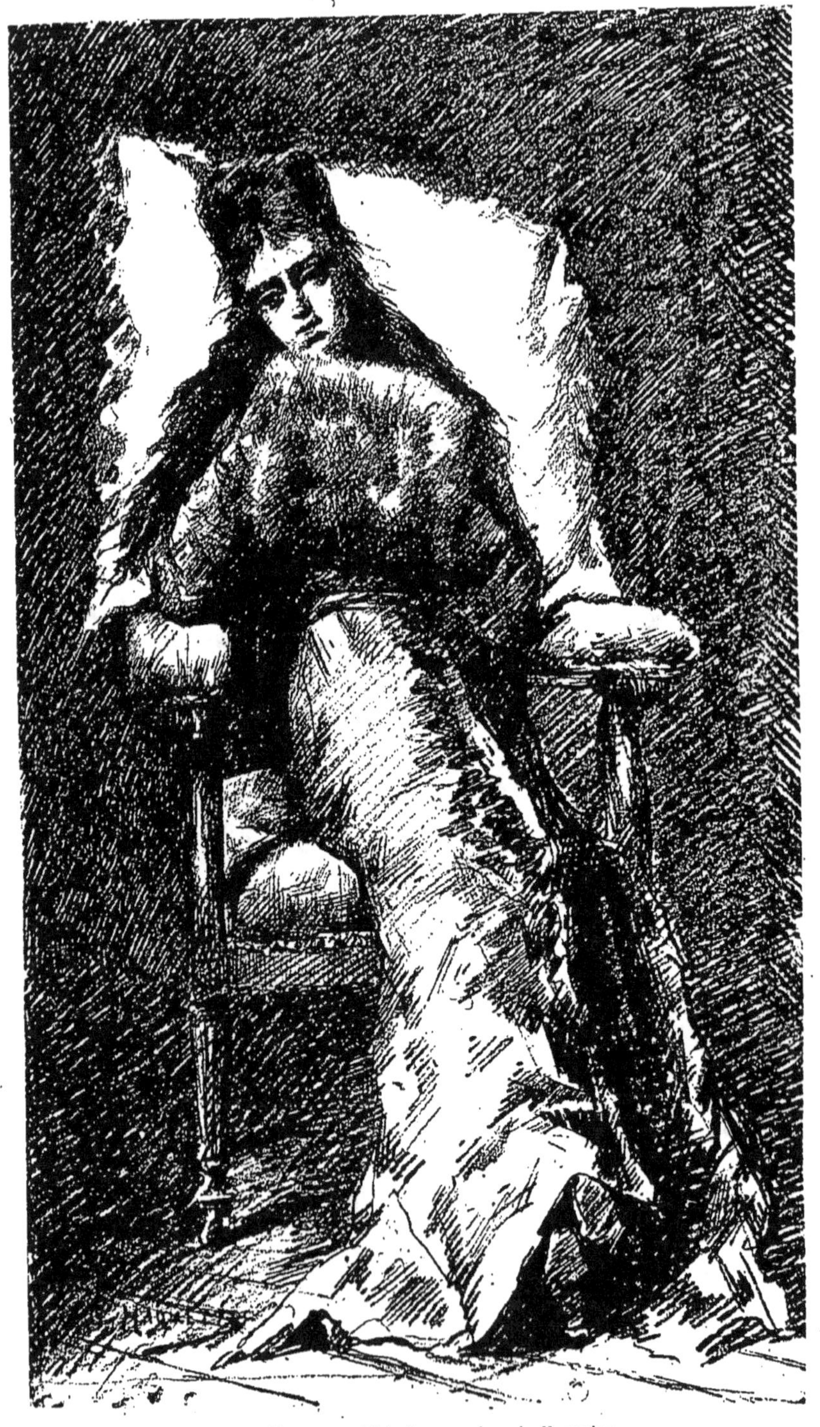

1506. Haquette (G.). *Le manchon de Francine.*

1625 JACQUIN (G.-A.)..... *Et l'alambic distillait.*
1626   —   *Brûlage du chaume, en Champagne.*
1627 JADIN (E.-C.). *Émigrants à bord d'un transatlantique.*
1628 JAMIN (P.-J.). *Étude.*
1629 JANET (H.-A.). *L'entrée de la Seine, à marée basse, près Honfleur.*
1630   —   *Sous bois, à la côte de Grâce.*
1631 JAPY (L.-A.). **H. C.** *Fin d'avril.*
1632   —   *Vallée du Lomont* (Doubs).
1633 JAZET (P.-L.). *Le fils unique.*
1634   —   *Un billet de logement.*
1635 JEAN-AUBERT (E.). **H. C.** *La leçon d'harmonie.*
1636   —   *Une jeune fille d'Albano.*
1637 JEANMAIRE (É). *Solitude dans une forêt du Jura.*
1638 JEANNERET (G.). *La ferme.*
1639 JEANNIN (G.). *Une charretée de fleurs.*
1640   —   *Étalage de fleurs.*
1641 JEANNIOT (P.-G.). *Portrait de M. A. Jeanniot.*
1642   —   *Passant les ponts.*
1643 JENOUDET (P.-L.-S.). *Portrait de M*ᵐᵉ *J...*
1644 JERON (E.). *Portrait de M. A. Martin.*
1645 JETTEL (E.). *Une tourbière, en Hollande.*
1646 JIMENEZ (L.). *Musique au cabaret.*
1647 JIMENEZ-ARANDA (J.). *Sermon dans la Cour des Orangers de la cathédrale de Séville.*
1648 JIMENEZ-PRIETO (M.). *Boutique de bric-à-brac.*
1649 JOANNIS (Mˡˡᵉ A.). *Portrait de M*ˡˡᵉ *B...*
1650   —   *Portrait de M*ᵐᵉ ***
1651 JOBARD (H.-H.). *Pâturage du Morvan, Saulieu* (Côte-d'Or).
1652   —   *En mars, au plateau des Hautes-Bruyères.*
1653 JOBARD (Mᵐᵉ J.). *La Magdeleine.*
1654 JOBBÉ-DUVAL (J.). *Bords de l'Isolle* (Finistère).
1655   —   *Nature morte.*
1656 JOLYET (P.). *Portrait de M*ᵐᵉ *L. J...*
1657 JONES (H.-B.). *La fin du jour.*
1658 JOPLING (Mᵐᵉ L). *Cela aurait pu être?*
1659   —   *Portrait d'enfant.*
1660 JOSEPHSON (E.). *David devant Saül.*
1661 JOUAS (É.-É.). *Au hameau de la Morinière* (Eure).
1662   —   *Au hameau de la Morinière.*
1663 JOUBERT (L.). *Les Ploumarc'hs, à Douarnenez* (Finistère).
1664 JOUFFROY (Mˡˡᵉ M. DE). *Chrysanthèmes, oranges et grenades.*
1665 JOURDAIN (R.-J.). *Le chaland.*
1666 JOURDAN (A.). **H. C.** *Vénus.*
1667   —   *Berceuse.*
1668 JOURDAN (T.). *L'enfant et l'agneau.*
1669 JOURDEUIL (A.). *Provisions de carême.*
1670   —   *Matinée d'automne, au Bas-Meudon* (Seine-et-Oise).
1671 JOUŸ (J.-N.). **H. C.** *Mozart entendant la messe d'Allegri, à la Chapelle Sixtine.*
1672   —   *Le moulin Debray, à Montmartre.*
1673 JOVER (F.). *Portrait de M*ᵐᵉ *la princesse de Bourbon.*
1674   —   *Portrait du comte de Panafé.*

1675 JUGE-LAURENS (Mlle S.-A.-N.). *Bords du Calavon* (Vaucluse).
1676 JUGLAR (V.-H.). *Le mercredi des cendres.*
1677   —   *Colin-Maillard.*

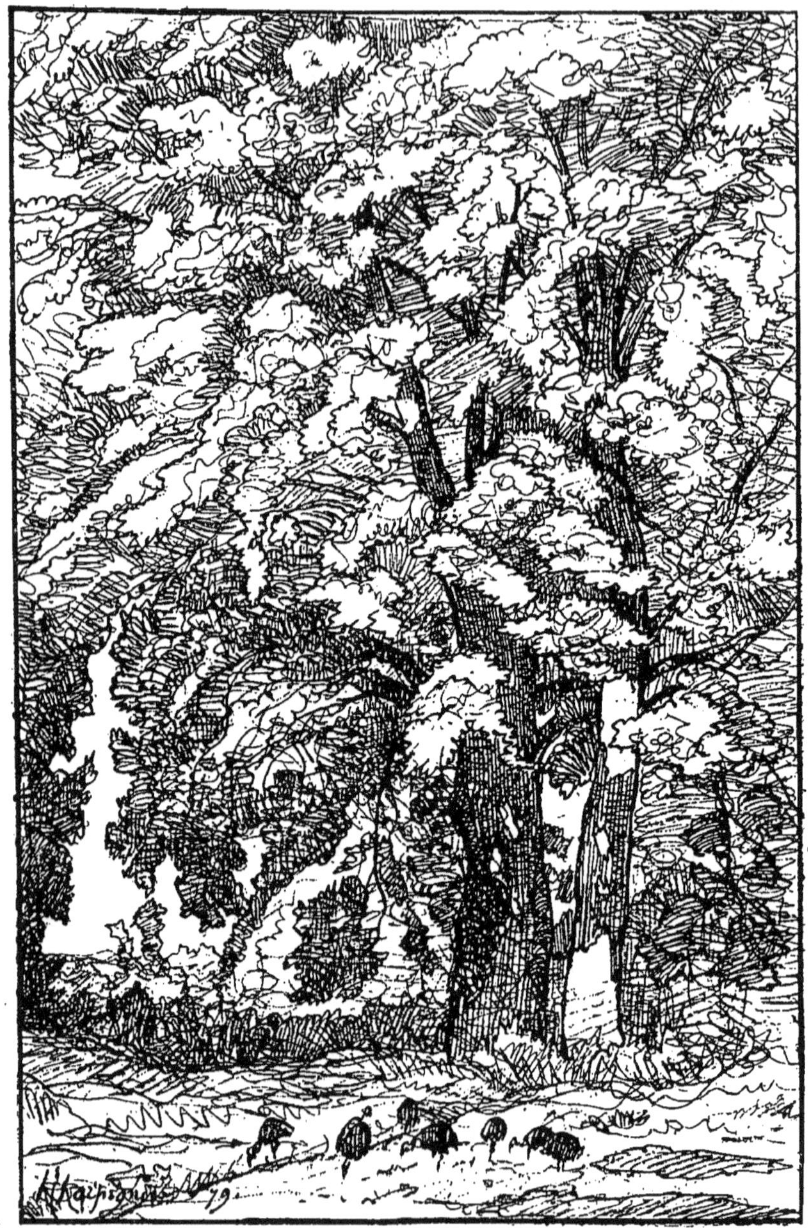

1515. HARPIGNIES (H.). H. C. *Les dindons « de Mme Héraut »; souvenir de l'Allier.*

1678 JUGLARIS (T.). *Promenade à Venise (xvie siècle); panneau décoratif.*
1679 JULLIEN (M.-A.). *La source du Nohain* (Nièvre).

1680 JUNDT (G.). **H. C.** *Fillettes des bois.*
1681   —   *Le Sentier du Philosophe, à Monaco.*
1682 JUNIÈRE-GILGENCRANTZ (Mme A.). *Portrait du capitaine J...*

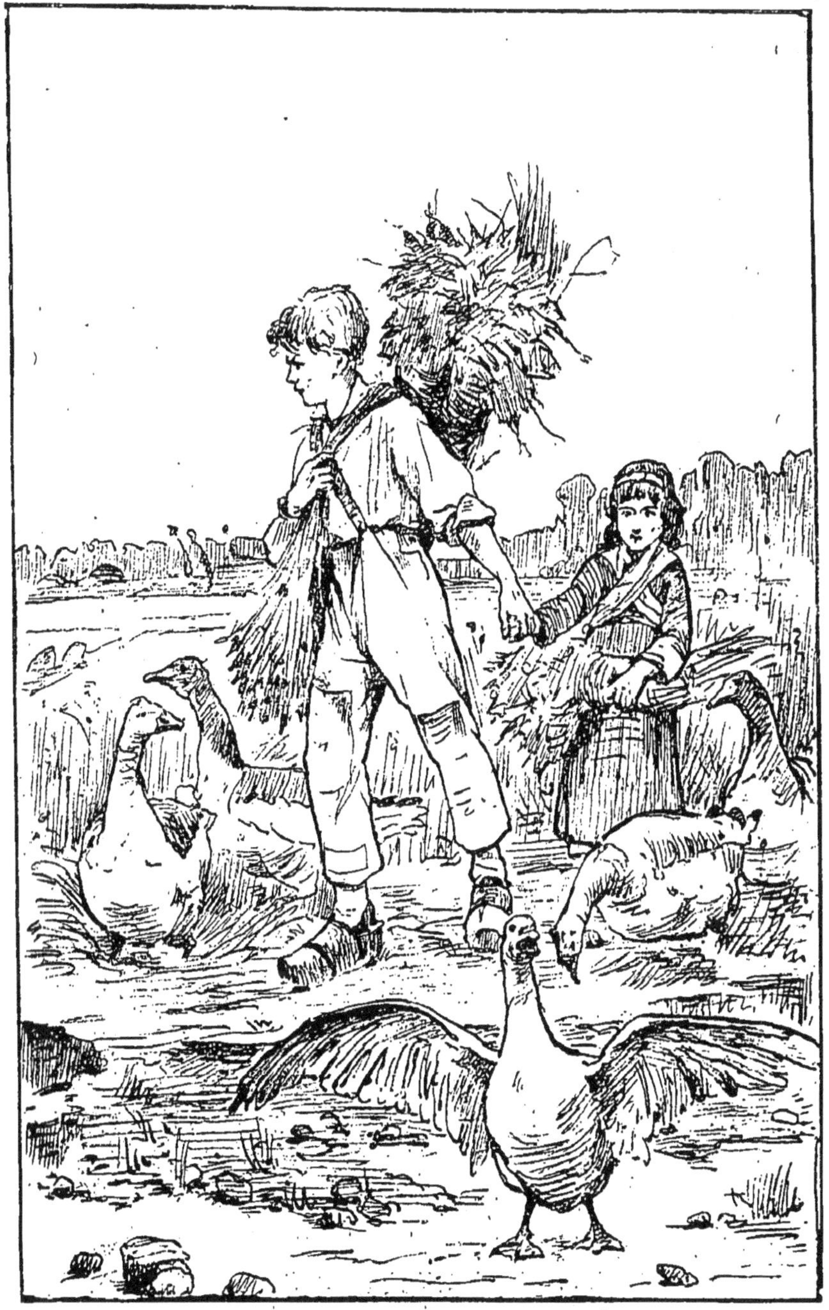

1517. HAYON (L.). *Les glaneurs.*

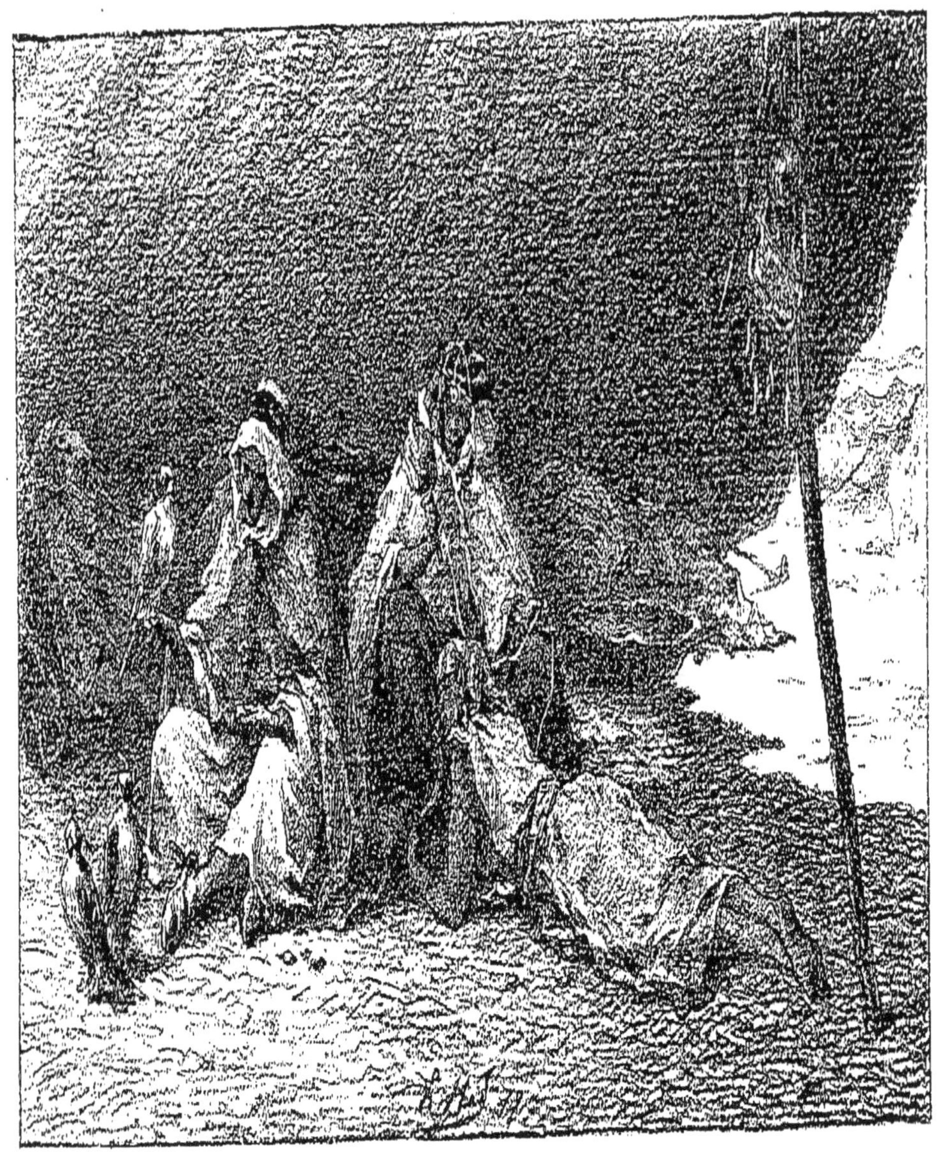

1527. Hédouin (E.). H. C. *Arabes sous une tente* (Province de Constantine).

1683 KAEMMERER (F.-H.). *Le portrait de la marquise.*
1684 KARCHER (G.). *Le soir.*
1685 KARLOWSKY (A.). *Prunes.*
1686 — *Paysage dans l'île de Billancourt* (Seine).
1687 KELLE (É.). *Les bords de la Seine.*
1688 — *Les bords de la Seine.*
1689 KENNY (Mlle K.-J.). *Portrait de M. G. Mendez.*
1690 KETELS (P.). *Portrait de Mme R...*
1691 KIELLAND (K.-L.). *, en Norwège.*
1692 — *De la côte de Norwège.*
1693 KNIGHT (D.-R.). *La vendange.*
1694 KNYFF (A. DE). **H. C.** *La barrière noire.*
1695 KOCH (Mlle É.). *Petit caprice.*
1696 KŒCHLIN (J.-C.-D.). *Dans la forêt de Fontainebleau.*
1697 KOERNER (E.). *Ile de Philoé* (Nubie).
1698 — *Grand temple de Karnak* (Haute-Égypte).

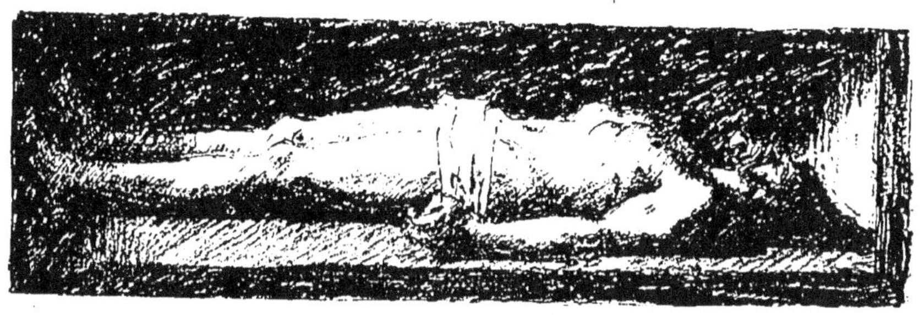

1539. Henner (J.-J.). H. C. *Jésus au tombeau.*

1699 KOSSAK (A.-H.). *Les manœuvres militaires, en Galicie* (Autriche).
1700 KRABANSKY (G.). *Portrait de Mme de V...*
1701 — *Portrait de Mme Gay.*
1702 KREYDER (A.). *Raisins.*
1703 — *Roses trémières.*
1704 KROYER (P.-S.). *Daphnis et Chloé.*
1705 KRUG (É.). *Portrait de Mlle K...*
1706 — *Le Génie du christianisme.*
1707 KRUG (Mlle M.). *Portrait de Mlle D...*
1708 — *Nature morte.*
1709 KULLE (J.). *Paysannes suédoises.*
1710 KUWASSEG (C.). *Vue d'Amiens.*
1711 KUYPER (P. DE). *Une prairie en Hollande.*
1712 LABARRE (C.-A.). *Une partie d'échecs.*
1713 LABORNE (E.-É.). *Marché aux poissons, à Dieppe* (Seine-Inférieure).
1714 LABOULAYE (P. DE). *Au sermon ; souvenir de la Bresse.*
1715 LACATTE (J.-B.). *Intérieur de ferme à Montfort-l'Amaury* (S.-et-O.).
1716 LACAZETTE (Mlle A.). *Douleur.*
1717 — *Fleurs et roman.*
1718 LACHAISE (J.-E.-C.). *Provisions.*
1719 LACOUR (A.). *Sur le Clain.*

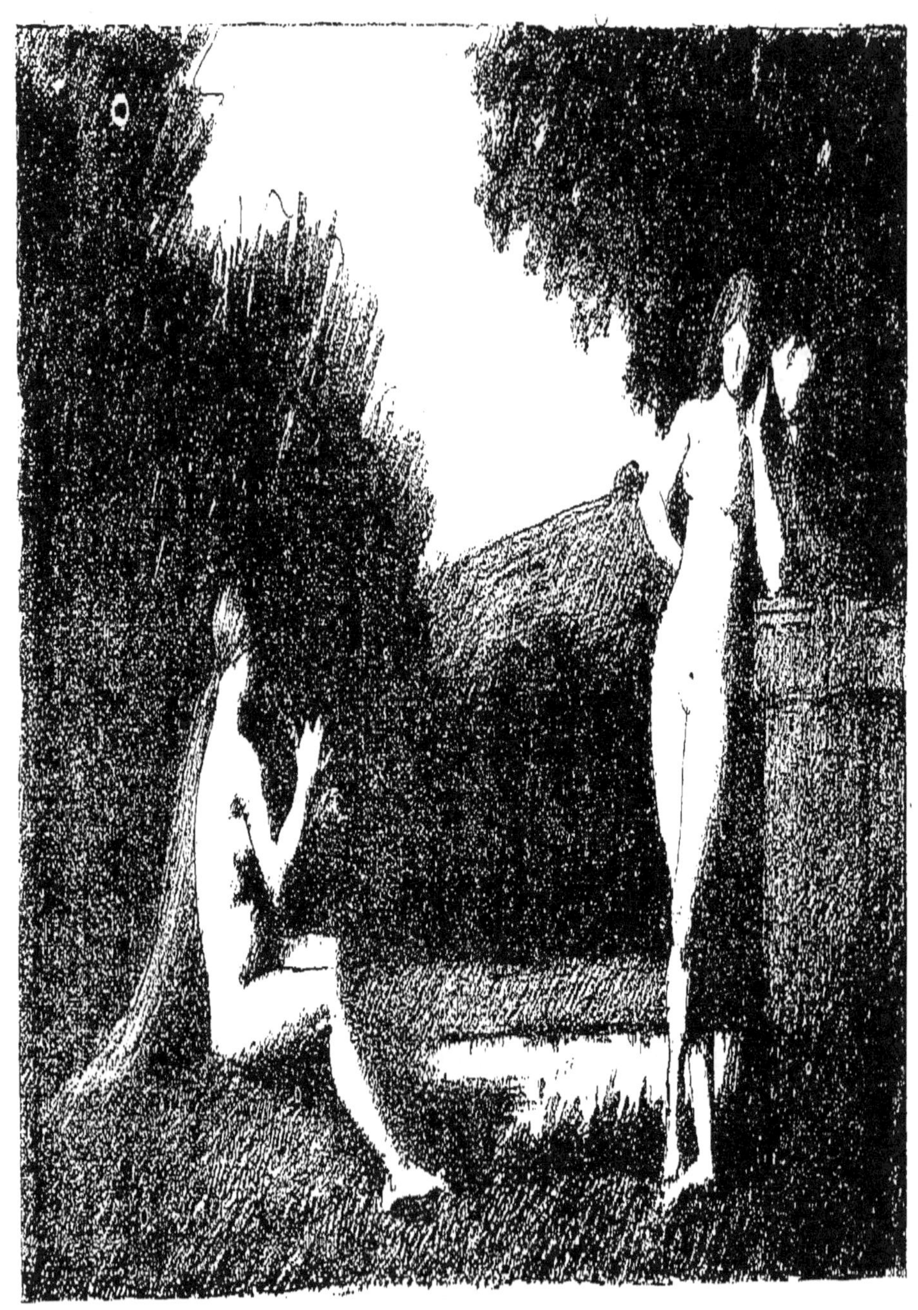

1540. HENNER (J.-J.). H. C. *Églogue.*

1720 LA CUADRA (M. DE). *Portrait de Mme G. M...*
1721 LAERE (M.-É. DE). *Embouchure de la Gironde; marine.*
1722 LAFOLLIE (Y.-M.-A DE). *Portrait de Mme B. des R...*
1723 LAFON fils (F.). *Salomé.*
1724 — *Suzanne.*
1725 LAFON (J.-E.). **H. C.** *Portrait de Mme de P...*
1726 — *Portrait de Mme A. R...*
1727 LAFOND (A.). **H. C.** *Mort du pauvre Lazare.*
1728 LAFOND (F.). *Abel.*
1729 LA FOULHOUZE (G.). *Un galérien de Bougival* (Seine-et-Oise).
1730 — *Sur les dunes, à Berck* (Pas-de-Calais).
1731 LAFRANCE (J.). *Tête d'étude.*
1732 — *Portrait de Mme H. C...*

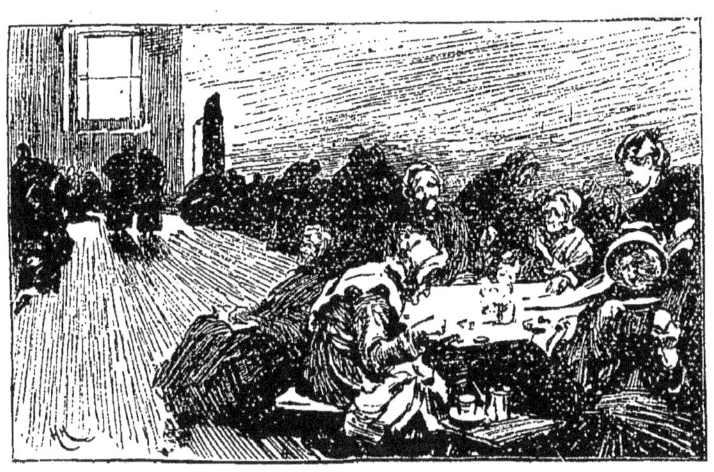

1547. HERKOMER (H.). **H. C.** *Asile pour la vieillesse, en Angleterre.*

1733 LAGARDE (P.). *Suzanne au bain.*
1734 LAGIER (E.). *Portrait de M. G. C...*
1735 LA GREFFIÈRE (A. DE). *Le torrent, à Royat* (Puy-de-Dôme).
1736 — *Cour de ferme, à Royat.*
1737 LAHAYE (A.-M.). *Sous les oliviers.*
1738 — *En été.*
1739 LAHENS (E). *Paysage.*
1740 LA HOESE (J. DE). *La chaise brisée.*
1741 LAISSEMENT (H.-A.). *Portrait de M. L. S.*
1742 LAJARD (C.-F.). *Les bords de la Creuse.*
1743 LALANDE (Mlle L.). *Le repas.*
1744 LALANDE (P.). *Neige fondante.*
1745 LALLY (Mme M.). *Sortie sur la ruelle.*
1746 LAMBERT (A.-E.). *Les graves à Villerville; marée montante.*
1747 LANAVE (A.-H.). *Portrait de Mlle B.*
1748 LANÇON (A.). *Les pauvres au coin de la rue de la Santé, en 1869.*
1749 — *Les lions.*
1750 LANDELLE (C.). **H. C.** *La messagère des tempêtes.*
1751 — *La Sirène.*

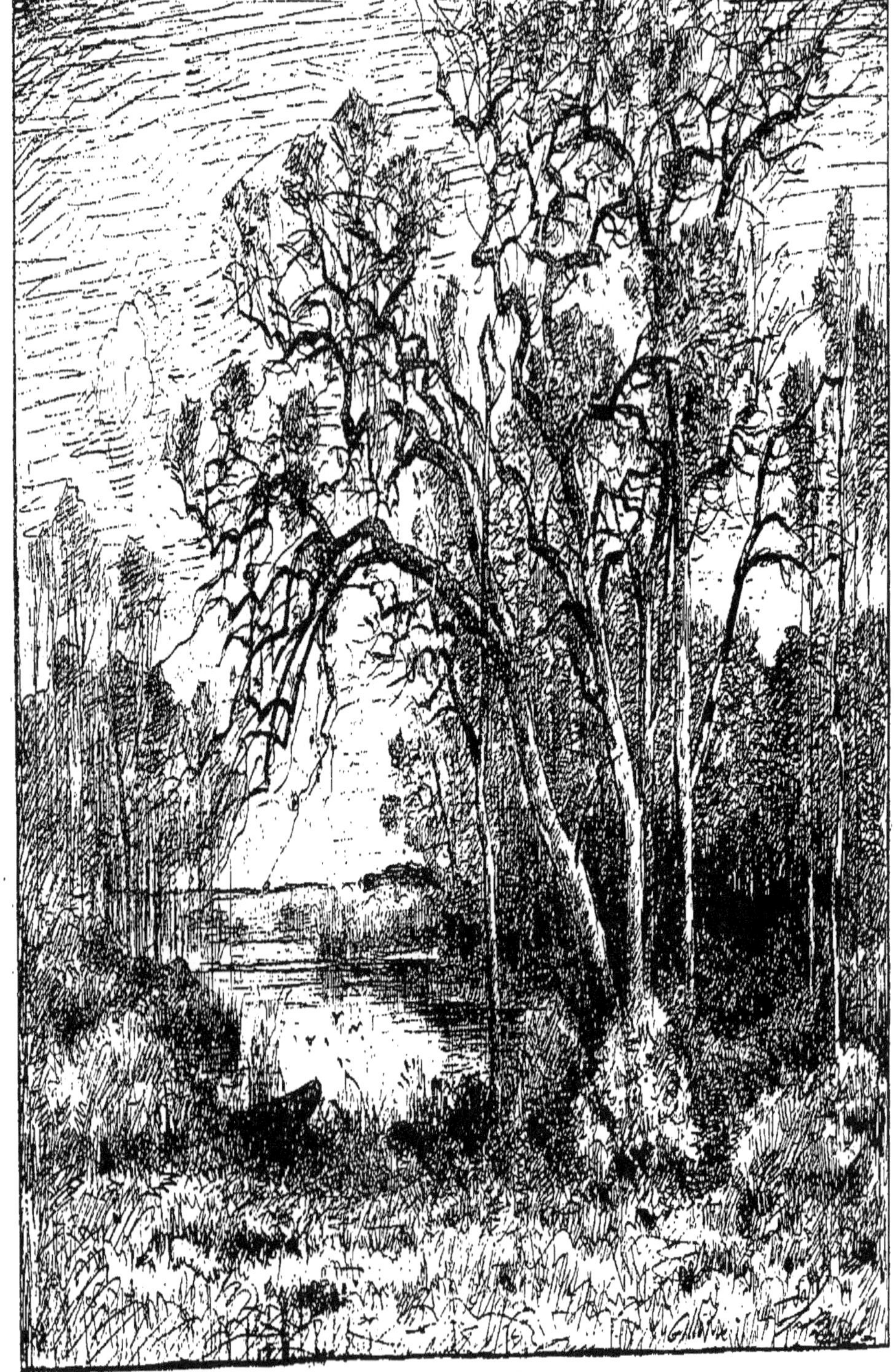

1631, Japy (L.-A.). H. C. *Fin d'avril.*

1752 LANG (H.). *Une rue à Stamboul, près de la mosquée Validé.*
1753 LANGEROCK (H.). *Forêt à Saint-Bruno* (Isère), *un jour d'automne.*
1754 LANGEVAL (J.-L.-L.). *La maison Minel, dans l'île Saint-Denis* (Seine).
1755 LANGHARD (A.). *Idylle.*
1756   — *La saison des prunes.*
1757 LANGLOIS (H.). *Jahel et Sisara.*
1758 LANGLOIS (Mme J.-C.-E.). *La leçon de lecture.*
1759 LANGLOIS (P.). *Persée et Méduse.*
1760   — *Portrait de Mme C. K...*
1761 LANGRAND (J.-A.). *Idylle.*

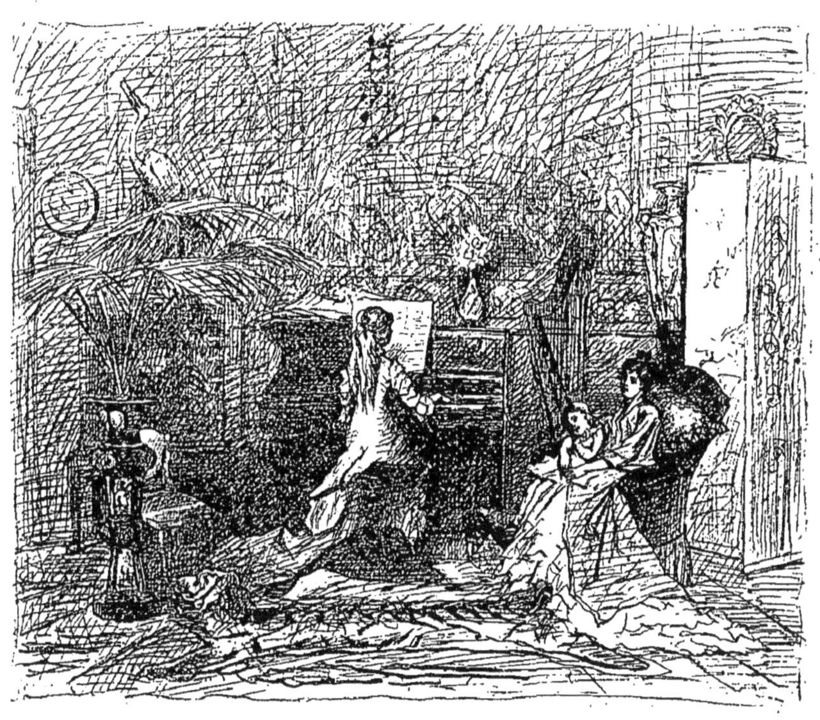

875. De Jonghe (G.). *La berceuse de Chopin.*

1762 LANSYER (E.). **H. C.** *La baie de Douarnenez* (Finistère), *à marée basse.*
1763   — *Pleine mer, à Granville* (Manche).
1764 LA PENNE (P.-P.-A.). *Hercule suit la Vertu.*
1765 LA PERRELLE-POISSON (Mme A. de). *Portrait de Mme de la P...*
1766   — *Lina; étude.*
1767 LA PLESSE (A. de). *« Pour les pauvres, s'il vous plaît? »*
1768 LAPORTE (É.-H.). *Vénus pleure la mort d'Adonis.*
1769   — *Le réveil d'une bacchante.*
1770 LAPORTE (M.). *La belle citrouille.*
1771   — *Devant le feu.*
1772 LAPOSTOLET (C.). *La fête de Villerville* (Calvados).
1773   — *Barques près de Rouen.*
1774 LARCHER (A.-É.). *La causette.*

1775 LARCHER (J.). *Portrait de M. A...*
1776 LAROCHE (A.). *Portrait de Mlle N...*
1777 — *Une distraction.*

1778 LA ROCHENOIRE (C.-J. DE). *Troupeau de bœufs; Dives* (Calvados).
1779 — *La marée de dix heures, à Bléville; vaches laitières.*
1780 LARRUE (G.). *St Jérôme.*

1781 LASELLAZ (G.-F.). *Étude.*

1782   —   *Le docteur Splendiano Accorramboni visite Salvator Rosa.*

1783 LASSALLE (L.-S.). *Frère et sœur.*

1784 LATOUCHE (L.). *Soleil couchant à Berck* (Pas-de-Calais).

1785   —   *La plage de Berck, le matin; côté Rothschild.*

1786 LAUGÉE (D.-F.). **H. C.** *Le triomphe de Flore; peinture décorative.*

1787 LAUGÉE (G.). *Arracheurs de betteraves, en Picardie.*

1788   —   *La soupe* (Picardie).

1789 LAURENCEAU (Mme A.). *Aux environs de Toulon* (Var), *le matin.*

1790 LAURENS (J.-P.). **H. C.** *Délivrance des emmurés de Carcassonne.*

1791 LAURENS (J.-J.-A.). **H. C.** *L'ermitage de Lumières* (Vaucluse).

1792   —   *Reines-marguerites de Provence.*

1793 LAURENS (N.-A.). *Un peu de botanique.*

1794   —   *La forêt.*

1795 LAURENS (Mlle P.). *Une page attachante.*

1796   —   *Rêverie.*

1797 LAURENT (É.). *Portrait de Mme...*

1798 LAURENT (F.). Rosellina.

1799 LAURENT (H.-A.-L.). *Chemin de Tracy à Fontenailles* (Calvados).

1800 LAURENT-DESROUSSEAUX (Mme L.-A.). *Pêcheuse de moules.*

1801   —   *Sur la falaise.*

1802 LAVERRIÈRE (Mme M.-F.). *Portrait de Mme...*

1803 LAVIEILLE (E.-A.-S.). **H. C.** *Bouleaux au rocher Besnard; Fontainebleau.*

1804   —   *La Maison-Rouge, au Perreux* (Seine).

1805 LAVIEILLE (Mme M.-E.). *Entrée de forêt; Fontainebleau.*

1806 LAVILLE (Mlle M. DE). *Tête d'étude.*

1807 LA VILLETTE (Mme É.). *Paris en 1878, vu du fort de Bicêtre.*

1808   —   *L'embouchure de la Seine, près de Villerville* (Calvados).

1809 LAYNAUD (E.). *Les roches du Tréport* (Seine-Inférieure).

1810   —   *Le Tréport, vu du canal de la Bresle.*

1811 LAYRAUD (J.-F.). **H. C.** *E. M. Chauffard, membre de l'Académie de Médec.*

1812   —   *« Pour si peu! »*

1813 LAZERGES (J.-B.-P.). *Léda.*

1814   —   *Portrait de Mme H...*

1815 LAZERGES (J.-R.-H.). **H. C.** *Le derouïch' du café Mohamed-Chérif.*

1816 LE BAS (H.-G.). *Le bord de la mer dans le Calvados.*

1817 LEBAS (Mme L.). *Portrait de Mlle H. L...*

1818 LEBEL (E.). **H. C.** *Escalier saint à San Benedetto, près de Subiaco* (Italie).

1819   —   *Une rue à Belmonte* (Italie).

1820 LE BIHAN (A). *Portrait de Mlle V...*

1821 LE BLANT (J.). *Henri de la Rochejacquelein.*

1822 LE BOUCHER (M.-N.). *L'abandonnée.*

1823 LE BRUN (F.). *Portrait de Mme ***.*

1824 LEBRUN (Mme M.). *Une table de pièces à conviction.*

1825   —   *Les crêpes: intérieur breton.*

1826 LE CAMUS (L.). *Le printemps à Saint-Jean, près de Nice.*

1827   —   *L'anse de Beaulieu; aux environs de Nice.*

1828 LECLAIRE (V.). *Fleurs d'hiver.*

1829   —   *Fleurs d'automne.*

1830 LECLERCQ (L.). *« La charité, s'il vous plaît! »*

1831 LECOMTE DU NOUY (J.-J.-A.). **H. C.** *St Vincent de Paul secourt les Alsaciens et les Lorrains, après leur réunion à la France.*

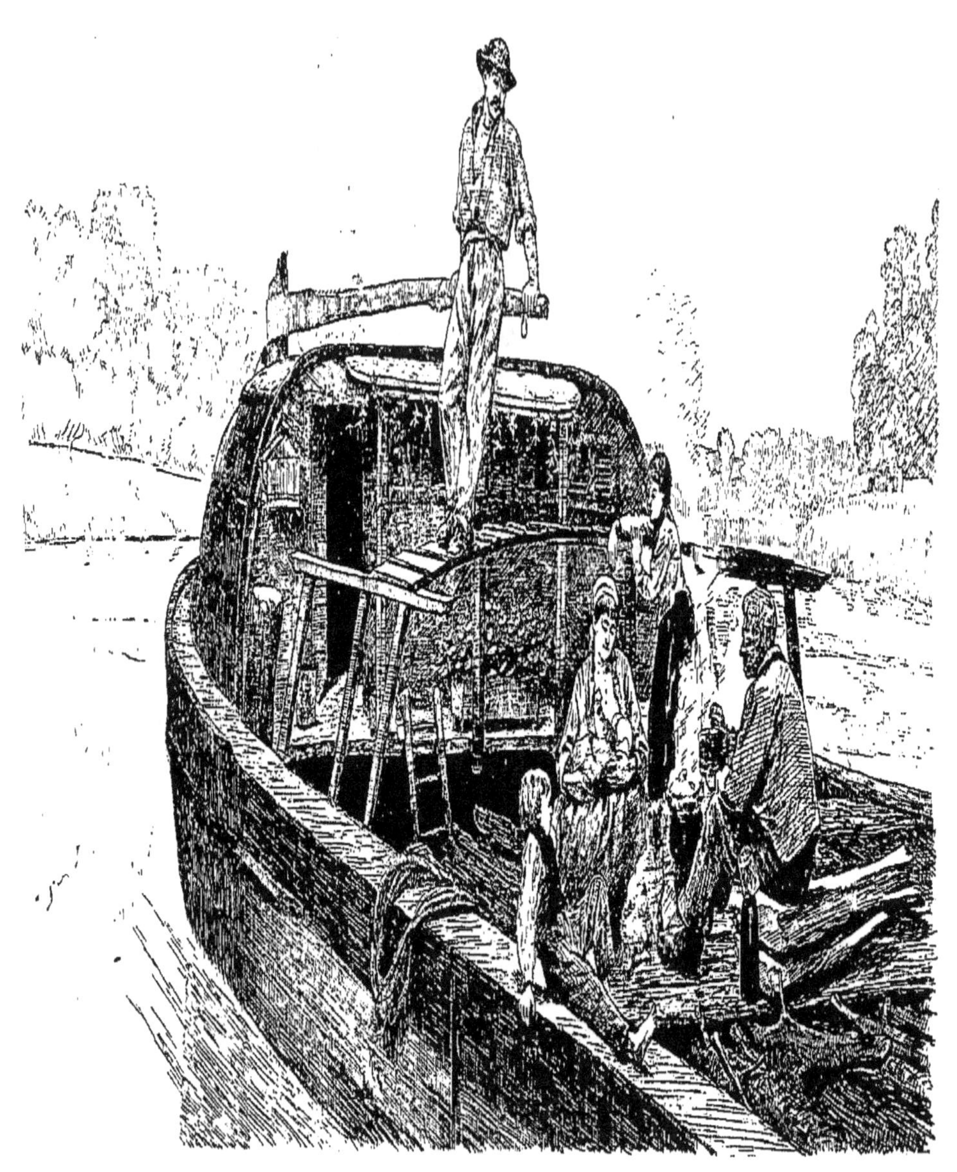

1665 Jourdain (R.-J.). *Le chaland.*

1832 LECOMTE (L.). *Un marais à la fin de l'hiver.*
1833 LECOMTE (P.). *Le soir.*
1834   —   *Près du fort de Vincennes.*
1835 LECRAN (M^llc M.-Z.). *Portrait de M^llc Z. L...*
1836 LECREUX (G.). *Chrysanthèmes.*
1837 LE DRU (A.). *Un espion.*

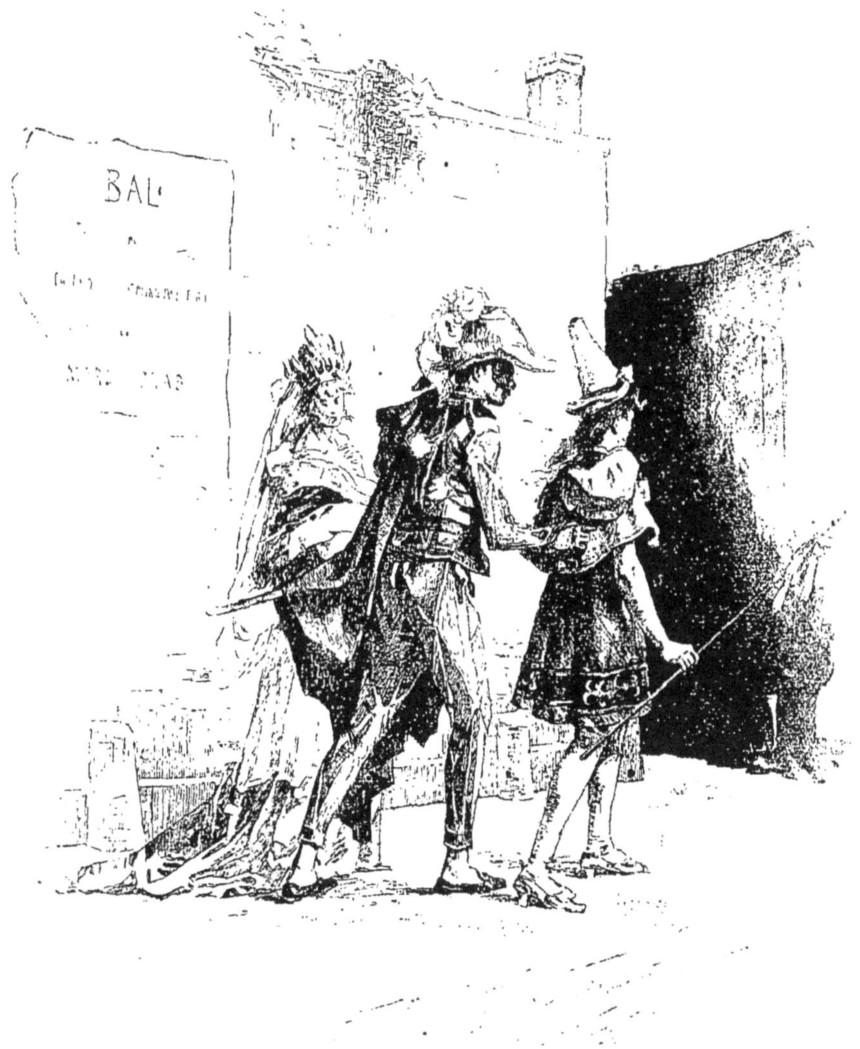

1676. JUGLAR (V.-H.). *Le mercredi des Cendres.*

1838 LEDUC (M.-V.). *La vision.*
1839 LEENHARDT (M.). *Portraits de Mme G. C... et de M^llo H. C...*
1840 LEENHOFF (R.). *Poissons d'eau douce.*
1841 LEFEBVRE (A.). *Rêverie.*
1842 LEFEBVRE (C.-A.). *Ravine de la Courame, près de Saint-Nazaire*

1843 LEFEBVRE (E.-E.). *Les provisions.*
1844   —   *Un thé.*
1845 LEFEBVRE (G.). *Portrait de Mlle J. C...*
1846 LEFEBVRE (J.). **H. C.** *Diane surprise.*
 847 LEFRANÇOIS (Mlle J.). *Portrait du général F...*

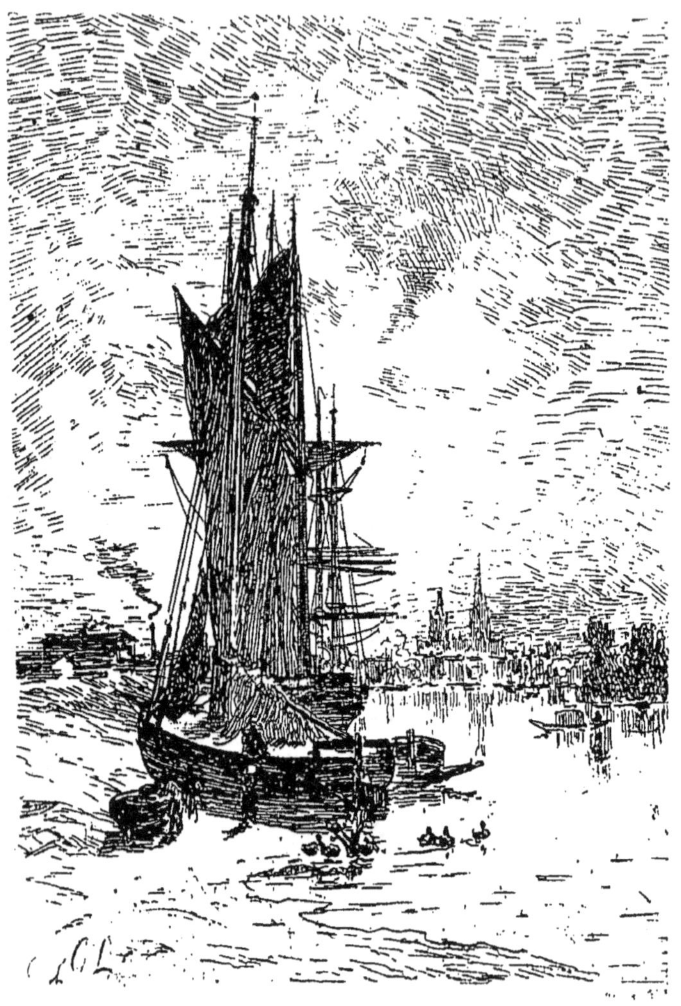

1773. LAPOSTOLET (C.). *Barques près de Rouen.*

1848 LEFORTIER (H.). *Cours d'eau, à Orsay.*
1849   —   *Dans le bois des Huheries, à Orsay*
1850 LEGAT (L.). *Un dimanche à la campagne.*
1851   —   *Laveuses.*
1852 LEGRAND (A.). *Portrait de Mme M...*
1853 LEGRAND (Mlle M.-M.). *Etude.*
1854 LEGRAND (R.). *Sans être annoncés,*

1855 LEGRAND (T.). *Le ravin ; fin d'été.*
1856   —   *Au bord du ruisseau.*
1857 LEGRAS (A.). *Portrait de* ***
1858   —   *La toilette.*
1859 LEHMANN (G.). *En 1795.*
1860 LEHOUX (P.-A.-P). **H. C.** *St Jean-Baptiste.*
1861 LEJEUNE (E.). *Le meunier, son fils et l'âne.*
1862   —   *Le Petit-Poucet.*

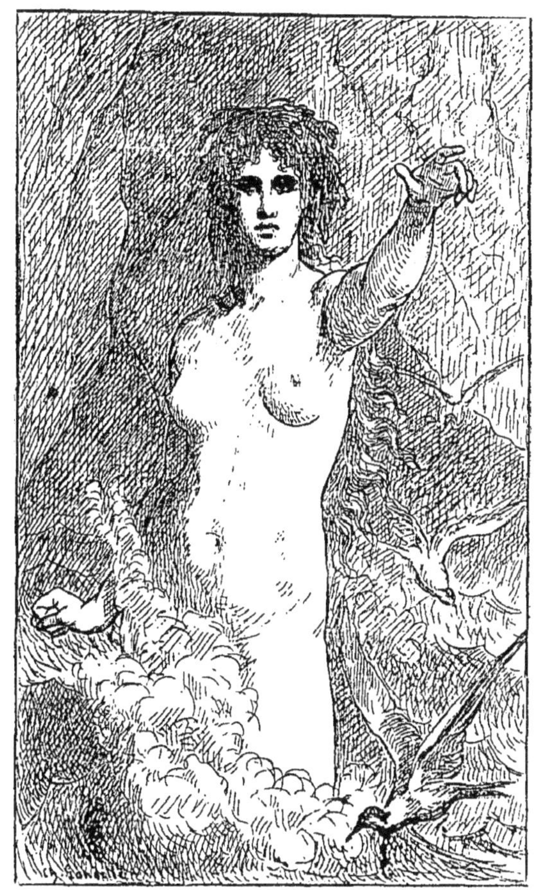

1750. LANDELLE (C.). **H. C.** *La messagère des tempêtes.*

1863 LEJOUTEUX (J.-G.). *Le chemin du pont des Sablons* (Indre-et-Loire).
1864   —   *L'automne dans les cascades, à Cernay* (Seine-et-Oise).
1865 LELEUX (ADOLPHE). **H. C.** *Chasseurs et rabatteurs.*
1866   —   *Bois de Crénille* (Seine-et-Marne).
1867 LELEUX (ARMAND). **H. C.** *Qui a bu, boira !*
1868   —   *Le charron.*
1869 LELEUX (Mᵐᵉ A.-É.). *Voltaire offre à déjeuner à Mᵐᵉ d'Épinay.*
1870   —   *Cendrillon.*

1871 LE LIÈVRE (M.). *Cour de la mosquée de Bou-Médinc.*
1872 LELOIR (A.). **H. C.** *Renaud et Armide.*
1873 LEMAIRE (L.). *Le soir, à Villerville* (Calvados).
1874   —   *Bouquet de pavots.*
1875 LEMAISTRE (A.). *Charlotte Corday.*
1876 LEMAITRE (C.-É.). *Un poème en trois chants; triptyque.*
1877   —   *La brume du matin.*
1878 LEMAN (J.-E). *Un poète.*
1879   —   *Un homme tenant une épée.*

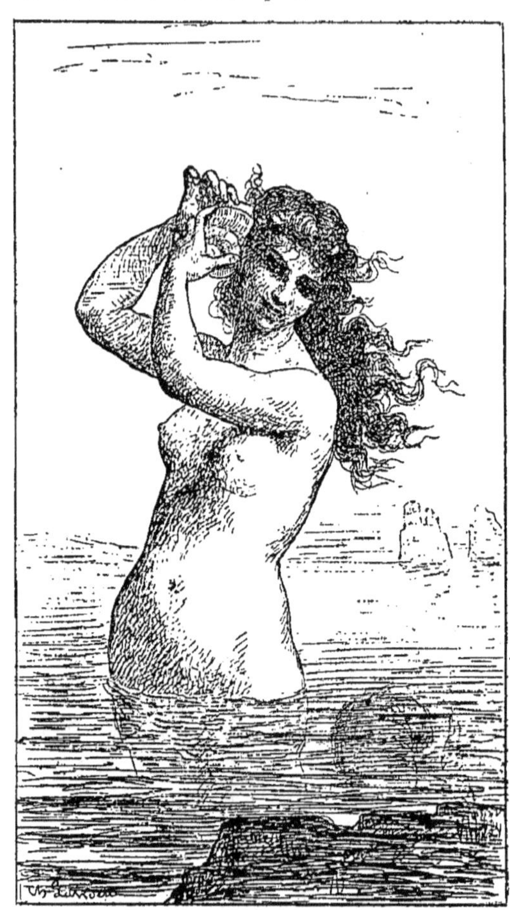

1751. LANDELLE (C.). H. C. *La Sirène.*

1880 LE MARIÉ DES LANDELLES (É.). *Le Mesnil de Bréhal* (Manche).
1881 LEMARIÉE (P.). *Une rue à Nangis* (Seine-et-Marne).
1882 LEMATTE (J.-F.-F.). **H. C.** *La famille; peinture décorative.*
1883   —   *Portrait du comte de L...*
1884 LEMÉNOREL (E -É.). *Les meurtriers de Sigebrand montrent à Ba-thilde, femme de Clovis II, les vêtements ensanglantés de leur victime.*
1885 LEMONNIER (C.). *Portrait d'enfant.*
1886 LEMONNIER (L). *Au bord du ruisseau.*

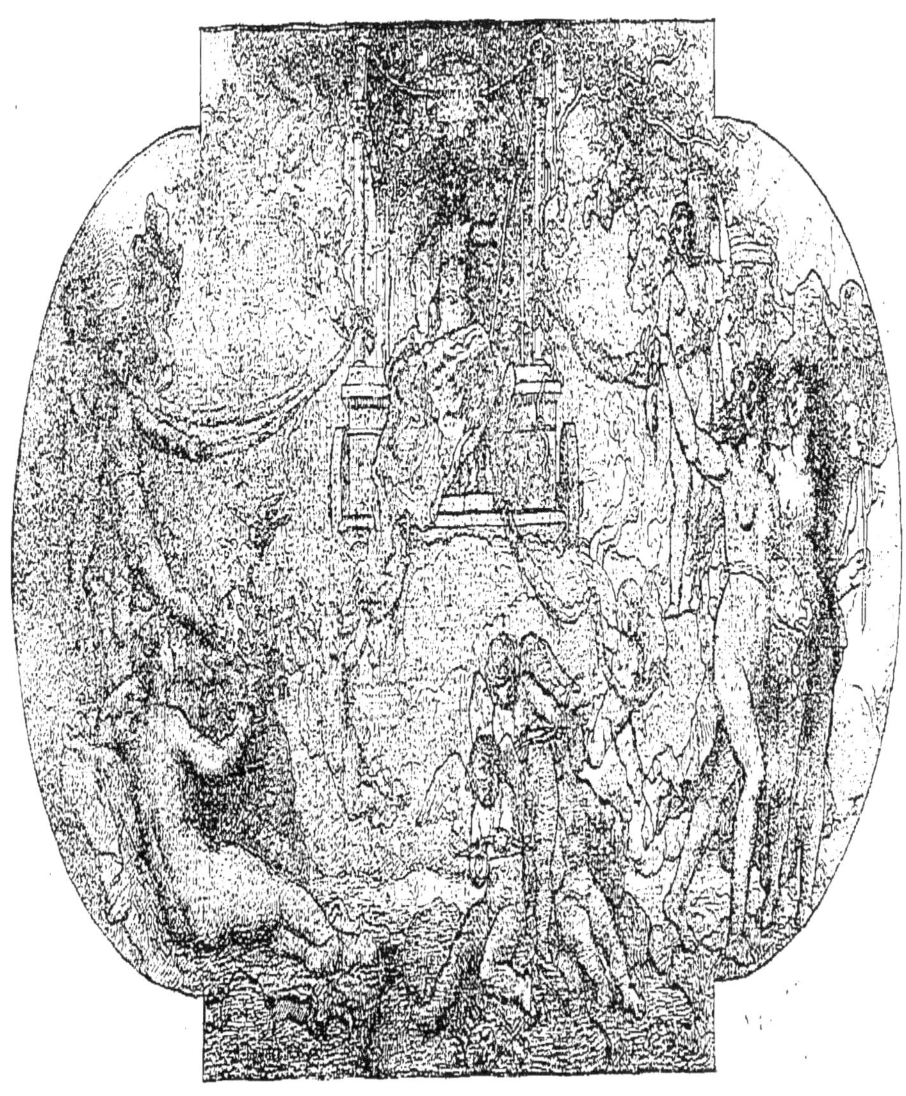

1786. LAUGÉE (D.-F.). H. C. *Le triomphe de Flore ; peinture décorative.*

1887 LE MORE (P.). *Un temps de galop.*
1888 LE NAIL (M.-E.-J.). *Du rendez-vous à l'attaque; Sologne.*
1889 LE NATUR (M.-J.). *Bibelots.*

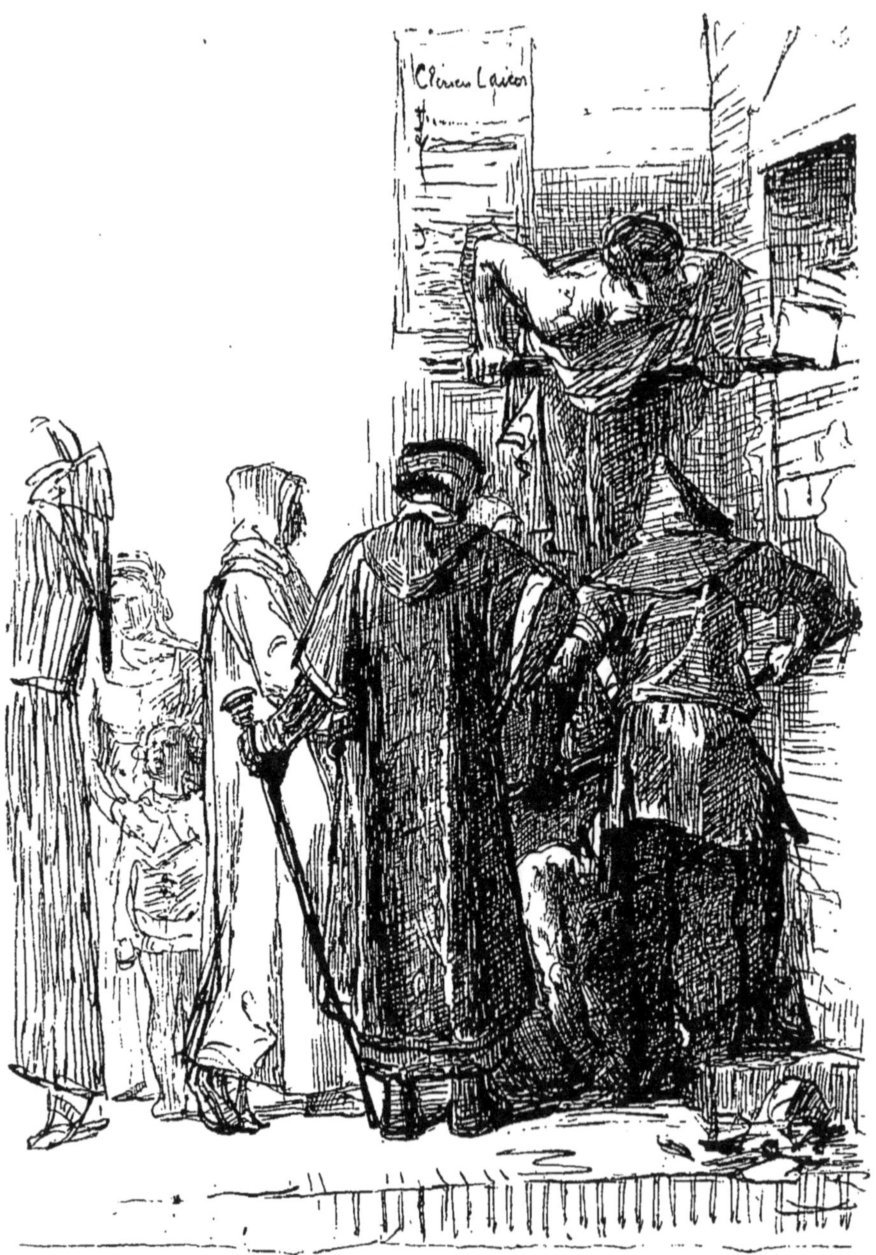

1790. LAURENS (J.-P.). H. C. *Délivrance des emmurés de Carcassonne.*

1890 LENGLET (A.-A.). *La Victoire cède à la Force.*
1891   —   *Portrait de Mme A. L...*   [Amrou.
1892 LENOIR (P.-M.). *Le Caire, vu de la route de la mosquée du sultan*

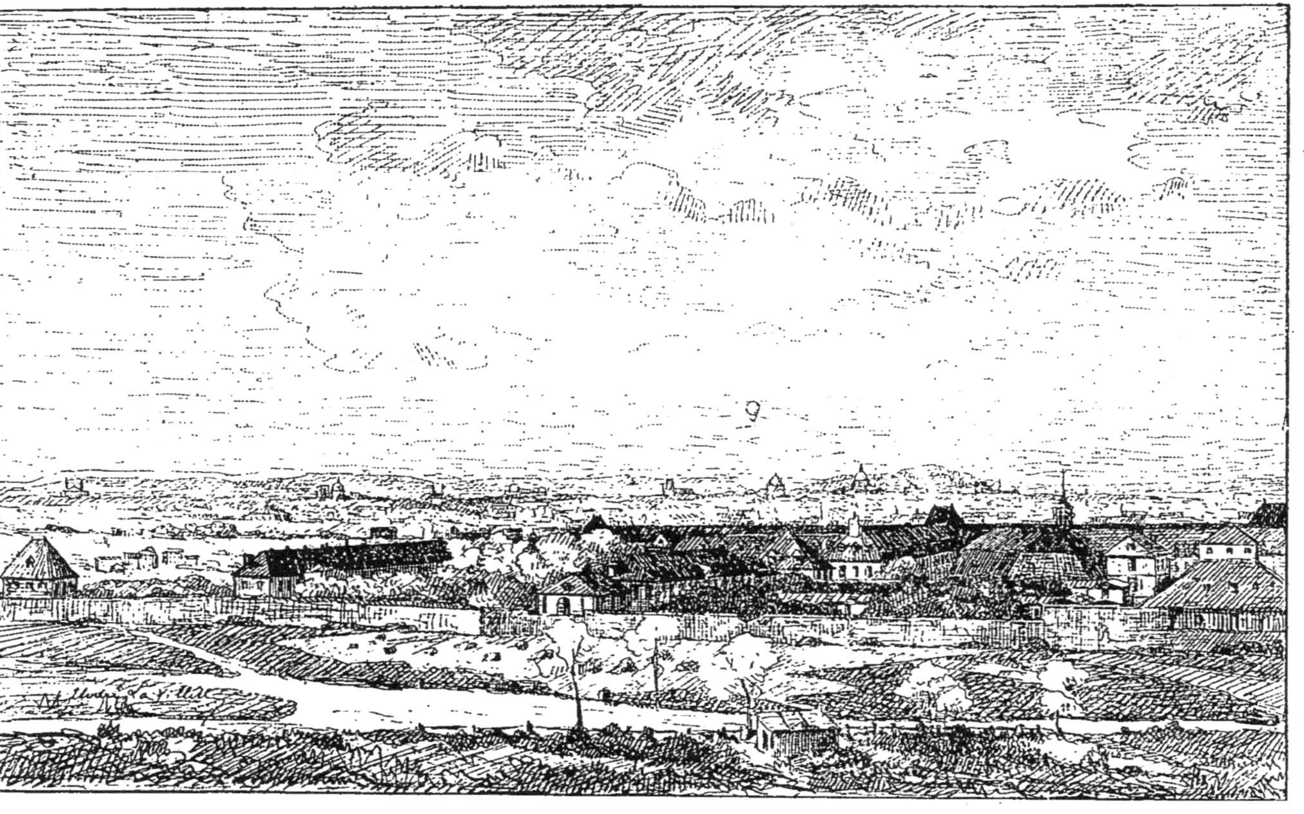
1807. LA VILLETTE (Mme É.). *Paris en 1878, vu du fort de Bicêtre.*

1893 LÉO (L.). *Portrait de Mlle ***.*
1894 — *Une Boulonaise.*
1895 LEON y ESCOSURA. *Le prisonnier*

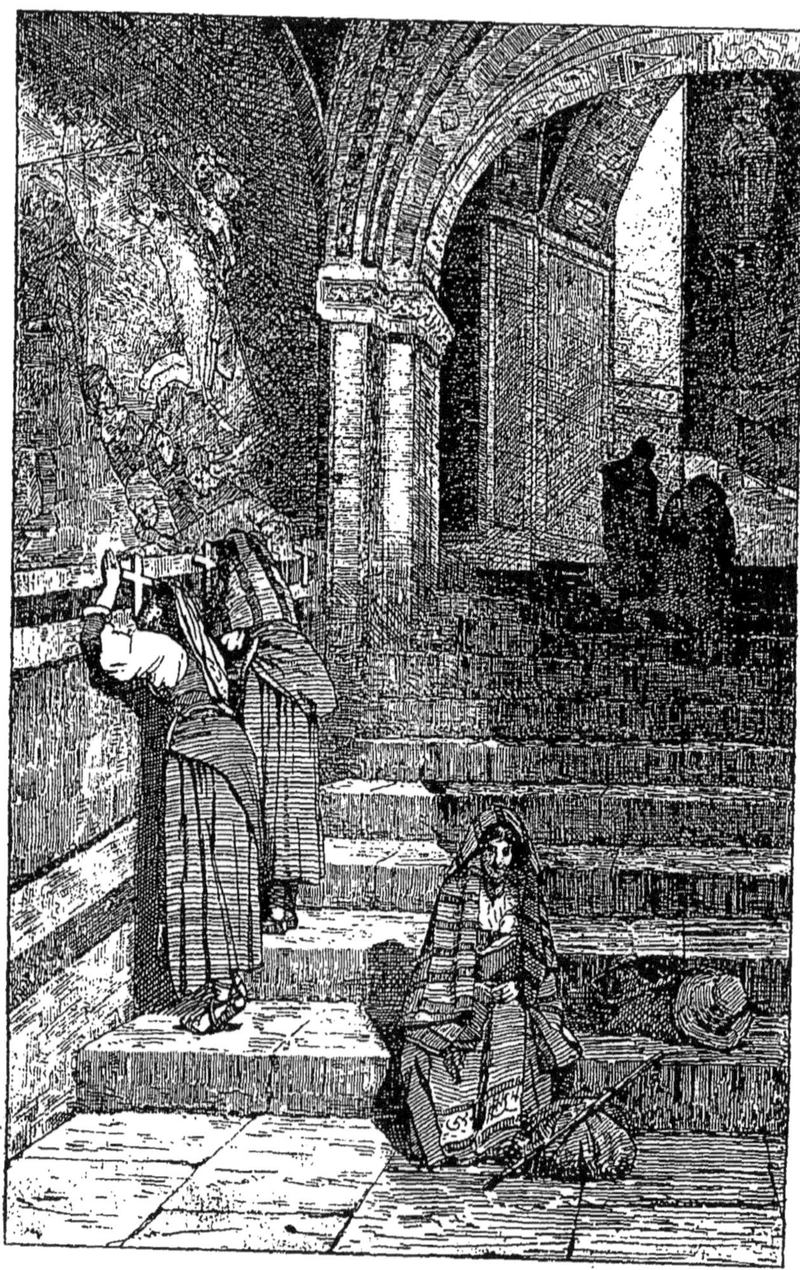

1818. LEBEL (E.). H. C. *Escalier saint à San Benedetto, près de Subiaco (Italie).*

1896 LÉPAULLE (F.-G.-G.). **H. C.** *Vic-sur-Cère* (Cantal).
1897 — *Portrait du docteur Dieder.*
1898 LEPIC (L.-N.). *La pêche au hareng d'Écosse, par les bateaux de Berck.*
1899 — *La Vierge de Grosfliers, à Berck* (Pas-de-Calais).

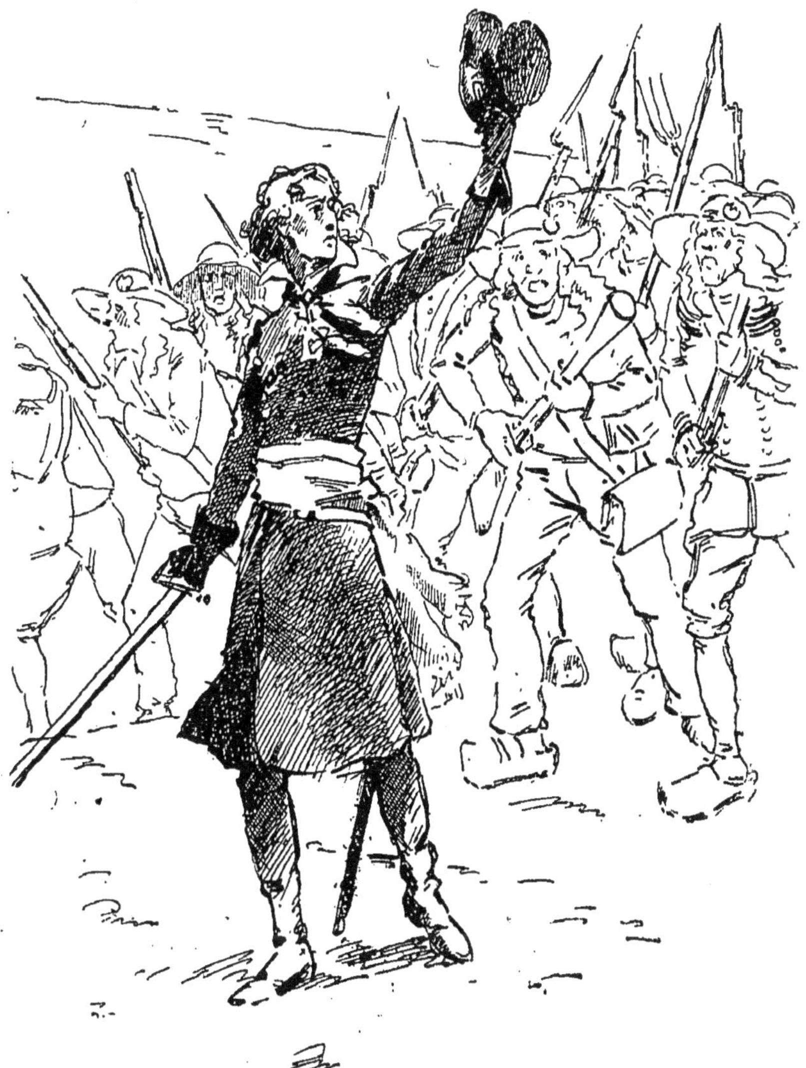

1821. Le Blant (J.). *Henri de la Rochejacquelein.*

1900 LEPINE (S.). *Un quai, à Paris.*
1901 LE POITTEVIN (L.). *Environs d'Étretat* (Seine-Inférieure); *marine.*
1902 — *Lilas.*
1903 LEPRAT (P.). *Une prairie dans l'Allier, le matin.*
1904 LERAY (P.-L.). *Le haut du pavé.*
1905 — *Le départ de la diligence.*

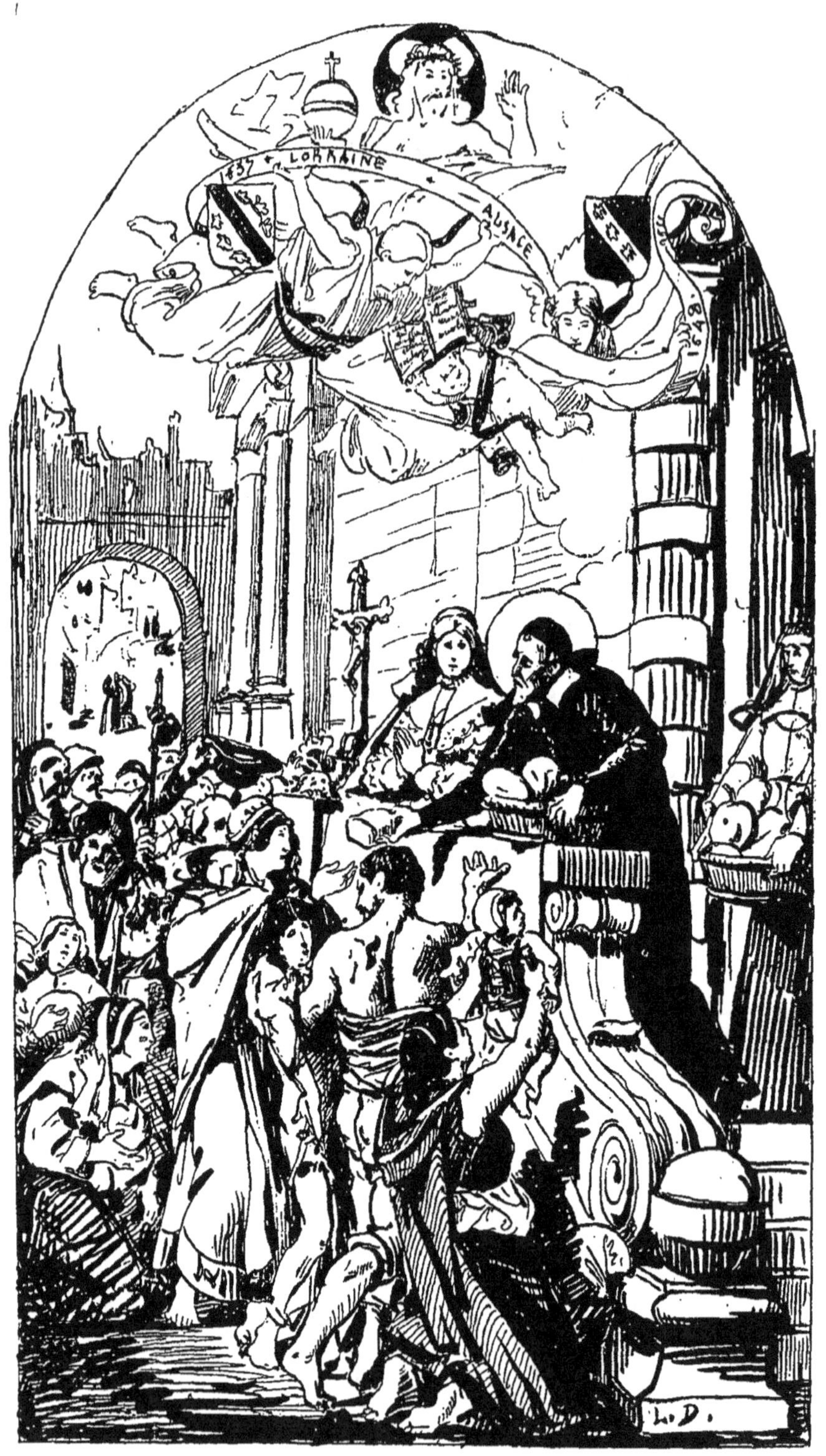

1906 LEROLLE (H.). *Jacob chez Laban.*
1907 LE ROUX (C.-M.-G.). **H. C.** *Un chêne au bord d'un marais.*
1908   — *Lever de brume, près de Paimbœuf* (Loire-Inférieure).
1909 LE ROY (H.). *Vue de Montigny-sur-Loing* (Seine-et-Marne).
1910   — *Ferme à Saint-Valéry-en-Caux* (Seine-Inférieure).
1911 LESAGE (L.-E., SAHIB). *Un ris aux huniers.*

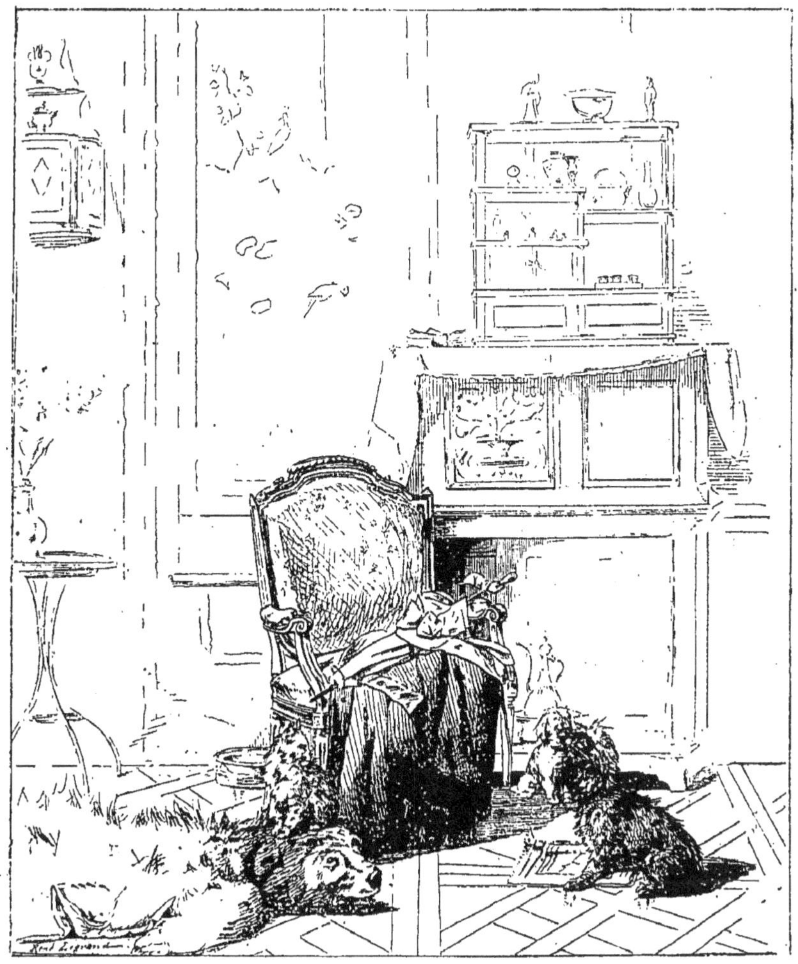

1854. LEGRAND (R.). *Sans être annoncés.*

1912 LE SÉNÉCHAL DE KERDRÉORET (G.-É.). *Marée basse à Veules-en-Caux* (Seine-Inférieure).
1913 LESREL (A.-A.). *La France retrouvant le cadavre d'Henry Régnault.*
1914   — *Marie de Médicis reçoit des présents de Henri IV.*
1915 LETOURNEAU (É.). *Portrait de Mme A...*
1916 LETRONE (L.). *Grève près Saint-Jean-de-Luz* (Basses-Pyrénées).
1917 LE VILLAIN (A.-E.). *Un verger, à Yport* (Seine-Inférieure).
1918 LÉVY (É.). **H. C.** *Les jeunes époux.*

1919 LÉVY (E.). **H. C.** *Portrait de Mme la baronne de C...*
1920 LÉVY (H.-L.). **H. C.** *Jésus au mont des Oliviers.*

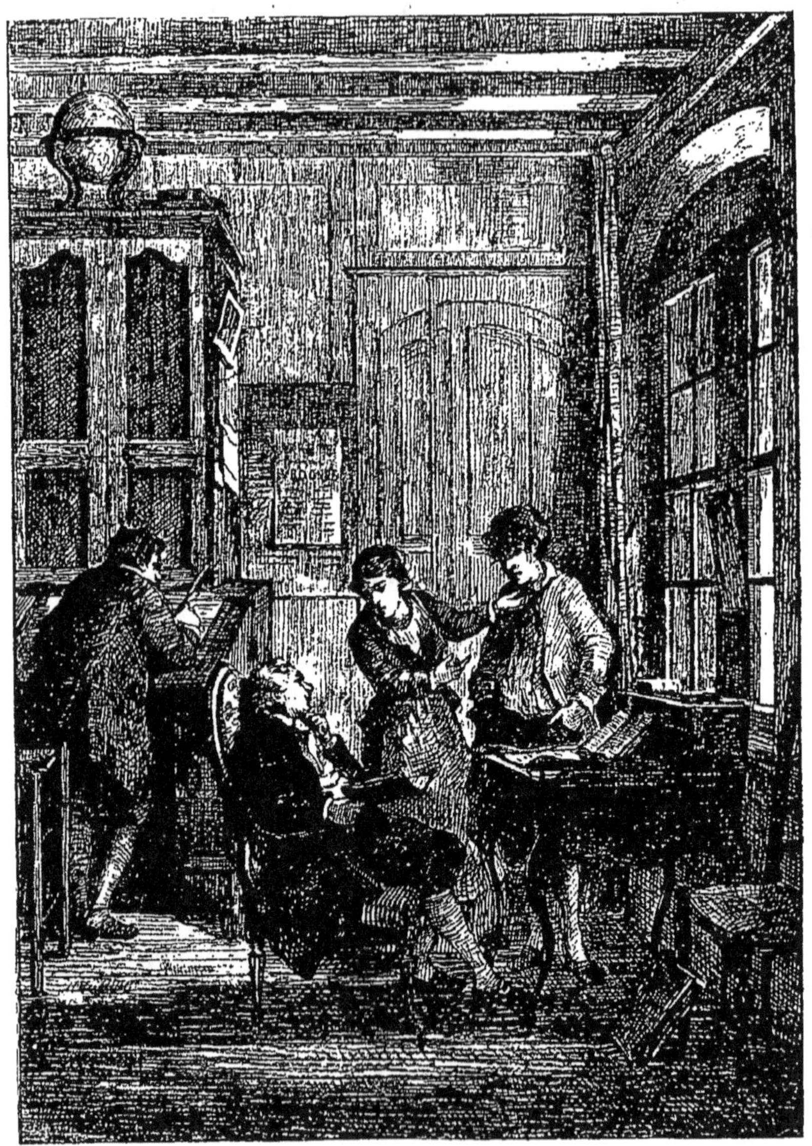

1867. Leleux (Armand). **H. C.** *Qui a bu, boira!*

1921 LEYENDECKER (P.-J.). *Une présentation chez Mme Tallien.*
1922   —   *Portrait de M. H. L...*
1923 L'HAY (M. DE). *La marée basse.*
1924 LHERMITTE (L.-A.). *Le pardon de Ploumanach' (Finistère).*

1925 L'HERNAULT (J.). *Tireuse de cartes.*
1926 — *L'avare.*
1927 LIBERMANN (M.). *Intérieur hollandais.*
1928 — *Petite rue à Zandvoors* (Pays-Bas).
1929 LIGIET DE LA PRADE (J.-F.-E.). *Une ferme à Auffay* (Seine-Inf.).
1930 LINDSTROM (A.-M.). *En février, dans la forêt de Fontainebleau.*
1931 LIPHART (E. DE). *Derby olympien.*
1932 — *Une terrasse à Florence.*
1933 LIPPINCOTT (W.-H.). *Un jour de congé.*
1934 LIRA (P.-F.). *Archibald Douglas en exil.*
1935 — Primavera.

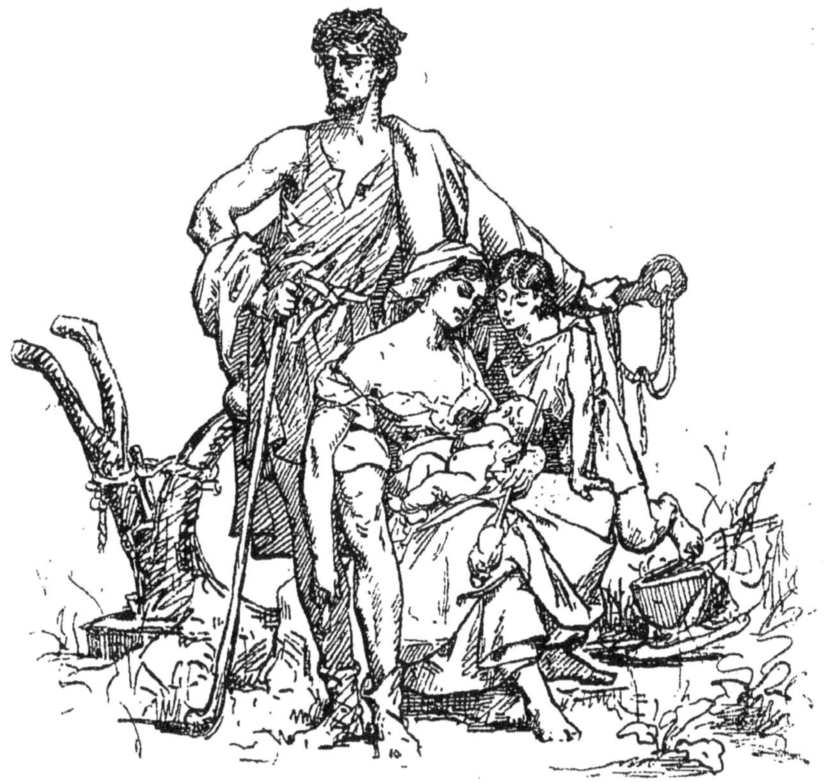

1882. LEMATTE (J.-F.-F.). H. C. *La famille ; peinture décorative.*

1936 LIX (F.-T.). *Perles et corail.*
1937 LIZÉ (C.). *Plage du Calvados.*
1938 LOBBEDEZ (C.-A.). *Soins maternels.*
1939 — *Bouquets de fête.*
1940 LOBRICHON (T.). *Allant au bain.*
1941 — *Portrait de Mlle Juliette d'A...*
1942 LŒWE (J.-F.-A.). *Abdication de Marie Stuart.*
1943 — *Le petit Pierre.*
1944 LOIR (Luigi). *Un coin de Bercy, pendant l'inondation.*
1945 LOIRE Léon). *La lecture.*

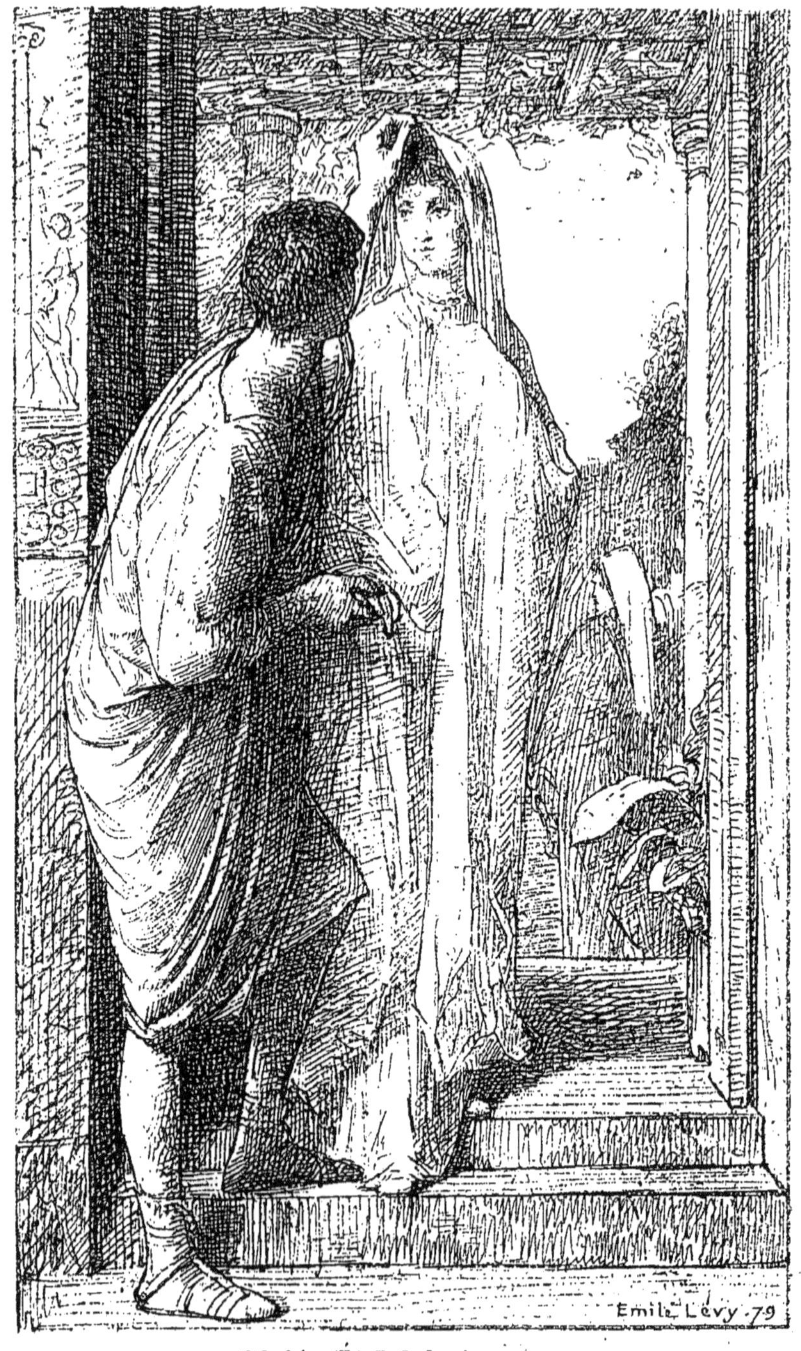

1918. LÉVY (É.). H. C. *Les jeunes époux.*

1946 LOISEL (G.). *Plage des Vaches-Noires, à Villers-sur-Mer* (Calvados).
1947 LOOMIS (C.). Viola.
1948 — *La présentation du prétendu.*
1949 LOPINOT (T.-A.). *Un verger à Dinard* (Ille-et-Vilaine).
1950 LOPISGICH (G.-A.). *Les carrières Lagache* (Oise).
1951 LORIAC (Mlle V.). *Le pansement.*
1952 LOSIK (J.-T.). *Portraits de M. et de Mme de T...*
1953 LOS RIOS (R. DE). *Paysage et animaux.*
1954 LOTTIER (L.). *La vallée de Maysi* (Aisne).
1955 — *Vue de Tripoli* (Syrie) ; *marine.*
1956 LOUBAT (H.). *Portrait de Mme H. Loubat.*
1957 LOUBET (J.-L.). *Portrait du marquis de V...*
1958 LOUDET (A.). *La petite sœur quêteuse.*
1959 LOURDEL (Mme H.). *Une table de travail.*
1960 LOUSTAU (J.-L.-J.). *La fuite d'Inez et d'Hélène.*
1961 — *On s'amuse, mais on a du cœur.*
1962 LOUSTAUNAU (L.-A.-G.). *Un mariage de raison.*
1963 LOUTREL (V.-J.-B.). *Un mignon agaçant un perroquet.*
1964 LOYEUX (C.). *La* Vendetta.
1965 — *Les échecs.*
1966 LUBIN (J.-D.). *Le berceau vide.*
1967 LUCAS (M.-F.-H.). *Job et ses amis.*
1968 — *Portrait du docteur J. M...*
1969 LUDWIG (A.). *Une trouvaille.*
1970 — *Une tâche difficile.*
1971 LUMINAIS (É.-V.). **H. C.** *Mort de Chramn.*
1972 — *Départ pour la chasse, dans les Gaules.*
1973 LUMINAIS (Mme H.). *Dieux pénates.*
1974 LUNIOT (L.-E.). *Belle-Croix.*
1975 LUTSCHER (F.). *Hiver dans les bois.*
1976 — *Matinée de Printemps.*
1977 LUZEAU (F.-A.). *La plage de Bonne-Source, près de Portnichet* (L.-Inf.).
1978 MABBOUX (H.-L.). *Les mangeurs de moules bruxellois.*
1979 MACHARD (J.-L.). **H. C.** *Portrait de Mme J. M...*
1980 — *Portrait du vicomte d'A...*
1981 MACHELL (R.). *Portrait de Mlle N. de S...*
1982 MADRAZO (R. DE). *Le dernier regard.*
1983 MAETERLINCK (L.). *Le ramier blessé.*
1984 — *Portrait de Mlle L. L...*
1985 MAHAUT (M.). *Une vestale.*
1986 MAHIEU (J.-C.-H.). *Un salon; souvenir d'un hôtel de Tours.*
1987 MAIGNAN (A.). **H. C.** *Le Christ appelle à lui les affligés.*
1988 MAIGRET (G.-E.). *Mort du commandant Saillard, à Épinay, 1870.*
1989 — *Maraudeurs; souvenir du siège de Paris (1870-1871).*
1990 MAILLART (D.-U.-N.). **H. C.** *Le jugement de Pâris.*
1991 — *Portrait de M. L. B..., député.*
1992 MAINCENT (G.). *Quai aux Fleurs.*
1993 MAISIAT (J.). **H. C.** *Panneau décoratif.*
1994 MALARD (F.). *Une rue à Villefranche-sur-Mer* (Alpes-Maritimes).
1995 MALBET (Mlle A.-L.). *Fleurs.*
1996 — *Fruits.*
1997 MALBET (C.-W.). *Fruits.*

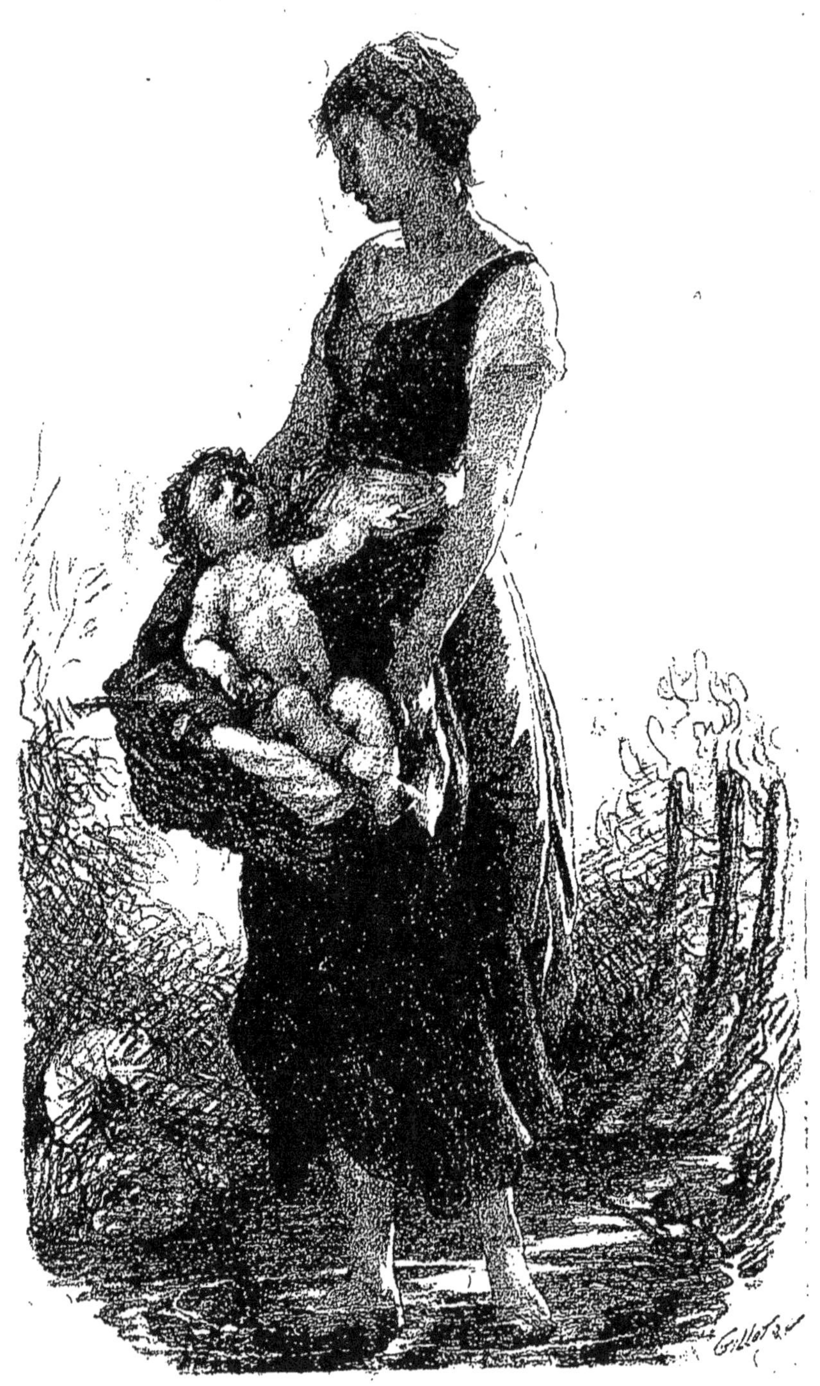

1940. LOBRICHON (T.). *Allant au bain.*

1998 MALBET (C.-W.). *Nature morte.*
1999 MALBET (Mlle D.-O.). *Nature morte.*
2000   —   *Huîtres.*
2001 MALÇAY (A.). *Rendez-vous de chasse à Chambord* (Loir-et-Cher).
2002 MALHERBE (Mlle P.). *Une coupe de fleurs.*
2003 MALLET (J.-X.) *Dès l'aube.*
2004   —   *Vanneurs et vanneuses.*
2005 MALLON (Mme C.). *Portrait de Mme M...*

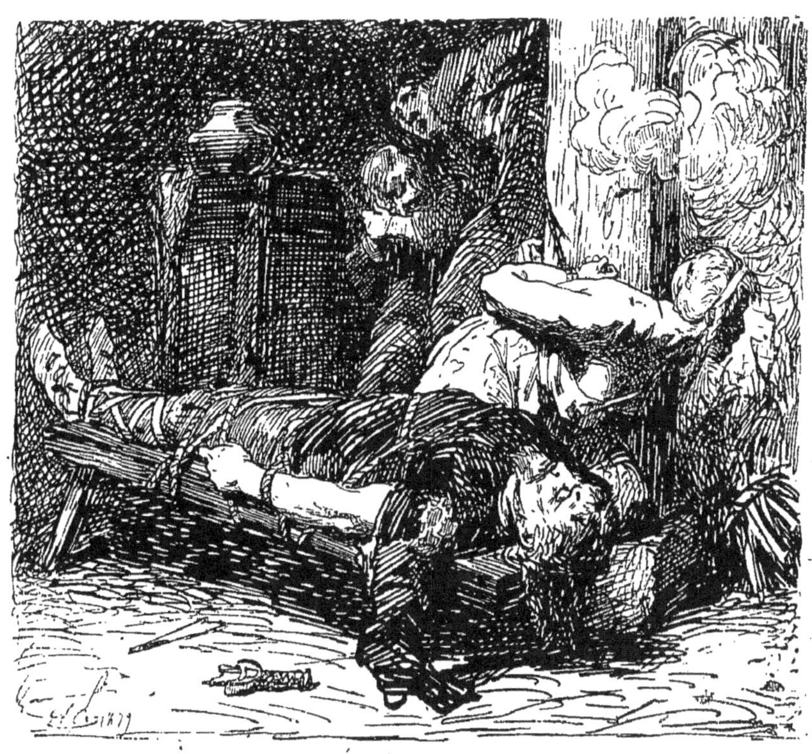

1971. LUMINAIS (É.-V.). H. C. *Mort de Chramn.*

2006 MALOISEL (É.). *Bords de la Bièvre à la Glacière; effet de matin.*
2007   —   *L'entrée du bois de Meudon.*
2008 MALVAL (É. DE). *Jeune pêcheur.*
2009 MAMON (Mlle M.-R.). *Portrait de M. H. de la Pommeraye.*
2010 MANET (É.). *Dans la serre.*
2011   —   *En bateau.*
2012 MANGIN (M.). *Oliviers; hiver à Sorrente* (Italie).
2013 MANZONI (P.). *Marée montante, près de Bristol* (Grande-Bretagne).
2014 MARAIS (A.-C.). *Un orage aux environs d'Arundel* (Grande-Bretagne).
2015   —   *Chemin de la ferme de Blakchurst, comté de Sussex.*
2016 MARCHAL (Mlle L.). *Un vanneur.*
2017 MARE (T. DE). *Portrait de Mme M...*
2018 MARECHAL (A.-C.-A.). *Un civet.*
2019 MARESCHAL (É.). *Falaises du Tréport* (Seine-Inférieure); *le matin.*

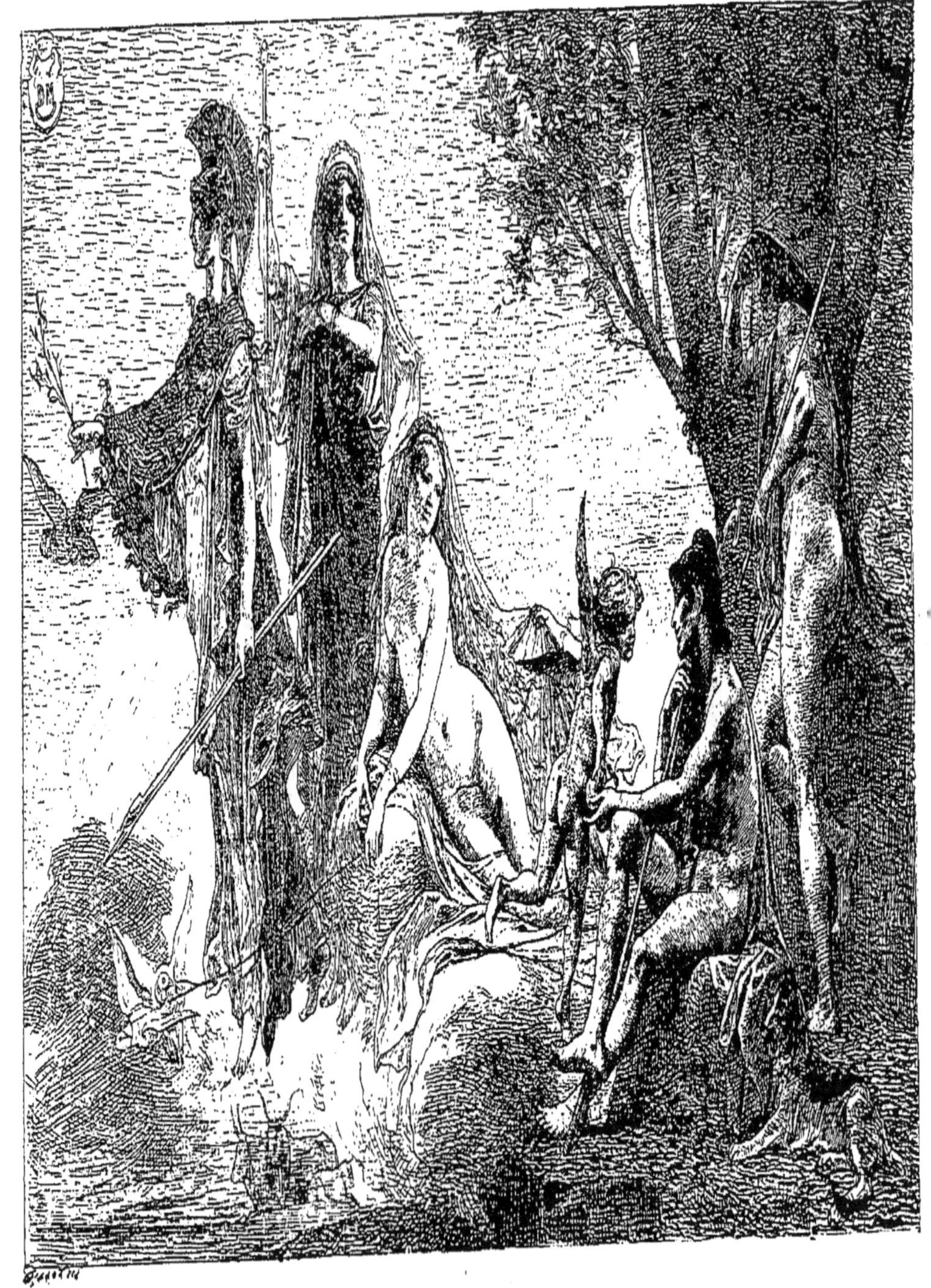

930. Maillart (D.-U.-N.). H. C. *Le jugement de Pâris.*

2020 MAREST (Mlle J.). *Portrait de Mme C...*
2021 — *Portrait de Mlle de M...*
2022 MARGOTTET (É.-H.). *Pommes et grenades.*
2023 MARIE (A.). *Un petit avare.*

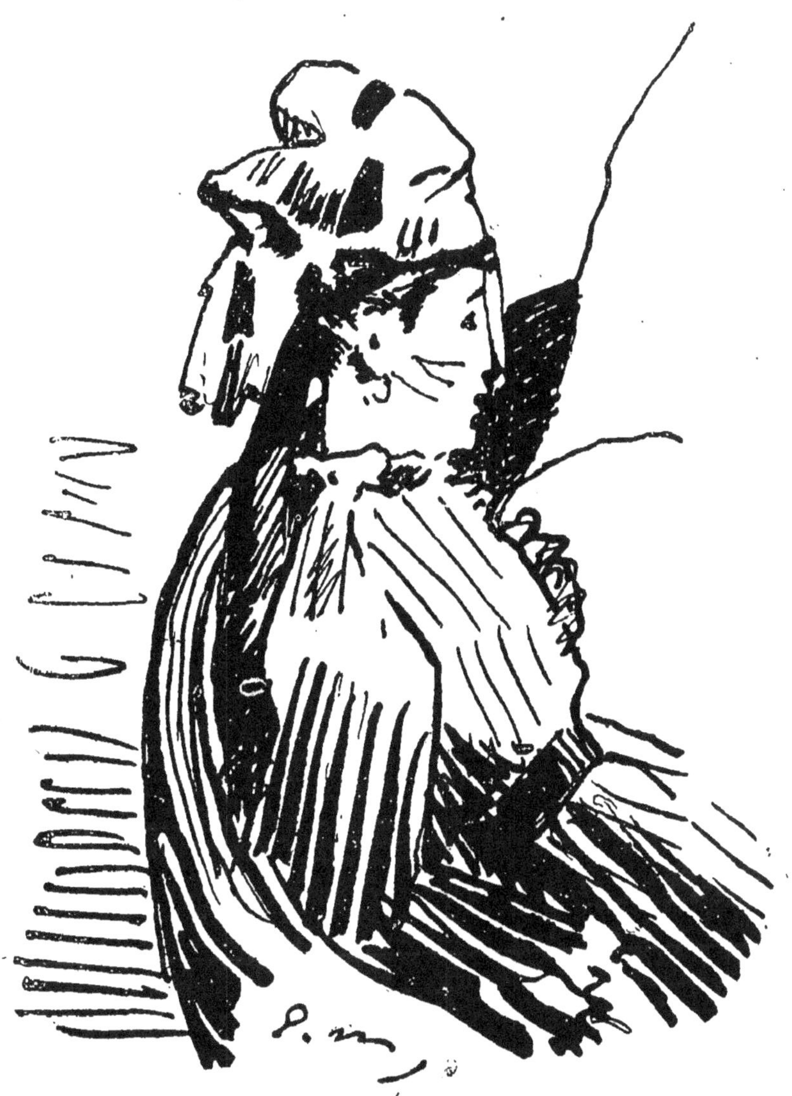

2011. MANET (.É). *En bateau.*

2024 MARINIER (A.-H.). *Bibelots d'Orient.*
2025 — *Le pont Solférino, à Paris.*
2026 MARION (E.). *Portrait de M. O...*
2027 MARIUS (H.). *Nature morte.*
2028 MARMONIER (Mlle A.). *St Jean-Baptiste.*
2029 — *Portrait de Mme M...*

2030 MARQUANT-VOGEL (P.-A.). *Portrait de Mme M...*
2031 MARQUERIE (G.-L.). *Portrait de Mlle M. Z...*
2032　　— 　*Portrait d'enfant.*

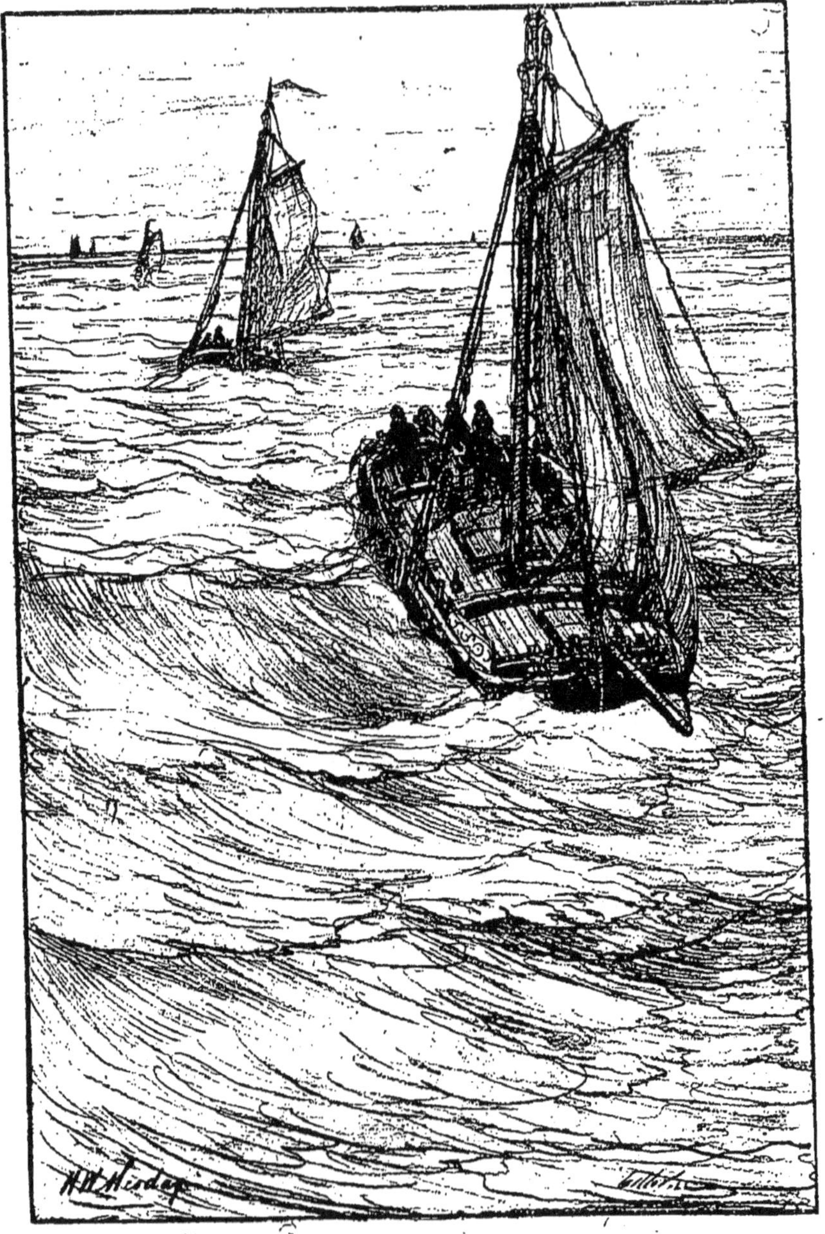

2116. MESDAG (H.-W.). *Rentrée des pêcheurs, Scheveningue (Pays-Bas).*

2033 MARQUET (G.-C.) *La fuite en Égypte.*
2034　　— 　*Portrait de M. J. D...*

2035 MARSAL (É.-A.). *Portrait de M. Ménard Dorian, député.*
2036 MARTIN (A.-L.). *Souvenir des Moulineaux; étude.*

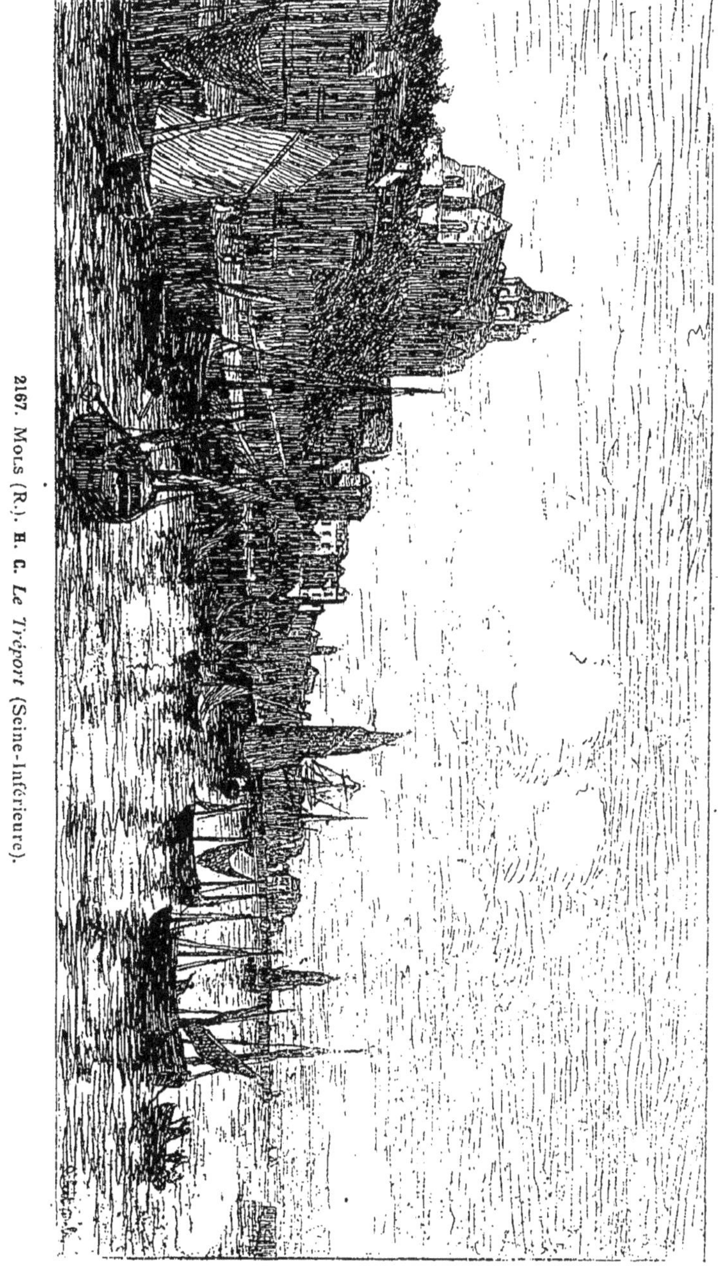

2167. MOLS (R.). H. C. *Le Tréport (Seine-Inférieure).*

2037 MARTIN (A.-L.). *Au Bas-Meudon (Seine-et-Oise); étude.*
2038 MARTIN (E.-P.) *Enfance du naturaliste Swammerdam.*
2039 MARTIN (F.). *Effet de neige; porte de Villiers.*

2040 MARTIN (F.). *Nature morte.*
2041 MARTIN (G.). *Portrait de Mlle E. C...*

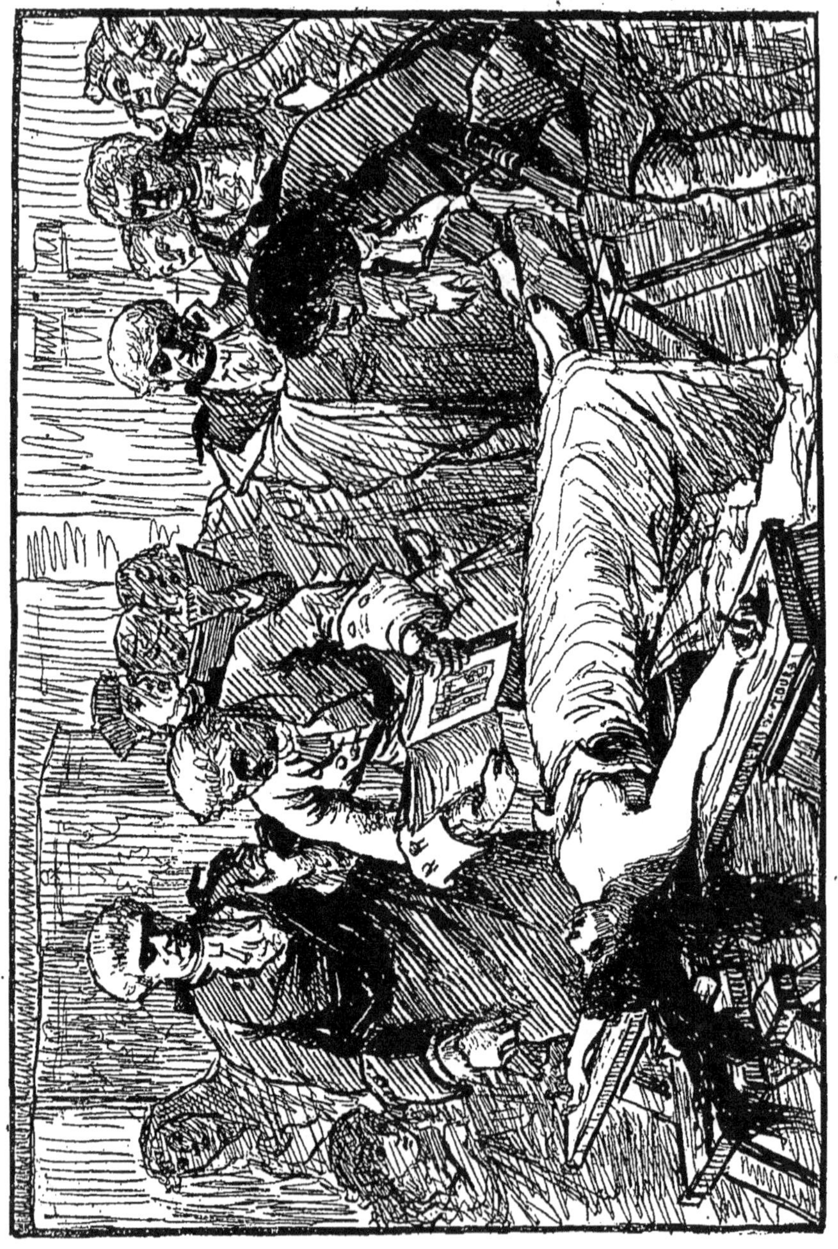

2183. MOREAU DE TOURS (G.). *Une extatique au xviiie siècle.*

2042 MARTIN (V.). *Un matin au bord de la Marne.*
2043 — *Dessert d'automne.*
2044 MARTIN-CHABLIS (J.-E.). *La neige*

2045 MARTINET (L.). *Le soir; paysage.*
2046 — *Une plaine.*
2047 MARTINUS-KUYTENBROUWER. *Les sangliers.*
2048 MARX (A.). *Pour le souper.*
2049 MARY (Mlle E.). *La foi et le désespoir.*
2050 MARZOCCHI de BELLUCCI (N.). *Le* bou Saadia (*père la Chance*).
2051 MASO (F.). *La fête du Recteur de l'Université de Salamanque.*
2052 — *Léda.*
2053 MASSÉ (Mlle B.). *Ste Monique.*
2054 — *Portrait de Mlle B. M....*
2055 MASSÉ (E.). *Paysanne valaque.*
2056 MASSIP (Mme M.). *Portrait de M. L...*
2057 MASSON (B.). *La Guerre et la Paix; panneau décoratif.*
2058 MASURE (J.). *Matinée au cap d'Antibes* (Alpes-Maritimes).
2059 — *Coup de vent sur la côte de Granville* (Manche).
2060 MATHÉ (Mlle É.). *La tricoteuse.*
2061 MATHEY (P.). *Portrait de Mme B...*
2062 — *Environs de Douarnerez* (Finistère); *étude.*
2063 MATHIEU (Mme M.). *Une romance.*
2064 MATHIEU (O.-P.). *Le matin.*
2065 — *Portrait de M. P...*
2066 MATHON (É.-L.). *L'accalmie; soleil couchant en mer.*
2067 MATIFAS (L.). *Près Saint-Martin* (Oise).
2068 — *La Serva* (Vosges).
2069 MATOUT (L.). **H. C.** *Jésus chez Simon le Pharisien.*
2070 — *Portrait de Mme Matout, mère de l'auteur.*
2071 MAUCHERAT de LONGPRÉ (P.-H.-G.). *Pivoines et lilas.*
2072 MAULER (E.). *Vieux souvenirs!*
2073 MAUPEOU (Mme C., vicomtesse de). *Portrait de Mlle de B...*
2074 MAY (E.-H.). *Portrait de lady Albert Pilham Clintin.*
2075 — *La curiosité.*
2076 MAYAN (F.-E.). *L'Aïro, à Rognac* (Bouches-du-Rhône).
2077 MAYEUR (M.). *Un chemin, en Bretagne.*
2078 MAYNARD (G.-W.). *Portrait de M. ***.*
2079 MAZIÉS (J.-P.-V.). *Portrait de M. Maurice Maupeu.*
2080 MAZZAROLLI (Mlle T.). *Avant le travail; jeune fille vénitienne.*
2081 — *Guitare et violon.*
2082 MÉA (Mlle S.). *Buire et plateau en cristal de roche;* xvi^o *siècle.*
2083 — *Aiguière; onyx; vase antique;* xvi^o *siècle; vidercome, etc.*
2084 MÉDARD (E.). *Une retraite.*
2085 MÉDARD (J.-F.). *Fleurs.*
2086 MEDDY (Mme B.). *Il Bosco, à l'Académie de France, à Rome.*
2087 MÈGE (S.). *Place de la Cathédrale, à Bayonne.*
2088 — *Portrait de M. H. J...*
2089 MÉGRET (Mlle F.). *Portrait de Mme ***.*
2090 MEISTER (P.). *Oiseaux et fruits.*
2091 MÉJANEL (P.). *Un prêche protestant, à Celle-L'Évécault* (Vienne).
2092 MÉLIDA (E.). *Les rendez-vous.*
2093 — *Autant en emporte le vent.*
2094 MÉLIN (J.). **H. C.** *Un défaut.*
2095 — *Un relais; chiens anglais et bâtards.*
2096 MÉLINGUE (G.). *Edward Jenner.*

2097 MÉLINGUE (L.). **H. C.** *Le prévôt des marchands Étienne Marcel et le dauphin Charles.*
2098 MELLÉ (A.-L.). *Carrières à Gentilly* (Seine); *effet de neige.*
2099 MELON (P.-J.). *L'ensevelissement du Christ.*

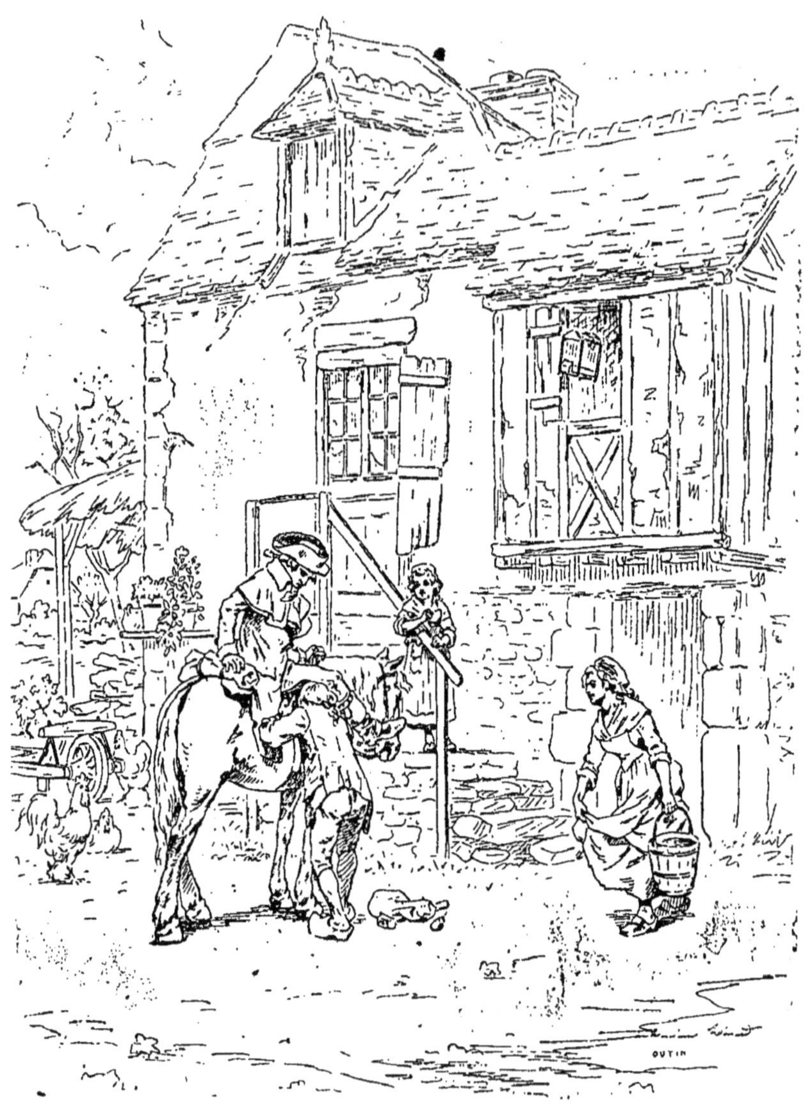

2291. Outin (P.). *La halte.*

2100 MÉNDEZ (M.-G.). *Portrait de Mme de E...*
2101 MENDILAHRAZU (G.). *Le premier chagrin.*
2102 MENGIN (A.). *Portrait de Mme G...*
2103 — *Portrait de M. Mounet-Sully.*

2104 MERCIER (Mlle L.). *Visite au château.*
2105   —   *Un héron.*
2106 MERLE (G.). *Timon d'Athènes, le misanthrope.*
2107   —   *Une ligueuse.*
2108 MERLE (H.). **H. C.** *Le Rédempteur.*
2109 MERLIN (V.-L.). *Portrait de Mme T...*
2110   —   *Portrait du docteur Cheurlot.*
2111 MERSON (L.-O.). **H. C.** *St Isidore, laboureur.*
2112   —   *Le Repos en Egypte.*
2113 MERTENS (Mlle F. DE). *Portrait de Mme H...*
2114 MERWART (P.). *Portrait de Mlle L. C...*
2115 MÉRY (A.-É.). *Nés avant terme ; peinture à la cire.*
2116 MESDAG (H.-W.). *Rentrée des pêcheurs, Scheveningue (Pays-Bas.*
2117   —   *Marché aux poissons, à Groningue (Pays-Bas), l'hiver.*
2118 MESDAG (Mme S.). *A la bruyère ; effet du matin.*
2119   —   *Nature morte.*
2120 MESGRIGNY (F. DE). *Environs de Lagny (Seine-et-Marne).*
2121   —   *Bords de la Marne.*
2122 MÉTIVET (Mme M.). *Deux amis.*
2123 METZELAAR (C.). *Intérieur d'atelier.*
2124 METZMACHER (É.-P.). *Le fruit défendu.*
2125   —   *Le saut du loup.*
2126 MEUNIER (T.). *Portrait de M. Jeweller.*
2127 MEUNIER (V.-A.). *Les bruyères ; souvenir de Clairfontaine (Aisne).*
2128 MEURENT (Mlle V.-L.). *Bourgeoise de Nuremberg, au xvi° siècle.*
2129 MEYER (L.). *Portrait de Mme ***
2130 MEYERHEIM (P.). *Charbonniers du Tyrol.*
2131   —   *Nature morte.*
2132 MEYNIER (J.-J.). **H. C.** *Pressentiments de la Vierge.*
2133   —   *Le lever.*
2134 MEYSSAT (A.). *Portrait de M. H. G...*
2135 MEZZARA (C.). *Rêverie.*
2136   —   *La mère du marin.*
2137 MEZZARA (F.). *Légumes.*
2138   —   *Écrevisses.*
2139 MICHEAU (É.). *Portrait d'enfant.*
2140   —   *Portrait d'enfant.*
2141 MICHEL (C.-H.). **H. C.** *Jésus la voie et la vie.*
2142 MICHEL (F.-É.). *La Moselle à Liverdun ; matinée d'octobre.*
2143   —   *Un étang (Meuse).*
2144 MICHEL (L.-H.). *L'office.*
2145   —   *La desserte.*
2146 MICHEL (M.). *La petite qui tousse.*
2147 MICHEL-LÉVY. *Les régates.*
2148   —   *Rêverie.*
2149 MICHELEZ (L.). *La mare de la Grange-des-Bois (Seine-et-Oise).*
2150   —   *Le printemps à Gillevoisin (Seine-et-Oise).*
2151 MILIUS (F.-A.). *Portrait de M. Edward M...*
2152 MILLET (F.). *Vaches sortant d'une étable, vallée de la Wormsalh.*
2153 MILLET (F.-D.). *Les pacificateurs, à San-Stéphano.*
2154 MILLIET (Mlle L.). *La danse.*
2155 MILLOCHAU (É.-J.). *Portrait de Mlle C. M...*

2156 MINET (E.-L.). *Un envoi de fleurs.*
2157 — *Une bouquetière.*
2158 MION (L.). Nina, *jeune fille vénitienne.*
2159 MIQUEL (C.-A.). *Portrait de M*lle *E. M...*

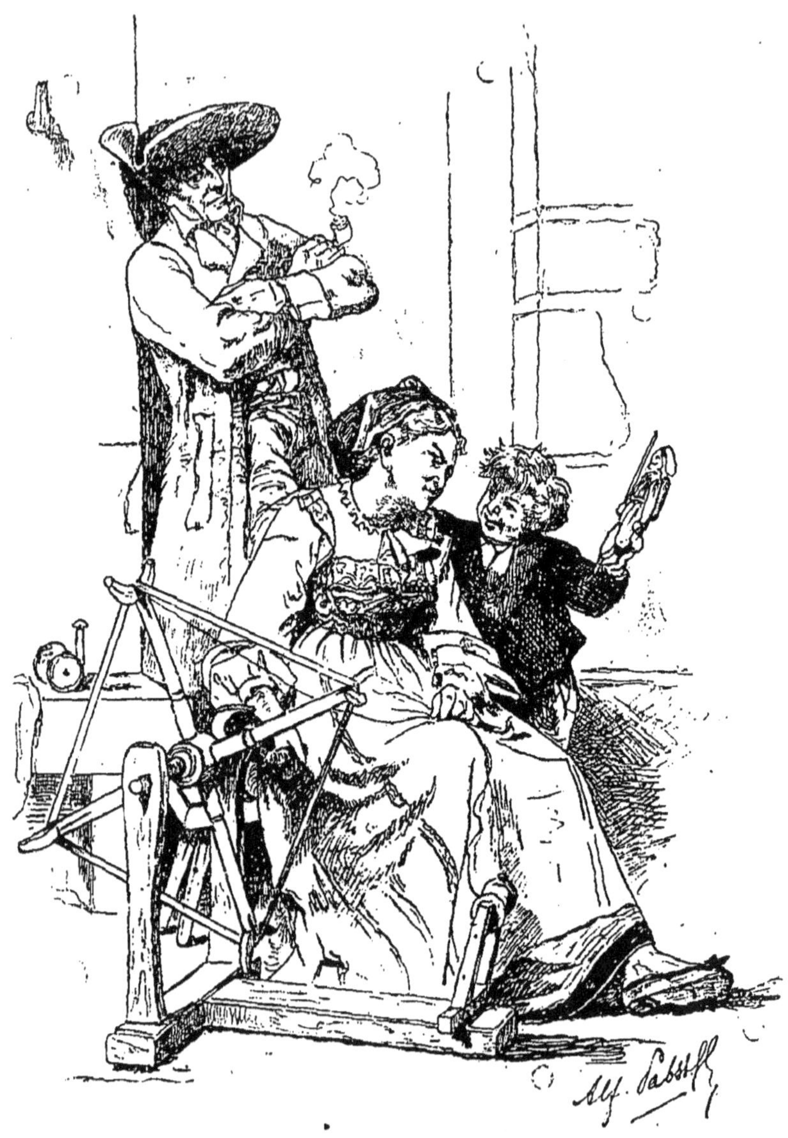

2292.* PABST (C.-A.). *Le cadeau du grand-père.*

2160 MIRALLES (F.). *Le Choix.*
2161 — *Portrait de M*lle *M. M...*
2162 MIRAMOND (A.). *Portrait de M*lle...
2163 MITTENHOFF (A.-F.-A.). *Merlimont* (Pas-de-Calais).

2164 MITTEY (J.). *Le Déjeuner interrompu.*

2165 MOHLER (G.-J.-L). *Un chien à la porte d'une bergerie.*

2166 MOLS (R.). **H. C.** *Le Vieux Port, à Marseille, en décembre.*

2167 — *Le Tréport (Seine-Inférieure).*

2168 MONFALLET (F.-A.). *Partie champêtre.*

2169 MONGINOT (C.). **H. C.** *Le Paon revestu.*

2170 — *Groseilles.*

2171 MONIER DE LA SIZERANNE (M.). *Le canal de Saint-Sébastien aux Martigues* (Bouches-du-Rhône).

2172 MONTENARD (F.). *Une matinée d'automne, en Provence.*

2173 — *Dans les champs; vallée de l'Indre.*

2174 MONTHOLON (F.-R. DE). *Le coude de la Seine à la Garenne* (S.-et-O).

2175 MONVEL (L.-M. BOUTET DE). *Portrait de M. G...*

2176 MORAL (H.-A.-A.). *Arbres déracinés; étude.*

2177 MOREAU (Adrien). **H. C.** *Une répétition de la tragédie de Mirame, chez*

2178 — *Les noces d'argent.* [*le cardinal de Richelieu.*

2179 MOREAU (Auguste). *Le R. P. Lacordaire explique les constitutions de Sᵗ Dominique.*

2180 MOREAU (C.). *Les enfants d'aujourd'hui : la lettre.*

2181 — *Les enfants d'aujourd'hui : le livre.*

2182 MOREAU (L.). *Gibier.*

2183 MOREAU DE TOURS (G.). *Une extatique au xviiiᵉ siècle.*

2184 — *Blanche de Castille, surnommée « l'Amour des pauvres. »*

2185 MOREL (G.). *Effet de neige, dans la forêt de Sénart* (Seine-et-Oise).

2186 MORENO-CARBONERO (J.). *Partie de chasse donnée par les ducs en l'honneur de don Quichotte.*

2187 MORICOURT (L.). *Le retour du pardon; Bretagne.*

2188 — *La leçon de danse; Bretagne.*

2189 MORIN (A.). *Le goûter?*

2190 MORIN (E.). *Un cottage sur les bords de la Marne.*

2191 MORISSET (H.-G.). *Portrait de M. P...*

2192 MORLON (P.-É.-A.). *Une mode nouvelle sous le Directoire.*

2193 MORLOT (A.). *Soleil couchant.*

2194 MOROT (A.-N.). **H. C.** *Episode de la bataille d'Eaux-Sextiennes.*

2195 MORTEMART-BOISSE (E. DE). *Les chênes du Val-Erable, dans la forêt de Lyons.*

2196 MÖSLER (H.). *Le retour.*

2197 — *Les Femmes et le Secret.*

2198 MOTTE (H.-P.). *Circe et les compagnons d'Ulysse.*

2199 MOTTEZ (V.). **H. C.** *Portrait de M. H. M...*

2200 — *Portrait de Mᵐᵒ E. L...*

2201 MOUCHOT (L.). *St Jean-Baptiste prêchant.*

2202 — *Portrait de Mᵐᵒ ***.*

2203 MOUILLARD (L). *L'appareillage au Crotoy* (Somme).

2204 MOULINET (É.-J.). *Conciliabule.*

2205 — *Quatuor.*

2206 MOULLION (A.). *La Mare aux Cerfs.*

2207 — *La Goule aux Fées.*

2208 MOURET (A.-E.). *Groseilles.*

2209 — *Prunes de Monsieur.*

2210 MOUTET (P.). *Vieux compagnons.*

2211 MOUTTE (A.). *Pêcheurs catalans des environs de Marseille.*

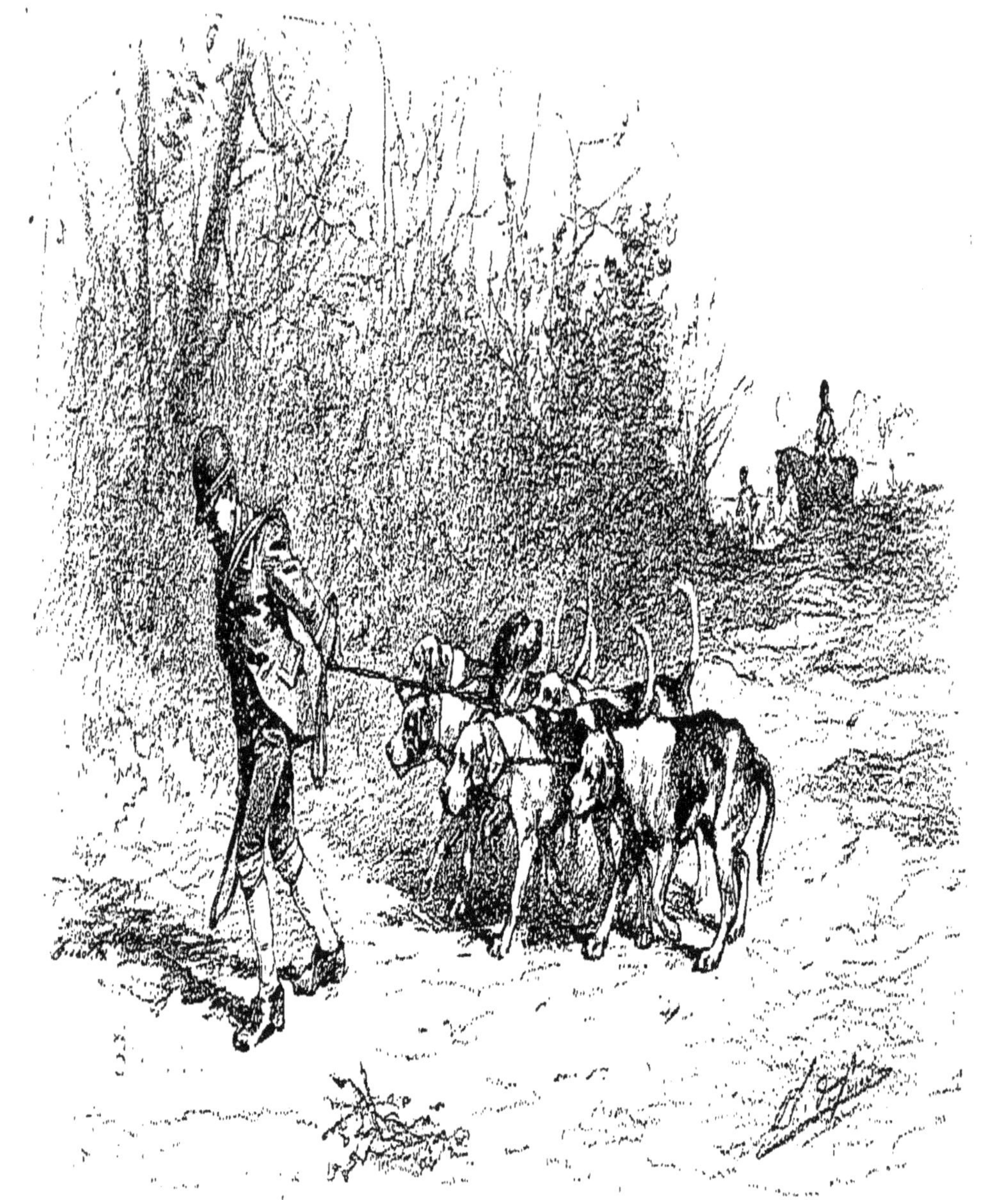

2359. PENNE (C.-O. DE). *Un relai.*

2212 MOYNIER (L.-D.-A.). *Brise-lames, près de Villerville* (Calvados).
2213 MOYSE (É.). *Une hymne.*
2214 — *Portrait d'un enfant.*
2215 MULLER (C.-V.-L.). *Dessert.*
2216 — *Bouquet de lilas.*
2217 MULLER (C.-L.). **H. C.** *Portrait de Mlle M.-C. L...*
2218 — *À l'Opéra; 1792.*
2219 MUNIER (É.) *En pénitence.*
2220 — *Le déjeuner.*
2221 MURATON (A.). *Le remords.*
2222 — *Portrait de M. José Guëll y Renté.*
2223 MURATON (Mme E.). *Renard.*
2224 — *Abricots.*
2225 MUSIN (F.). *Ancienne digue de mer, à Ostende; gros temps.*
2226 MUSSAULT (É.). *Arracheurs de betteraves, au repos.*
2227 NAEGELY (H.). *Au coin du feu.*
2228 NAKKEN (W.-C.). *Écurie d'auberge, un jour de marché*
2229 NANTEUIL (P.). *La chatte métamorphosée en femme.*
2230 NANTEUIL-GAUGIRAN (C.). **H. C.** *Retour du marche.*
2231 NATTINO (J.). *Portrait de Mlle G...*
2232 — *Le sommeil.*
2233 NAVLET (J.). *Bataille de Reischoffen, le 6 août 1870.*
2234 — *Bataille de Saint-Quentin; épisode de la ferme de Neuville-Saint-Amand, en janvier 1871.*
2235 NAVLET (V.). *Intérieur de la salle des Grands Chanceliers, ou du Livre d'Or, au palais de la Chancellerie de la Légion d'honneur.*
2236 NAZON (F.-H.). **H. C.** *Les bords de la Sorgue* (Aveyron).
2237 NEL-DUMOUCHEL (J.). *Un charlatan au xvi^o siècle.*
2238 NÉMOZ (J.-B.-A.). *Salmacis.*
2239 NEYMARK (G.-M.). *Un accident.*
2240 NICOLAS (Mme M.-J.). *Portrait du vicomte de Vibray*
2241 — *Portrait de Mme la vicomtesse de V...*
2242 NICOLAS (Mme V.-E.-M.). *Rivière de Kermelo, près de Lorient,*
2243 NICOLLE (É.-F.). *Saules; effet de neige.* [*à marée basse.*
2244 NICOLLE (P.-E.). *Forêt de Fontainebleau.*
2245 NIEDERHAUSERN (F. DE). *L'étang de Saint-Mury, près de Grenoble.*
2246 NIERIKER (Mme M.). *Négresse.*
2247 NIFENECKER (C.). *Au bord de la rivière.*
2248 NITTIS (J. DE). **H. C.** *Une marchande d'allumettes dans la City* (Londres).
2249 NOBLE-PIGEAUD (Mme J.-C.). *Poissons.*
2250 — *Dentelles et camélias.*
2251 NODE (C.). *Un chemin sous bois, aux environs de Montpellier.*
2252 — *Un ravin, aux environs de Grenoble.*
2253 NOEL (H.). *Effet de neige aux environs de Melun ; 1879.*
2254 NOEL (J.). *Marine; Normandie.*
2255 NOEL (P.). *Portrait de M. L. N...*
2256 — *Portrait de M. C...*
2257 NOGARO (Mme M.-T.). *Portrait de Mme N...*
2258 NOIROT (É.). *Le Chemin des Artistes, à Marlotte.*
2259 NONCLERCQ (É.). *Jésus guérissant un lépreux.*
2260 NONO (L.). *L'automne.*
2261 NORDGREN (Mlle A.). *La petite travailleuse.*

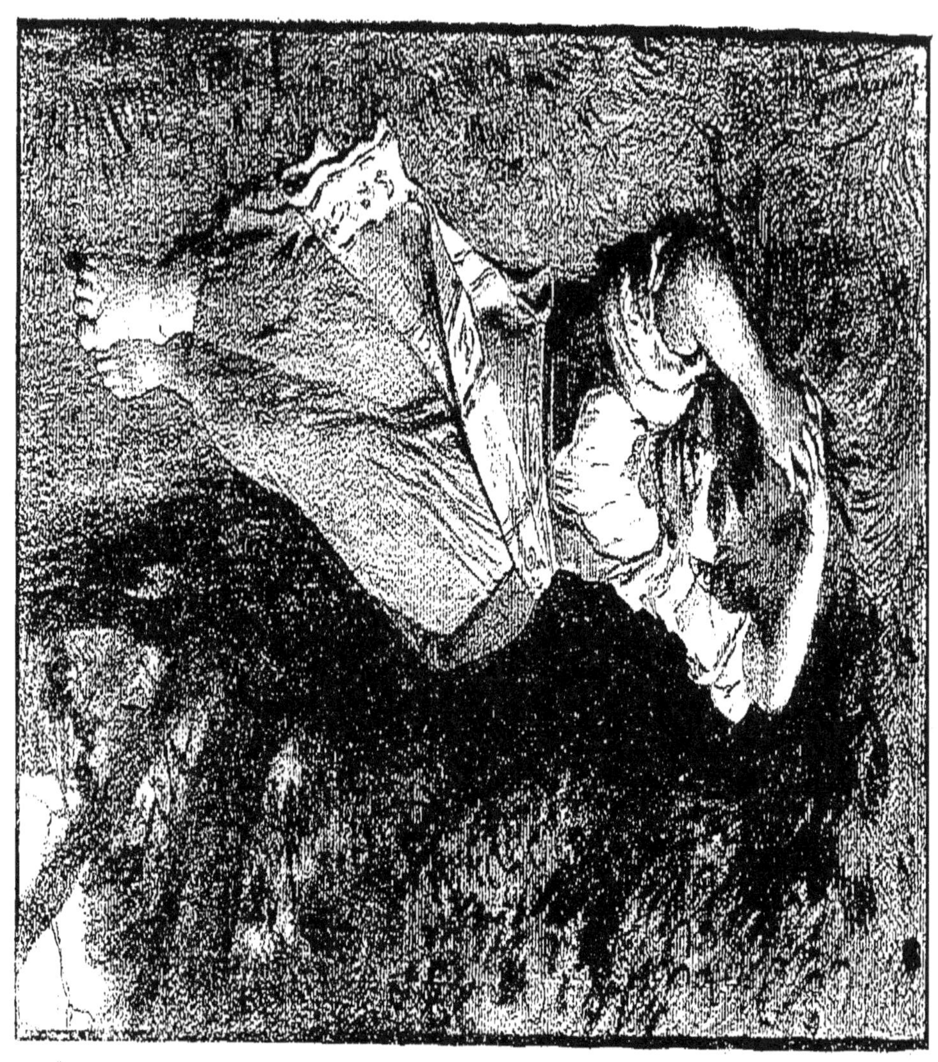

2372. Perrault (L.). H. C. Bettina.

2262 NORDGREEN (Mlle A.). *Portrait de M. H...*
2263 NORGEU (Mme M.-L.). *Pommes.*
2264 NORSTEDT (R.). *Vue prise près de Gustapberg* (Suède).
2265 NOTER (D.-É-J. DE). *Fleurs et raisins.*
2266 NOTERB (L.). *Une cour à Raimbeaucourt* (Nord).
2267 NOTERMAN (Z.). *La carte pipée.*
2268 NOZAL (A.). *Une allée du parc de Saint-Cloud, en janvier 1879.*
2269   — *Chênes; à Berri.*
2270 OCHOA (R.). *Une messe à Saint-Philippe-du-Roule.*
2271 OGÉ (C.-J.-F.). *Portrait de M. B...*
2272 OLIVE (J.-B.). *Rochers au Trévort* (Seine-Inférieure).
2273   — *La Manche.*
2274 OLIVETTI (S.). *Armures.*
2275   — *Aux environs de Lagny* (Seine-et-Marne).
2276 OLIVIÉ (L.). *Le serment de Brutus sur le corps de Lucrèce.*
2277 O'MEARA (F.). *Rêverie.*
2278 OMER-CHARLET (P.-L.). **H. C.** *Miséricorde.*
2279 OPPENOORTH (W.-J.). *La forêt en octobre ; env. de Buurlo* (Pays-Bas).
2280 ORDINAIRE (M.). *Le ruisseau du Puits-Noir* (Doubs).
2281   — *L'hiver à Maisières.*
2282 ORRY (A.). *Clair de lune.*
2283   — *Le bois d'oliviers.*
2284 ORTÈS (Mme E. D'). *Portrait de M. M...*
2285 ORTMANS (F.-A.). *Une allée dans les Grands-Feuillards; Fontainebleau.*
2286   — *Pâturage à Morfontaine* (Oise).
2287 OSBORN (Mlle E.-M.). *Une fille des montagnes.*
2288   — *Un Vénitien.*
2289 OULEVAY (C.-H.). *Portrait de Mlle Madeleine.*
2290 OURI (A.). **H. C.** *Souvenir de Montaigne.*
2291 OUTIN (P.). *La halte.*
2292 PABST (C.-A.). *Le cadeau du grand-père.*
2293   — *Chiffons d'atelier.*
2294 PACHOT (P.). *Une halte de pâtres.*
2295 PAGLIANO (E.). **H. C.** *Voilà l'Amérique!*
2296 PAGLINO (F.). *Souvenir.*
2297   — *L'offrande à la croix.*
2298 PAIL (É). *Une soirée de septembre, aux environs de Corbigny.*
2299 PALIZZI (G.). **H. C.** I guagliani *(les gamins), à Castellamare, près Naples*
2300   — *Haute futaie, en octobre.*
2301 PALLIÈRE (J.-L.). *Bazeille.*
2302   — *Une confession.*
2303 PALLIÈRE (Mlle L.). *Chez M. Fleurant.*
2304 PAPELEU (V.). *Entrée du port d'Ostende* (Belgique).
2305   — *A Villiers-sur-Morin* (S.-et-M.), *en automne.*
2306 PAPIN (J.-A.). *Le tirage au sort de la tunique du Christ.*
2307 PAPON (E.). *Parc de la Noë* (Eure).
2308 PAPPACENA (F.). *Portrait de Mme G...*
2309   — *Souvenir d'Écosse.*
2310 PARIS (C.). *Le taureau de Gabies; campagne de Rome*
2311 PARISSOT (A.-G.). *Fruits.*
2312   — *Oranges.*
2313 PARISY (E.-F.). *Gibier.*

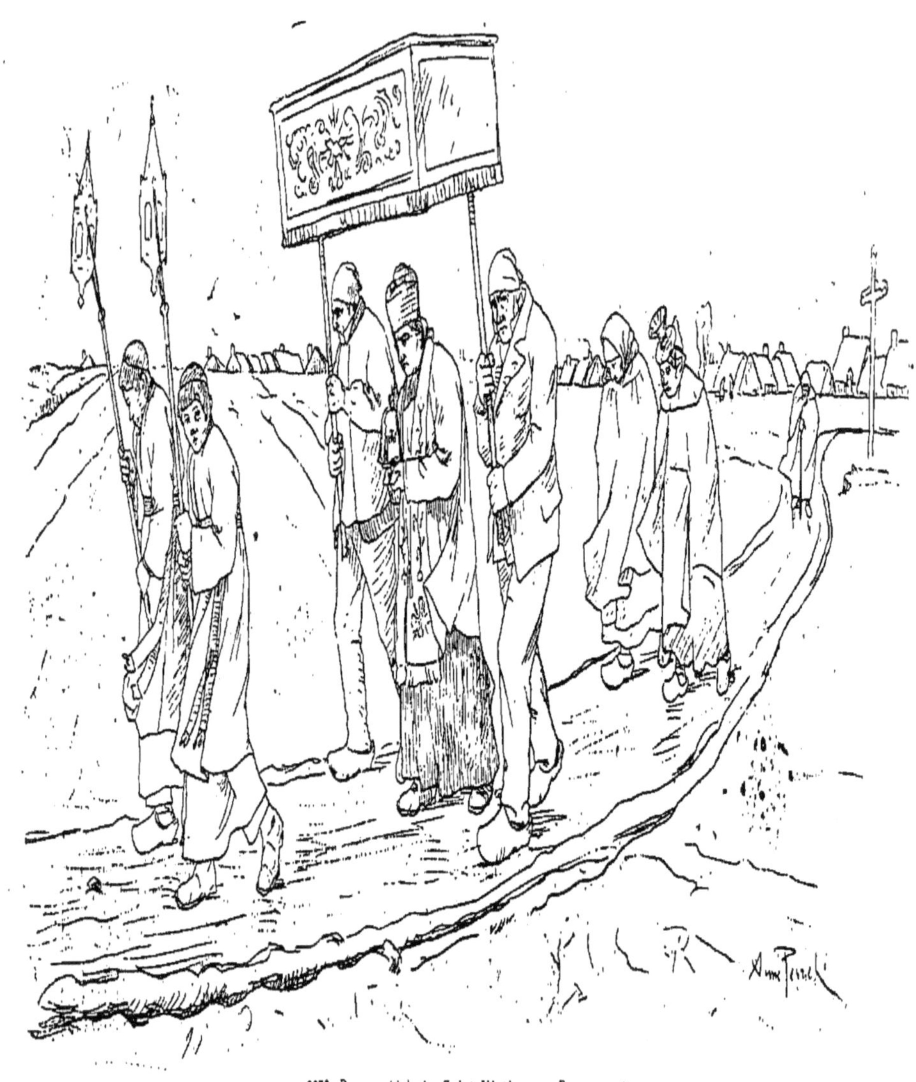

2373. Perret (A.). *Le Saint-Viatique en Bourgogne.*

2314 PARISY (E.-F.) *Huîtres et crevettes.*

2315 PARKER (S.-N.). *St Sébastien, général romain sous l'empereur Dioclétien, est, après son supplice, recueilli et soigné par des chrétiens.*

2316   — *Portrait du comte Léon M...*

2317 PARMENTIER (E.-E.-É.). *Crypte de l'Aquilon, Mont-St-Michel.*

2318   — *Le logis du Roi et la tour du Guet, Mont-St-Michel.*

2319 PARQUET (G.). Vermuth; *vieux type irlandais.*

2320   — The shooting poney.

2321 PARROT (P.). **H. C.** *Portrait de M*me ***.

2322   — *Portrait de M*lle ***.

2323 PARROT-LECOMTE (P.). *Un savant.*

2324 PASCUTTI (A.). *Une visite chez l'antiquaire.*

2325 PASSERAT (M*lle B. . *Fleurs et fruits.*

2326 PATA (C.). *Giovannina Sononini avant la torture.*

2327 PATIN (L.). *Sortie de Serajevo; Bosnie.*

2328   — *Une rue de Serajevo.*

2329 PATON (M*lle J.). *Portrait de Mgr Mermillod.*

2330   — *Portrait de miss W...*

2331 PATTISON (J.-W.). *Deux enfants.*

2332 PAULEY (C.). *Portrait de M*lle *T...*

2333 PAUL-LOUIS (A.). *Portrait de M*lle *V...*

2334 PAULY (V). *Lisière de bois, en automne (Seine-et-Marne).*

2335 PAUPION (É.-J.). *Portrait du docteur F. L...*

2336   — *Portrait du docteur L. T...*

2337 PAYEN (E.). *Le repas du missionnaire, chez les sœurs de Saint-Jean.*

2338 PEARCE (C.-S.). *Le sacrifice d'Abraham.*

2339 PÉCRUS (F.-C.). *La partie d'échecs.*

2340   — *L'anecdote.*

2341 PÉDRON (L.). *L'inondation, à Bercy.*

2342   — *Une idylle au bord du golfe du Morbihan.*

2343 PÉGOT (B.). *Deux gourmands.*

2344   — *Un coin de cuisine.*

2345 PELAEZ (F.. *Après l'audience.*

2346 PELEZ (F.). *Mort de l'empereur Commode.*

2347   — *Avant le bain; jeune fille romaine.*

2348 PELEZ (R. . *Sous le cèdre du Jardin des Plantes.*

2349 PELLEGRINI (L.). *La communion de la Vierge.*

2350 PELLENC (L.). *Le ru de Lorvanne, aux environs de Moret.*

2351 PELLET (A.). *Portrait de M*me *de ***

2352 PELLETIER (J.-A.). *Fleurs d'automne.*

2353   — *Un coin de marché.*

2354 PELLICER (J.-L.). *L'impôt du sang en Espagne; 1878.*

2355 PELOUSE (L.-G.). **H. C.** *Le vieux puits.*

2356   — *Un coin de Cernay, en janvier*

2357 PENET (L.-F.). *Un plat d'huîtres.*

2358   — *Les prunes.*

2359 PENNE (C.-O. de). *Un relai.*

2360   — *Griffons vendéens.*

2361 PÉPIN (A.). *Le soir, au bois de Vincennes.*

2362 PÉRAIRE (P.-E.). *Le moulin des Andelys (Eure).*

2363 PEREDA (F.). *La lettre d'amour.*

2364 PERETTI (B.). *Fruits conservés.*

2365 PERETTI (B.). *Fruits.*
2366 PÉRIGNON (A.). **H. C.** *Portrait de M*me *la comtesse de L .*
2367 — *Portrait de M*me *A...*
2368 PERKINS (F.-A.). *Italien.*
2369 PERRACHON (A.). *Buisson de roses.*

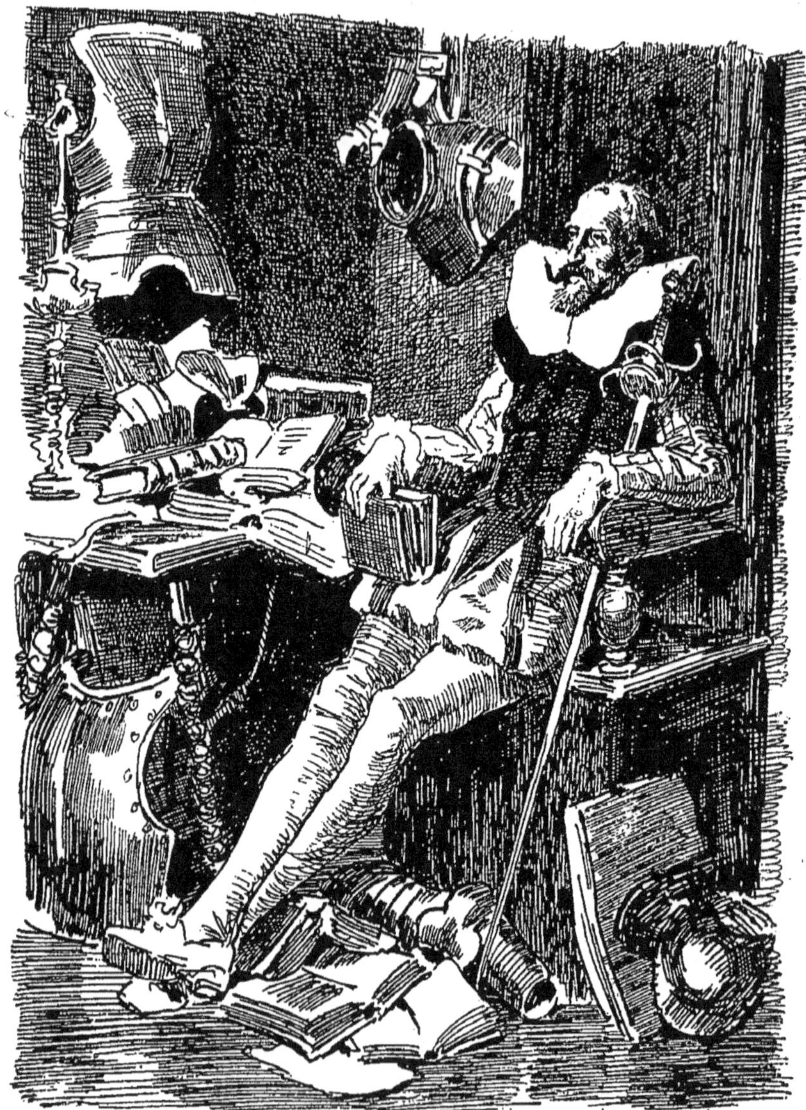

2429. PILLE (C.-H.). **H. C.** *Don Quichotte.*

2370 PERRAULT (L.). **H. C.** *Moïse exposé sur le Nil.*
2371 — Bettina.
2372 PERRET (A.). *Le coup de l'étrier.*
2373 — *Le Saint-Viatique en Bourgogne*

2374 PERRET (A.-L). *Fleurs et fruits.*
2375 — *Un coin de halle.*
2376 PERRICHON (G.). *Une noria, aux environs de Madrid.*
2377 PERRIN (G.). *Fruits et fleurs.*
2378 PERROT (G.). *Gibier.*
2379 — *Buse; étude.*
2380 PERRUCHOT (G.). *Portrait de Mme ***.*
2381 PESCADOR y SALDANA (F.). *Portrait.*
2382 PESLIN (F.). *Intérieur d'une auberge en Basse-Bretagne; le marchand de poissons de mer.*
2383 PETERS (Mlle A.). *Les roses.*
2384 PETERS (V.). *Joie du foyer; scène norwégienne au xiii° siècle.*
2385 PETIET (Mlle M.). *Portrait de Mlle ***.*
2386 — *Rêverie.*
2387 PETILLION (J.). *Les bords de la Marne; effet de neige.*
2388 — *Crépuscule.*
2389 PETIT (C.). *Portrait de M. F. P...*
2390 PETIT (E.). *Panneau décoratif.*
2391 — *Le matin; fleurs.*
2392 PETIT (Mme M.-A. LAVIEILLE). *Portrait de M. A. L...*
2393 — *Fleurs et fruits d'automne.*
2394 PETIT-GÉRARD (P.). *Portrait de M. F...*
2395 — *Portrait de Mme P..*
2396 PETITJEAN (E.). *La jetée de Flessingue* (Pays-Bas).
2397 — *La Meuse, près de Dinant* (Belgique).
2398 PETIT-WÉRY (G.). *Un amateur.*
2399 PEYRARD (C.). *Petit sentier de Chanteloup, à Saint-Colombe* (Lot-et-Garonne); *automne.*
2400 PEYROL (Mme J.). *Un coin de pré.*
2401 — *Les friches de Beauregard* (Seine-et-Oise).
2402 PEZANT (A.). *Nuit d'été; pleine lune.*
2403 PFYFFER (J.). *Ravin, près de Vitznau* (Suisse).
2404 PHALIPON (A.). *Le lendemain du bal.*
2405 — *Déjeuner de bohème.*
2406 PHILIPES (P.-L.). *Le Guel de Massanès* (Lot-et-Garonne), *en hiver.*
2407 — *Portrait de Mme J. P...*
2408 PHILIPPON (G.). *Table de cuisine.*
2409 — *Lapin aux oignons.*
2410 PHILIPPOTEAUX (F.-H.-E.). **H. C.** *Défense de Châteaudun, le 18 octobre 1870.*
2411 PIATKOWSKI (J.-J.-H.). *Le supplice de l'adultère; mœurs de l'Ukraine*
2412 — *La citoyenne Tallien.* [*au* xviii° *siècle.*
2413 PICARD (H.). *Portrait de M. S...*
2414 — *« Miserere mei. »*
2415 PICHAT (O.). *Portrait de Mlle A...*
2416 PICHON (Mlle M.). *Portrait de Mme P...*
2417 PICHON (P.-A.). **H. C.** *Portrait du comte de L...*
2418 PICHOT (É.-J.). *Portrait de Mme F..., de Blois.*
2419 PICKNELL (W.-L.). *La vallée de Rustine.*
2420 PICOU (H.-P.). **H. C.** *La discorde.*
2421 — *Qui que tu sois, voilà ton maître!*
2422 PIERDON (F.). *Les bords d'un ravin, en Bourbonnais.*

2423 PIERDON (F.). *Le cerisier.*
2424 PIERRAT (N.-C.). *Fleurs; variétés de pivoines.*
2425   —   *Chaudron, choux, coq.*
2426 PIERRON (Mlle B). *Portrait de Mme P...*

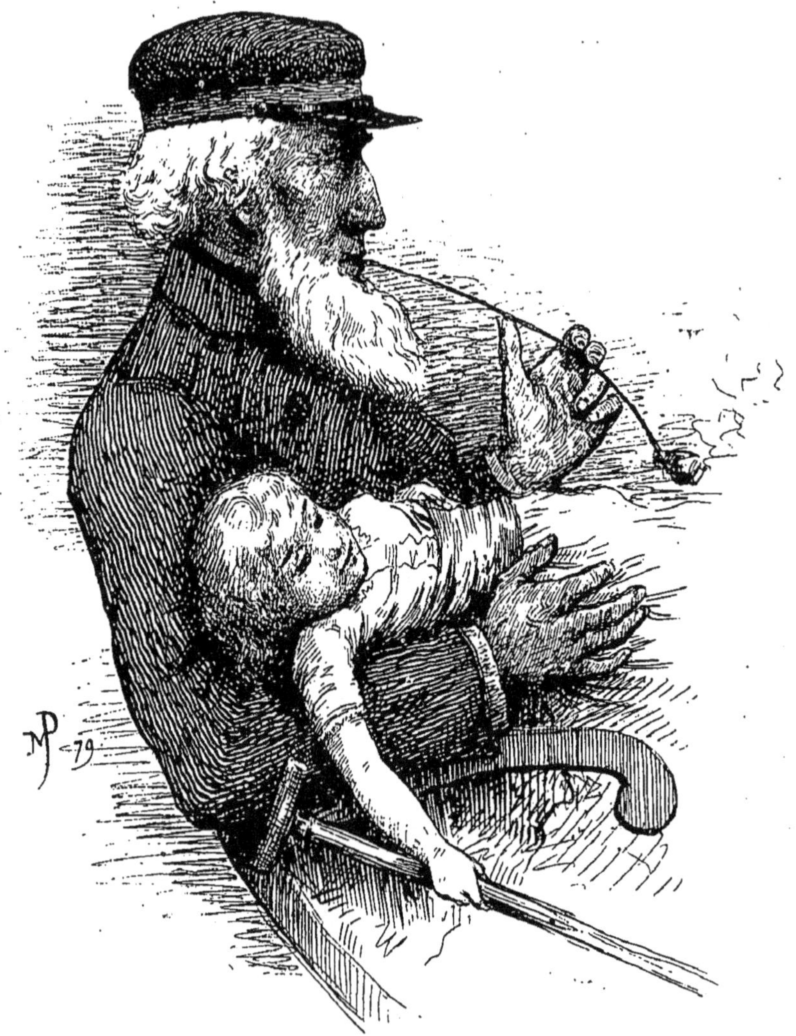

2451. POIRSON (M.). *Le vieux capitaine; port du Havre.*

2427 PIGAULT (Mme C.). *Portrait de M. E. P...*
2428 PIGUET (R.). *Portrait de M. P. Soyer.*
2429 PILLE (C.-H.). **H. C.** *Don Quichotte.*
2430 PILLETTE (E.). *Les bords du Morin, à Villiers (Seine-et-Marne).*
2431 PILLINI (M.). *Le départ; pêcheurs de l'Adriatique.*
2432   —   *Le retour; pêcheurs de l'Adriatique.*

2433 PINCHART (É.-A.). *Le bain.*
2434 PINEDA (G.-A.). *Othello.*
2435 PINTA (A.-L.). *L'automne.*
2436 — *Jardin des Plantes de Paris.*
2437 PIOT-NORMAND (A.). *Portrait de M*^{lle} *J. K...*
2438 PIPARD (C.). *L'homme au chapeau.*
2439 PIRODON (L.-E.). *Route de Graville* (Seine-et-Marne).
2440 PITARD (F.). *Portrait de V. M...*
2441 PLASSAN (A.-É.). **H. C.** *La lettre.*
2442 — *La babouche.*
2443 PLÉE (A.-L.). *Portrait de M. E. Nickels.*
2444 PLUCHART (H.). *Un semeur; souvenir de Flandre.*
2445 POGGI (R.). *L'attente de la revanche.*
2446 POILLEUX-SAINT-ANGE (G.-L.). *Emma et Eginhard.*
2447 POINTELIN (A.-E.). *Un taillis, le matin.*
2448 — *Une saulée, le soir.*
2449 POIRIER (P.-T.). *Chrysanthèmes*
2450 — *Camélias et lilas.*
2451 POIRSON (M.). *Le vieux capitaine; port du Havre.*
2452 POKHITONOFF (J.). *Une clairière.*
2453 — *Les élèves.*
2454 POMARET (Mlle G. DE). *Portrait du colonel C . . .*
2455 POMEY (L.-E.). *Le premier-né.*
2456 — *Son image.*
2457 POMMAYRAC (P.-P. DE). **H. C.** *Portrait de M. C. de Pommayrac.*
2458 — *Le message.*
2459 PONCET (J.-B.). **H. C.** *Déposition de la croix.*
2460 — *Étudiant un rôle tragique.*
2461 PONSAN (É.-B. DEBAT). **H. C.** *Piété de St Louis pour les morts.*
2462 PORCHER (C.-A.). *Les bords du Furan; Bugey.*
2463 PORNIN (C.-A.-J.). *Les monts Trottins, près du Havre.*
2464 POSTEC (L.). *Fiançailles à Pleyben* (Finistère).
2465 POTÉMONT (A.-M.). *Laveuses à Vallières* (Creuse).
2466 POTTER (A.). *Les Saintes-Maries de la Mer; coucher de soleil en Camargue.*
2467 POUSSIN (C.-P.). *Pâturage en Bretagne.*
2468 — *Fontaine à Loc-Ronan* (Finistère).
2469 POZIER (J.). *La mare de la Grande-Noue, près Montfermeil.*
2470 — *Les coteaux de Gagny* (Seine-et-Oise).
2471 PRADELLES (H.). *Marais de Chenaumoine, près de Royan.*
2472 — *Le village de Didonne* (Charente-Inférieure).
2473 PREVOST (A.). *Saint Jean précurseur.*
2474 — *Nature morte.*
2475 PRÉVOST-ROQUEPLAN (Mme C.). *Mandoline et tambour de basque.*
2476 — *Retour du bal.*
2477 PREVOT (Mlle M.). *Primevères.*
2478 PRINCETEAU (R.). *En vedette.*
2479 PRINS (A. DE). *Déjeuner interrompu; lion et daim.*
2480 PRIOU (L.). **H. C.** *Portrait de M. E. de la M...*
2481 — *Portrait de M. H. de S...*
2482 PRON (L.-H.). *Les voisins; une mare en Brie.*
2483 — *Un coteau dans l'Orne.*

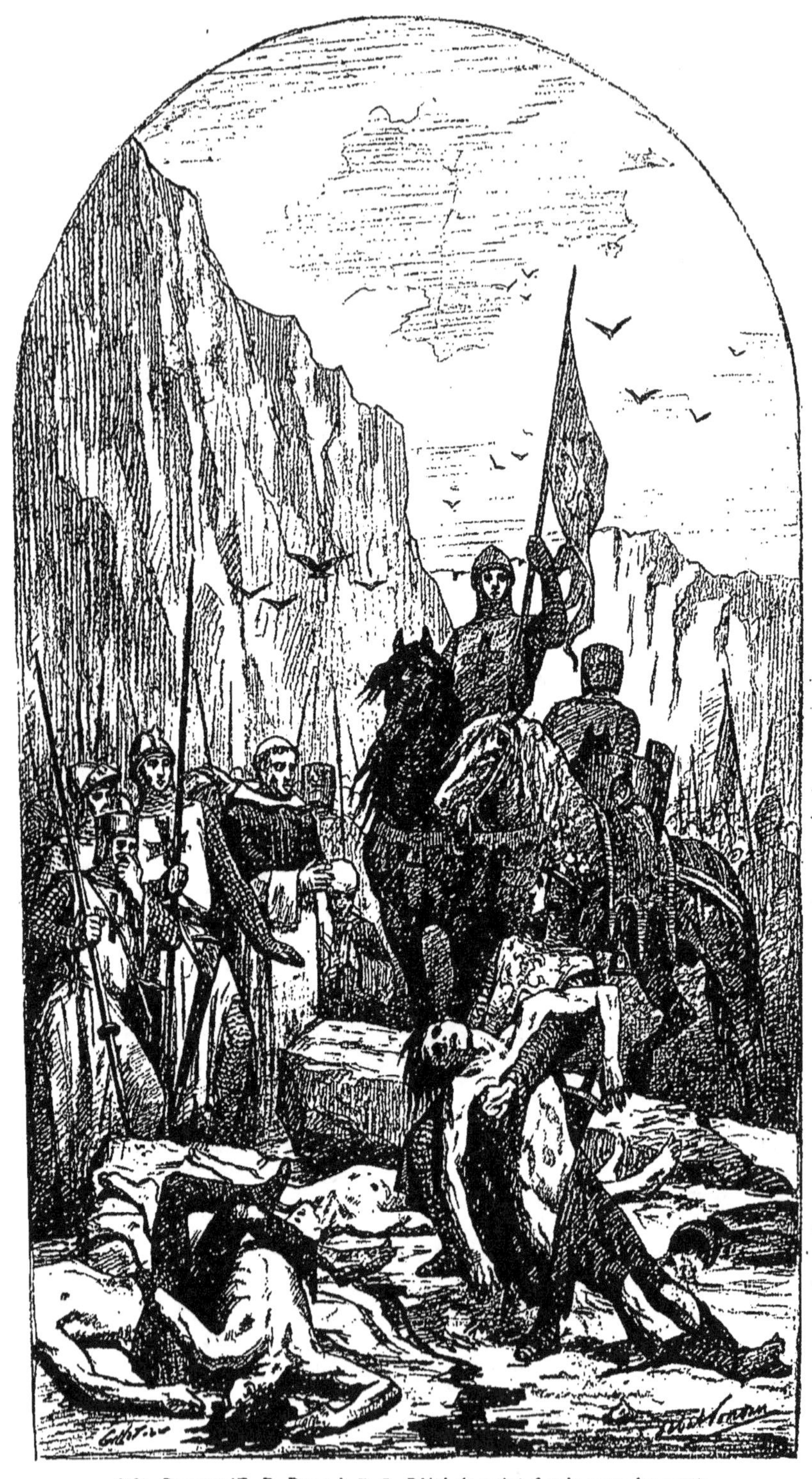

2461. Ponsan (E.-B. Debat). H. C. *Piété de saint Louis pour les morts.*

2484 PROUHO (P.). *Portrait de M...*
2485 PRZEPIORSKI (L.). *Aiguière et plateau : La prise de Tunis par Charles-Quint.*
2486 PUJOL (C.). *La petite jongleuse.*
2487 PUJOL (P.). *Portrait de M. P...*
2488 PUVIS DE CHAVANNES (P.). **H. C.** *L'enfant prodigue.*
2489 — *Jeunes filles au bord de la mer; panneau décoratif.*
2490 QUANTIN (Mᵐᵉ E.). *Portrait de Mˡˡᵉ M. G...*
2491 QUELLAIN (L.-E.). *Le coq de bruyère.*
2492 QUERCIA (F.). *Paysage.*
2493 QUESNET (E.). **H. C.** *Portrait de Mᵐᵉ la comtesse de R...*
2494 — *Portrait de Mᵐᵉ B...*
2495 QUESNET (J.). *Portrait de Mᵐᵉ la baronne de J...*
2496 — *Portrait de Mᵐᵉ L...*
2497 QUINET (C.). *Les bords de la Seine à Rangiport (Seine-et-Oise).*
2498 QUINTON (C.). *Pâturage à Bonneuil.*
2499 — *Intérieur de bergerie.*
2500 RACINE (A.). *Portrait de Mᵐᵉ ***
2501 RAFFAELLI (J.-F.). *La rentrée des chiffonniers.*
2502 — *Deux vieux.*
2503 RALLI (T.-J.). *Après l'enterrement.*
2504 — *Chez l'armurier.*
2505 RAMBAUD (J.-B.). *Portrait de M. E. V...*
2506 — *Portrait de Mˡˡᵉ M. V.*
2507 RAMSEY (M.). *La présentation d'une lettre de cachet.*
2508 RANSONNET (E. DE). *Le soir à Bénarès; Hindoustan.*
2509 RANVIER (J.-V.). **H. C.** *La petite tortue.*
2510 RAPIN (A.). **H. C.** *Le matin dans le Val-Bois (Doubs).*
2511 — *Bords de la Loue à Scey (Doubs).*
2512 RAPP (J.). *Salade d'oranges.*
2513 RASETTI (G.). *Le chapelet.*
2514 RAVAUT (R.-H.). *Le réveil.*
2515 RAVEL (É.). *École de dessin.*
2516 RÉGNART (L.-F.). *La guerre.*
2517 REGNIER (A.). *Un chasseur marseillais.*
2518 REIGNIER (J.). **H. C.** *Fleurs.*
2519 REIN (E.). *Nuit d'été en Norwège; clair de lune.*
2520 — *Après la tempête.*
2521 RENARD (Mᵐᵉ C.). *Faisan et perdrix.*
2522 RENARD (É.). *L'épave.*
2523 — *Portrait du comte d'A...*
2524 RENAULT DES GRAVIERS (J.-V.). *La mise au tombeau du corps de*
2525 — *L'adoration des bergers.* [*Jésus-Christ.*
2526 RENIÉ (J.-É.). *Environs de Fréjus (Var).*
2527 RENOIR (P.-A.). *Portraits de Mᵐᵉ G. C... et de ses enfants.*
2528 — *Portrait de Mˡˡᵉ Jeanne Samary.*
2529 RENOUF (É.). *La fin de la journée; paysage.*
2530 — *Dernier radoub; « mon pauvre ami! »*
2531 REUMAUX (Mᵐᵉ A.). *Les récureuses.*
2532 REVEL (C.). *Portrait de Mᵐᵉ de B...*
2533 REVERCHON (A.). *Franc-tireur blessé à mort.*
2534 RÉVILLON (G.-J.). *Un sémaphore sur l'Escaut.*

2535 REYNAUD (F.). *Les laveuses.*
2536 — *Les trois camarades.*
2537 RIBALLIER (M.). *Livre, plat, bouteille.*

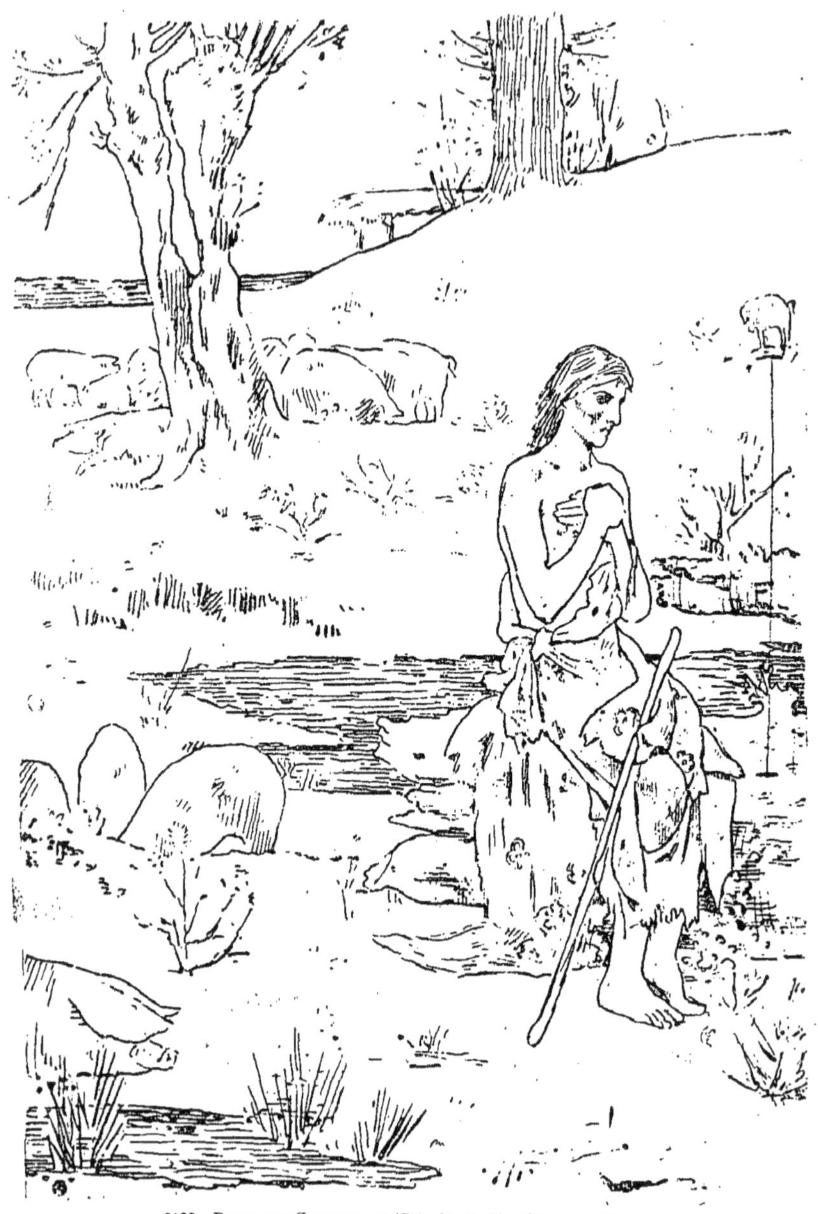

2488. PUVIS DE CHAVANNES (P.). H. C. *L'enfant prodigue.*

2538 RIBARZ (R.). *Quai du bassin de la Villette.*
2539 RIBEIRO (J.-V.). *Jésus-Christ au tombeau.*
2540 RIBEROLLES (M.-C.-A. DE). *Portrait de Mlle L...*

2541 RIBOT (G.-T.). *Portrait de M. S. M.*
2542 RIBOT (Mlle L.). *Pots et bouteille.*
2543 RICHARD-GALLOIS (Mme M.). *Barre du Pouldù* (Finistère).
2544 RICHER (L.-V.-V.). *Le sonnet.*
2545 RICHET (L.). *Fleurs des bois.*
2546 — *Chaumière normande* (Eure).
2547 RICHNER (L.-P.-E.). *Parc de Villemonble* (Seine-et-Oise).
2548 — *Un torrent en Dauphiné,*
2549 RICHOMME (J.). **H. C.** *Portrait de Mme B. M...*
2550 — *Vielleuse.*

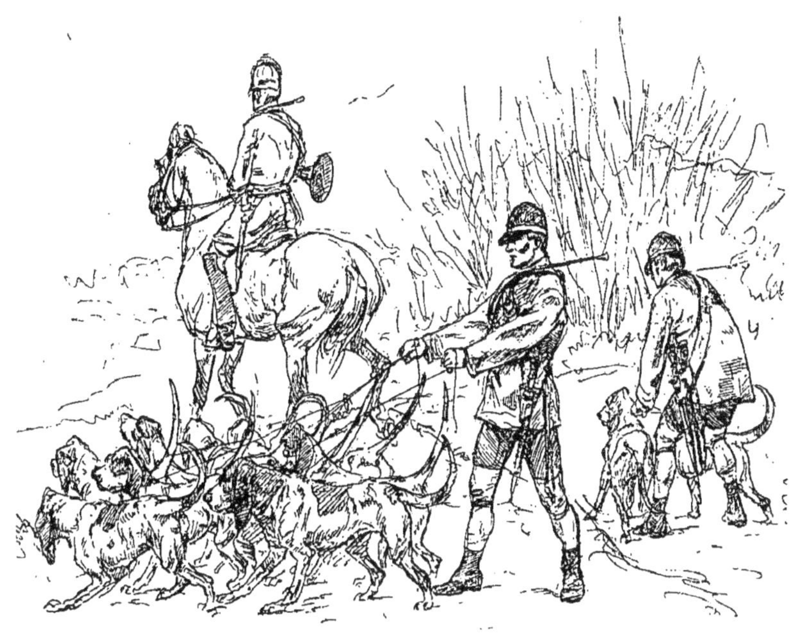

2592. ROSEN (J.). *Un relai volant.*

2551 RICHTER (É.). *Frank se démasquant.*
2552 — *La favorite du jour.*
2553 RIEHL (P.). *Panier de prunes.*
2554 RIGO (J.). **H. C.** *Charge du 8e régiment de cuirassiers, à Reischoffen.*
2555 — *Un blessé.*
2556 RIPPOZ (A.-F.). *Vue prise du parc de Montigny* (Orne).
2557 RISLER (Mlle I.). *Petite fille d'Atina.*
2558 RIVEY (A.-H.). *Portrait.*
2559 — *Huguenot.*
2560 RIXENS (J.-A.). *Marie-Jeanne.*
2561 RIZO (J.). *Ariadne.*
2562 ROBELLAZ (É.). *Une arrestation sous Barras.*
2563 ROBERT (J.). *Souvenir de Fontainebleau.*
2564 ROBERT (L.-P.). *Jésus chez Lazare.*
2565 ROBERT (L.-P.-J.). *La présentation à la supérieure.*

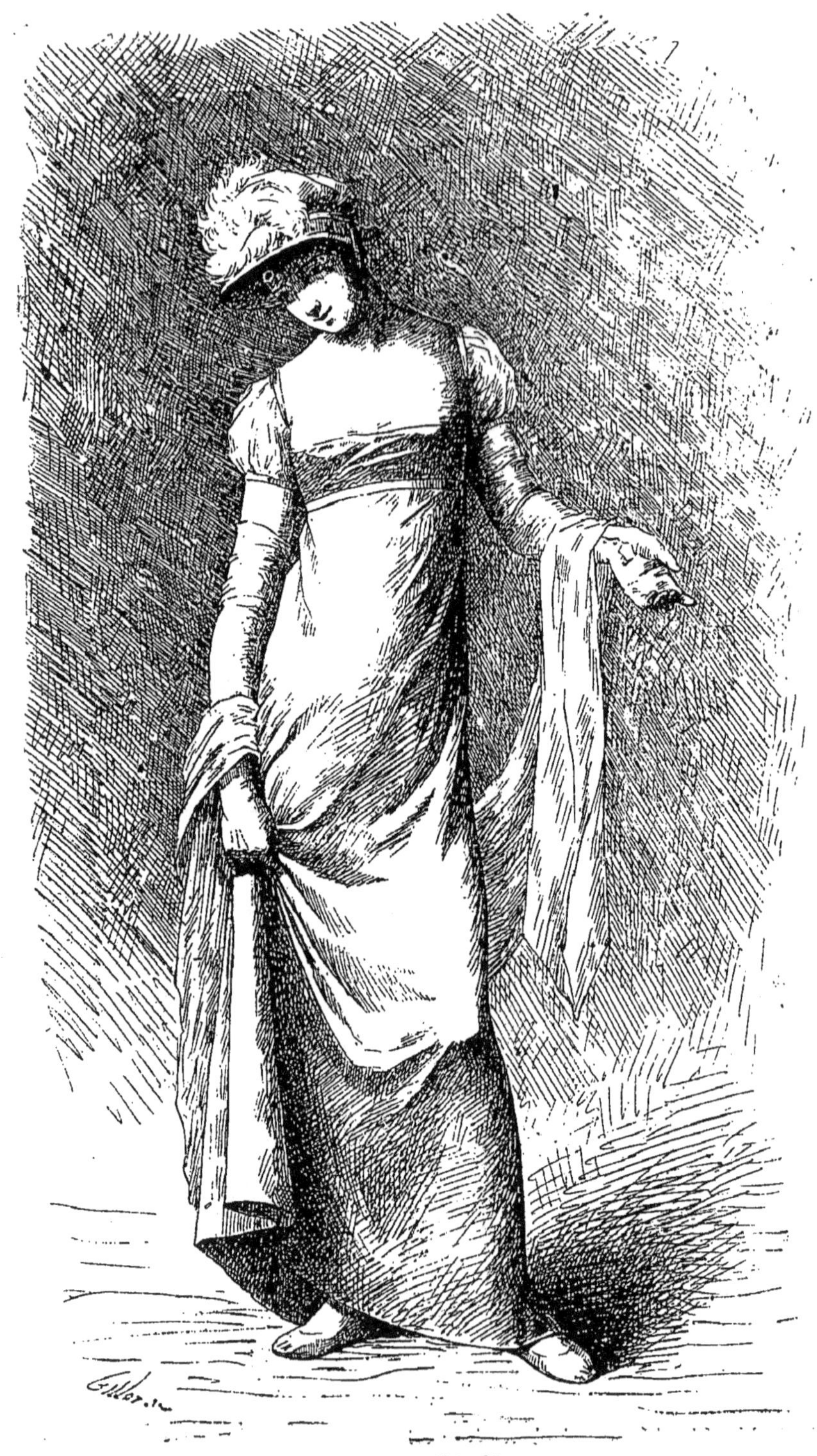

2605, Rouffio (P.). *Olympe.*

2566 ROBERT (Mᵐᵉ M.). *Le Roman.*
2567   —   *L'Hiver.*
2568 ROBERT (P.). *Portrait de M. B...*
2569 ROBICHON (J.-P.-V.). *Une table dans la cuisine « de mon père, la veille de mes noces. »*
2570 ROBIN (L.). *Un jour de fête.*
2571   —   *La rivière des Roches, à Morestel (Isère).*
2572 ROBINET (P.). *Kindlismord; lac des Quatre-Cantons (Suisse).*
2573   —   *L'Uri Rothstock, au soleil levant (Suisse).*
2574 ROBIQUET (Mˡˡᵉ M.-A.). *Portrait de M. R...*
2575 ROCHE (Mˡˡᵉ J.). *Un étalage.*
2576 RODRIGUES (G.). *A l'Etang-la-Ville (Seine-et-Oise).*
2577 ROEDER (F.). *Le raccommodeur de parapluies.*
2578 ROELOFS (W.). *L'été.*
2579 ROLL (A.-P.). *La fête de Silène.*
2580 ROLLION (J.-M.). *Un déjeuner.*
2581   —   *Nature morte.*
2582 RONDÉ (P.). *La pagode d'Angkor, dans le haut Cambodge.*
2583 RONGIER (Mˡˡᵉ J.). *Un nuage.*
2584   —   *Les petites friandises du couvent.*
2585 RONOT (C.). **H. C.** *La petite vachère.*
2586   —   *George Chastelain écrivant ses Chroniques.*
2587 ROOKE (H.). *Bords de la Seine, à Neuilly-sur-Seine.*
2588 ROQUES (C.). *Fleurs.*
2589 ROSABEL (Mᵐᵉ C.). *« Ma charbonnière. »*
2590 ROSALBIN ᴅᴇ BUNCEY (M.). *La route de la Révolte.*
2591 ROSEN (J.). *Tayaut !*
2592   —   *Un relai volant.*
2593 ROSIER (A.). *Le Grand Canal à Venise, le soir.*
2594   —   *Les jardins, à Venise, le matin.*
2595 ROSLIN (Mᵐᵉ E.). *Portrait de Mˡˡᵉ C. Blanche...*
2596   —   *La leçon de danse.*
2597 ROSSANO (F.). *Vallée d'Auvers.*
2598 ROSSET-GRANGER (É.). *Portrait de M. E. G...*
2599   —   *Portrait de M. L. G...*
2600 ROTHENHAUS (C.-É.). *Portrait de M. M. G...*
2601   —   *Portrait de M. P. E...*
2602 ROUBAUDI (A.-T.). *Hamlet.*
2603 ROUEN (Mˡˡᵉ M.-A.). *Portrait de M. A. R...*
2604 ROUFFIO (P.). *La Comédie.*
2605   —   *Olympe.*
2606 ROUGÉ (R. ᴅᴇ). *La demande en mariage.*
2607 ROUGERON (J.-J.). *Un ange au ciel; funérailles d'un enfant* (Anda-
2608   —   *Un écrivain public, en Espagne.*   [lousie).
2609 ROULLET (G.). *Un coup de vent à Larmoor (Morbihan).*
2610   —   *Le port d'Hennebont (Morbihan).*
2611 ROULLIER (C.). *Portrait de Miss B. R...*
2612   —   *Portrait de M. Vadon.*
2613 ROUMÉGOUS (A.). *Coup de sirocco.*
2614   —   *Portrait de M. ***.*
2615 ROUMENS (E.). *Vue de la Cité.*
2616 ROUSSEAU (P). **H. C.** *Les tulipes.*

2617 ROUSSELLE (H.). *Portrait de M. D...*
2618 ROUSSET (J.). *Portrait de M. Roman.*
2619   —   *Vieille italienne.*
2620 ROUSSIN (G.). *Portrait de Mlle J. Dodu.*
2621   —   *Portrait de M. L. T...*
2622 ROUSSIN (V.-M.). *Pour l'amour de Dieu, donnez au pauvre a e* ⋮
2623   —   *Sommeil.*
2624 ROUSSY (T.). *Les apprêts du raisiné.*
2625 ROUX (A.). *Intérieur de cour à Saint-Bonnet (Cantal).*
2626 ROUX (P.-L.-J.). *La butte Vachon, à Argenteuil (Seine-et-Oise).*
2627   —   *La butte d'Orgemont, à Argenteuil.*

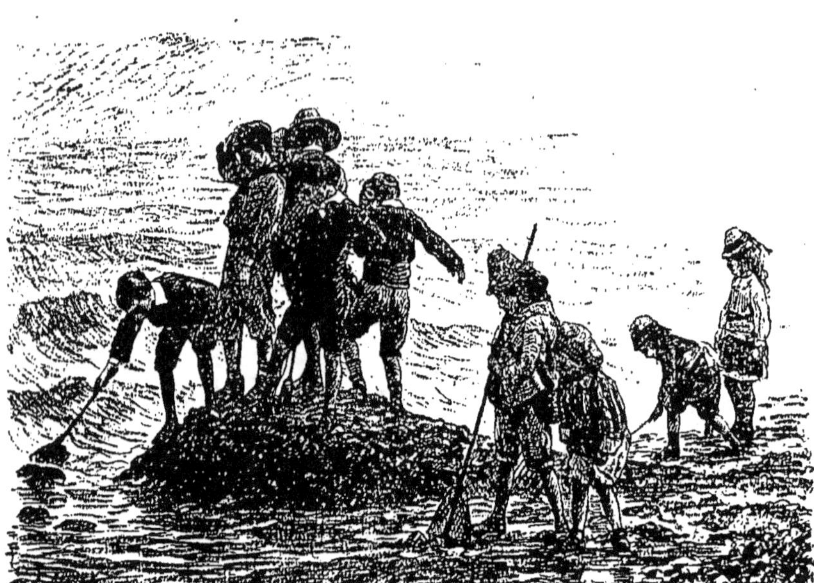

2642. RUDAUX (E.-A.). *Les travailleurs de la mer.*

2628 ROUZÉ (F.). *Portrait de Mme L. de R...*
2629 ROY (J.-L.). *Fruits.*
2630 ROY (P.). *Au marché.*
2631   —   *Un vendredi.*
2632 ROYER (L.). *Christ en croix.*
2633   —   *Portrait du lieutenant-colonel de B...*
2634 ROZIER (D.). *Roses.*
2635   —   *Poissons.*
2636 ROZIER (J.). *Vue de la Basse-Seine, au Troit (Seine-Inférieure).*
2637   —   *Brisants de l'Épail, aux îles Chausey (Manche).*
2638 ROZIER (R.-P.). *Portrait de l'auteur.*
2639   —   *Etude.*
2640 RUBEN (F.). *Portraits de famille; le chant.*
2641   —   *Portrait de famille; la danse.*
2642 RUDAUX (E.-A.). *Les travailleurs de la mer.*
2643   —   *Et la mer montait toujours!...*

2644 RUDHARDT (C.). *Habitations arabes au Caire.*
2645 RUDISUHLI. *Paysage.*
2646 RUEL (L.). *Un déjeuner.*
2647 RUFFO (Mlle M.). *La répétition.*
2648 RUIZ (Mlle L. DE). *Portrait de Mlle L. de R...*
2649 — *Portrait de miss E. S...*
2650 RUYSSCHER (J. DE). *Le soir, dans la forêt de Fontainebleau.*
2651 RYAN (H.). *Un chardonneret perdu.*
2652 SA (F. DE). *Portrait du vicomte de Rio-Branco.*
2653 SABATIER (V.-F.). *Vue de la rade de Villefranche (Alpes-Maritimes).*
2654 SABRAN (E. DE). *Lac Montriond, vallée de Marzine (Haute-Savoie).*
2655 — *Fitou (Aude).*
2656 SACHY (H. DE). *Le retour.*
2657 SAGE (J.-A.). *Portrait de M. A. Sage.*
2658 SAIN (É.-A.). **H. C.** *Portrait de Mme la vicomtesse de M...*
2659 — *Portrait de M. G.-G. de W...*
2660 SAIN (P.-J.-M.). *Les bords de la Seine, au Point-du-Jour.*
2661 — *Les bords du Rhône, aux environs d'Avignon.*
2662 SAINT-ANGE-CHASSELAT (H.-J.). *François Ier chez André Férare..*
2663 — *Mazarin et ses nièces avec des marchands italiens.*
2664 SAINT-AUBIN (Mme J.). *Souvenir de Madrid.*
2665 — *Souvenir d'Yport (Seine-Inférieure).*
2666 SAINT-GENYS (A. DE). *La première neige.*
2667 — *Une allée à Bellevue (Seine-et-Oise).*
2668 SAINTIN (H.). *Le Héron.*
2669 SAINTIN (J.-É.). **H. C.** *Portrait de Mlle H. B...*
2670 — *Émilienne.*
2671 SAINT-LANNE (G.). *Une déception.*
2672 SAINT-MARCEL (C.-E.). *Soirée d'automne; forêt de Fontainebleau.*
2673 SAINT-MARCEL (É.-N.). *Le labour dans les plaines de la Brie.*
2674 — *Un temps d'arrêt; scène de labourage.*
2675 SAINTPIERRE (G.-C.). *La sieste; souvenir d'Alger.*
2676 — *Portrait de Mme C. V. R...*
2677 SALADINI (A.). *Moulin à Étrepagny (Eure).*
2678 SALANSON (Mlle E.). *Sur la grève.*
2679 — *L'attente.*
2680 SALINGRE (E.-É). *Faisan et perdrix.*
2681 SALLÉ (P.). *La batteuse de beurre; souvenir du Mâconnais.*
2682 — *Sans travail; souvenir du Mâconnais.*
2683 SALLES (J.). *La première pipe.*
2684 — *L'exorde.*
2685 SALLES-WAGNER (Mme A.). *La reine Berthe.*
2686 — *Portrait de M. ***.*
2687 SALMSON (H.). *Une arrestation dans un village de Picardie.*
2688 — *Dans les champs.*
2689 SALZEDO (P.). *Le garde.*
2690 SAND (M.). **H. C.** *La sorcière des Landes.*
2691 — *L'île du Vent.*
2692 SANDBERG (G.). *Au bord de l'Allier; Vichy.*
2693 SANDREUTER (H.). *Élie dans le désert.*
2694 SANG (F.-J.). *Naufrage; mer du Nord en 1872.*
2695 — *Dans le port de Boulogne (Pas-de-Calais).*

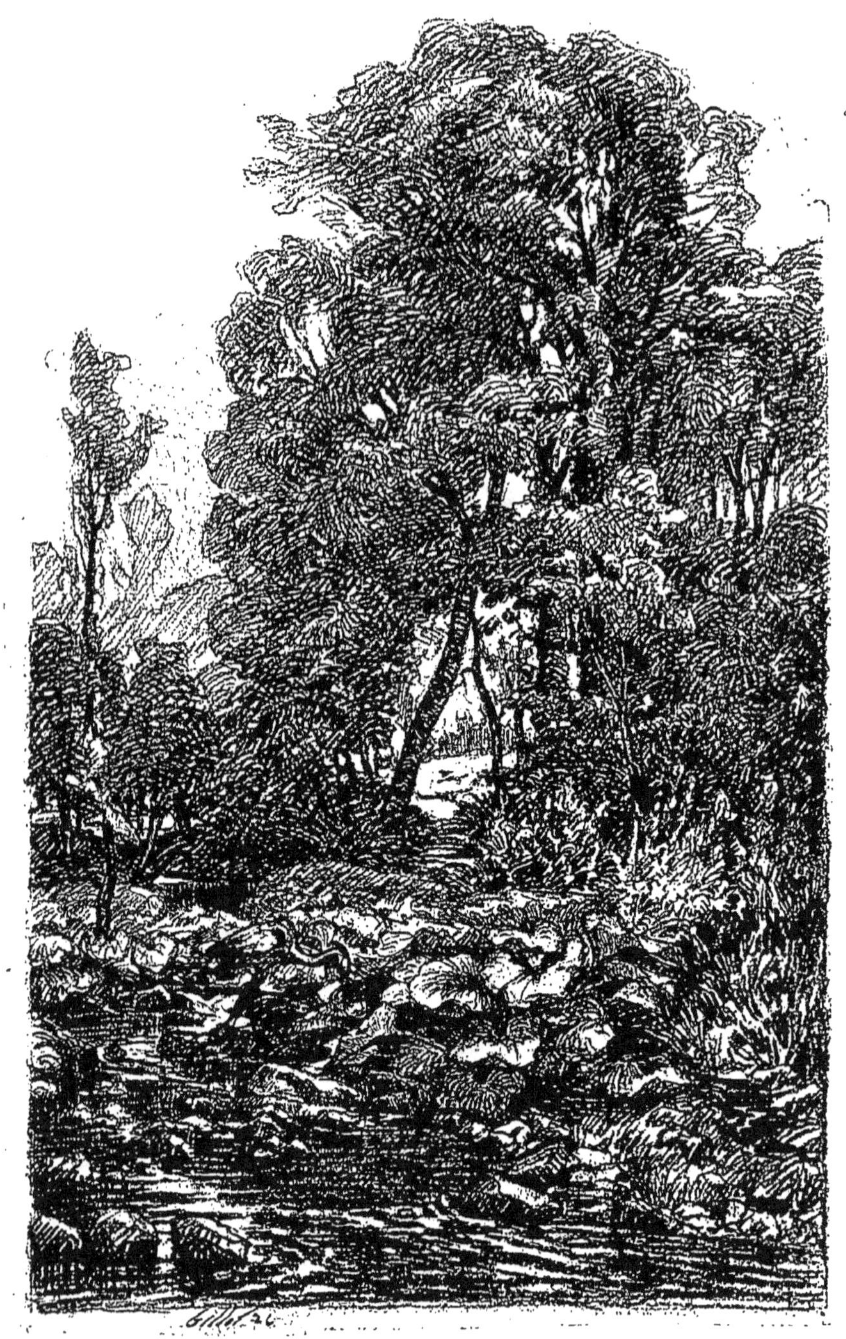

2668. Saintin (H.). *Le Héron.*

2696 SAN-MARTIN (C.). *La lecture.*
2697 SARGENT (J.-S.). *Portrait de M. Carolus Duran.*
2698   —   *Dans les oliviers, à Capri* (Italie).
2699 SAUNHAC (M.-A. DE). *Jeanne Darc.*
2700 SAUNIER (N.). *La nouvelle châtelaine.*
2701 SAUNIER (O.). *Zanzibar ; le retour des hirondelles.*
2702 SAUVAGE (A.-L.-J.). *Tabagie.*
2703 SAUVAGE (H.). *Un charmeur de serpents.*
2704   —   *Portrait du docteur A.*
2705 SAUVAGE (P.-F.). *Travail et paresse.*
2706 SAUVAGNAC (J.). *Portrait de Mme P.*
2707 SAUVAIGE (L.-P.). *Pêcheries de Pourville, près de Dieppe* (Seine-Inf^re).
2708   —   *Après la pluie.*
2709 SAUVÉ (J.). *Portrait de Mlle M...*
2710 SAUZAY (A.). *Fin d'automne.*
2711 SCALBERT (J.). *Diane de Poitiers pose devant le sculpteur Jean*
2712 SCAPRE (Mlle J.). *Portrait de Mlle M. de S...*   [*Goujon.*
2713 SCHAEPS (C.-P.-B.). *Chrysanthèmes.*
2714   —   *Une desserte.*
2715 SCHENCK (A.-F.-A.). *Bouchon de paille.*
2716 SCHENNIS (F.-E.-J. DE). *Le bassin de Neptune, à Versailles ; l'automne.*
2717   —   *Lever de lune ; souvenir d'Italie.*
2718 SCHERRER (J.-J.). *Résurrection du fils de la veuve de Naïm.*
2719   —   *Portrait de Mlle L. S...*
2720 SCHILL (A.). *Reliefs du déjeuner.*
2721 SCHJELDERUP (Mlle L.). *Portrait de Mlle de ***.*
2722 SCHLESINGER (H.). **H. C.** *Le pot cassé.*
2723   —   *Le bonnet de la maîtresse.*
2724 SCHMIDT (L.-L.-J.-B.). *Prêts à partir pour le labour.*
2725   —   *Un bon ménage.*
2726 SCHMITT (É.). *Une propriété, à Vernon.*
2727 SCHMITT (P.-F.). *Soleil couchant, près de Sainte-Anne-d'Auray*
2728   —   *A Palaiseau* (Seine-et-Oise).   [(Morbihan).
2729 SCHNEIDER (Mme F.). *Seule!*
2730   —   *Faneuse.*
2731 SCHNEIDER (L.-A.). *Le fils du garde.*
2732   —   *La robe de noces.*
2733 SCHOMBERG (C. DE). *Arrivée au bivouac.*
2734 SCHOMMER (F.). *Portrait de Mme M. T...*
2735   —   *Portrait de Mme V. N...*
2736 SCHOPIN (G.). *Lièvre.*
2737 SCHOPIN (H.-F.). **H. C.** *La mère Jean-tout-court.*
2738   —   *Le père Dumont.*
2739 SCHOUTTETEN (L.). *Lever de lune, en Hollande ; marine.*
2740 SCHREIBER (C.-B.). *Fioraia ; souvenir de Rome.*
2741   —   « *Mon ami Boudier.* »
2742 SCHRYVER (L. DE). *Prunes.*
2743   —   *Chysanthèmes.*
2744 SCHUTZENBERGER (L.-F.). **H. C.** *Portrait de M. ***.*

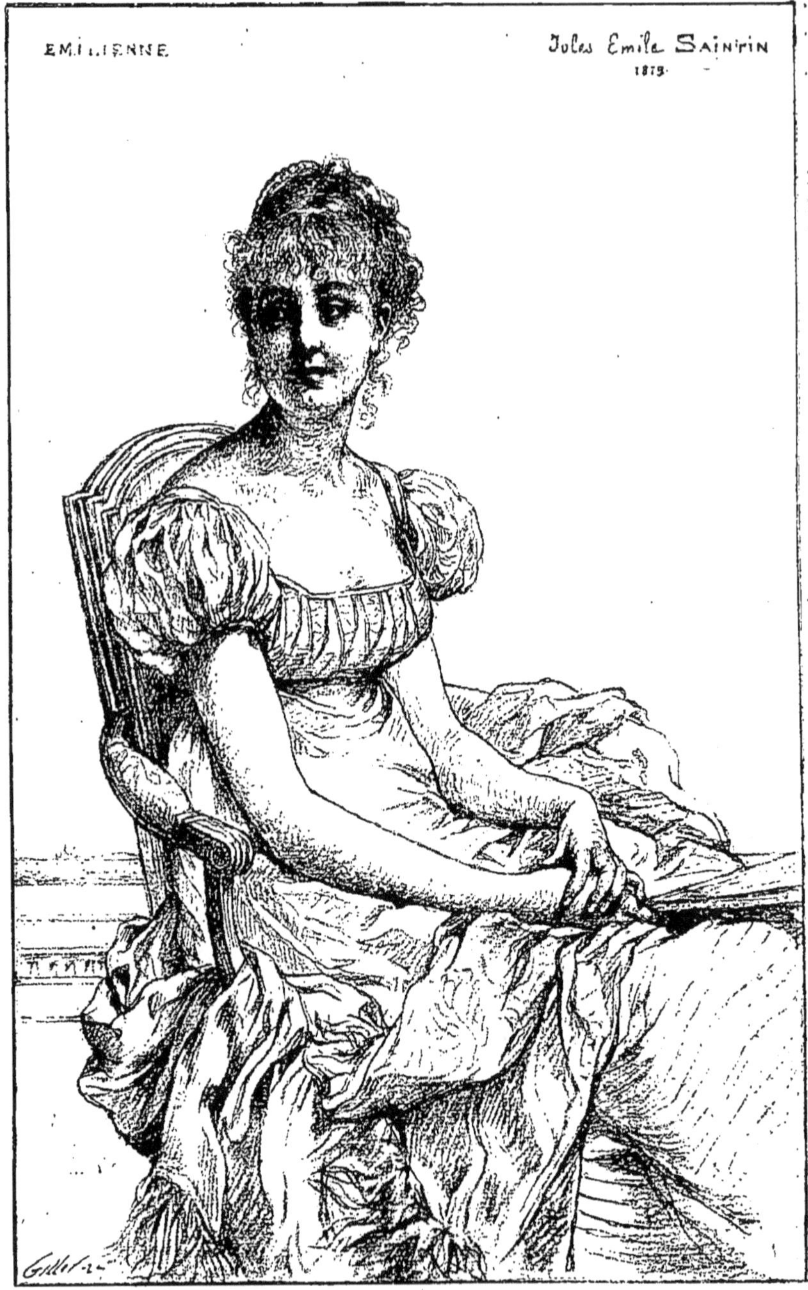

2669. SAINTIN (J.-E.). H. C. *Portrait de M^llo H. B...*

2745 SCHUTZENBERGER (L.-F.). **H. C.** *La femme de Putiphar.*
2746 SCHWARTZ (Mme B.). *Pêches.*
2747 SCHWARTZE (Mlle T.). *Portrait de M. A..G. C. V. D...*
2748 — *Costume flamand du* xvii° *siècle; étude.*
2749 SCOTT (H.-L.). *Les parcs aux huîtres à la Houle; Cancale.*
2750 SEARLE (Mlle H.). *Fruits.*
2751 SEBILLOT (P.). *Roc'h-hir; marée basse à l'embouchure du Trieux.*
2752 — *La pointe de l'Arcouest, près Bréhat* (Côtes-du-Nord).
2753 SEDILLE (P.). *La perruque* (Vosges).
2754 — *Vieux cimetière dans les Vosges.*

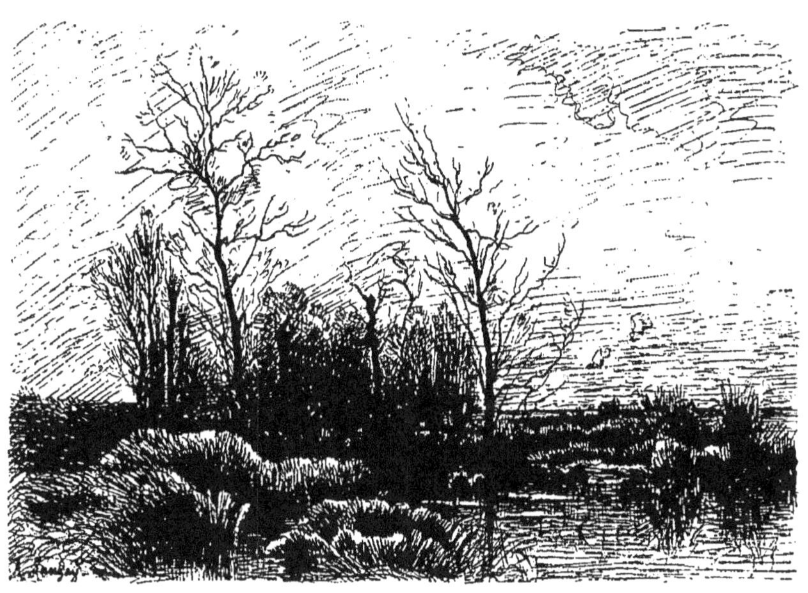

2710. Sauzay (A.). *Fin d'automne.*

2755 SEGÉ (A.). **H. C.** *La vallée de Courtry* (Seine-et-Marne).
2756 SEGUIN (É.). *Fleurs.*
2757 — *Nature morte.*
2758 SELLIER (C.). **H. C.** *Portrait de Mlle J. S. de L. en P...*
2759 — *La cigale.*
2760 SERGENT (L.-P.). *Origine du pouvoir : Force; Suffrage universel;*
2761 SERRE (L.). *Une fontaine à Croʒan* (Creuze).   [*Droit divin.*
2762 SERRES (A.). *Le renoncement.*
2763 SERRES (C. de). *Portrait de Mme Y...*
2764 SERVIN (A.-É.). **H. C.** *Le passage du bac.*
2765 — *Coupe de bois dans la forêt de Penthièvre.*
2766 SEVESTRE (J.-M.). *Italienne arrivant à Paris.*
2767 SHONBORN (L.-J.). *Portrait.*
2768 SIBUET (C.). *Roses.*
2769 SIEMIRADSKI (H.). **H. C.** *La danse des glaives.*

2770 SIMONET (P.-L.). *Fruits.*
2771 — *Prunes de reine-Claude.*

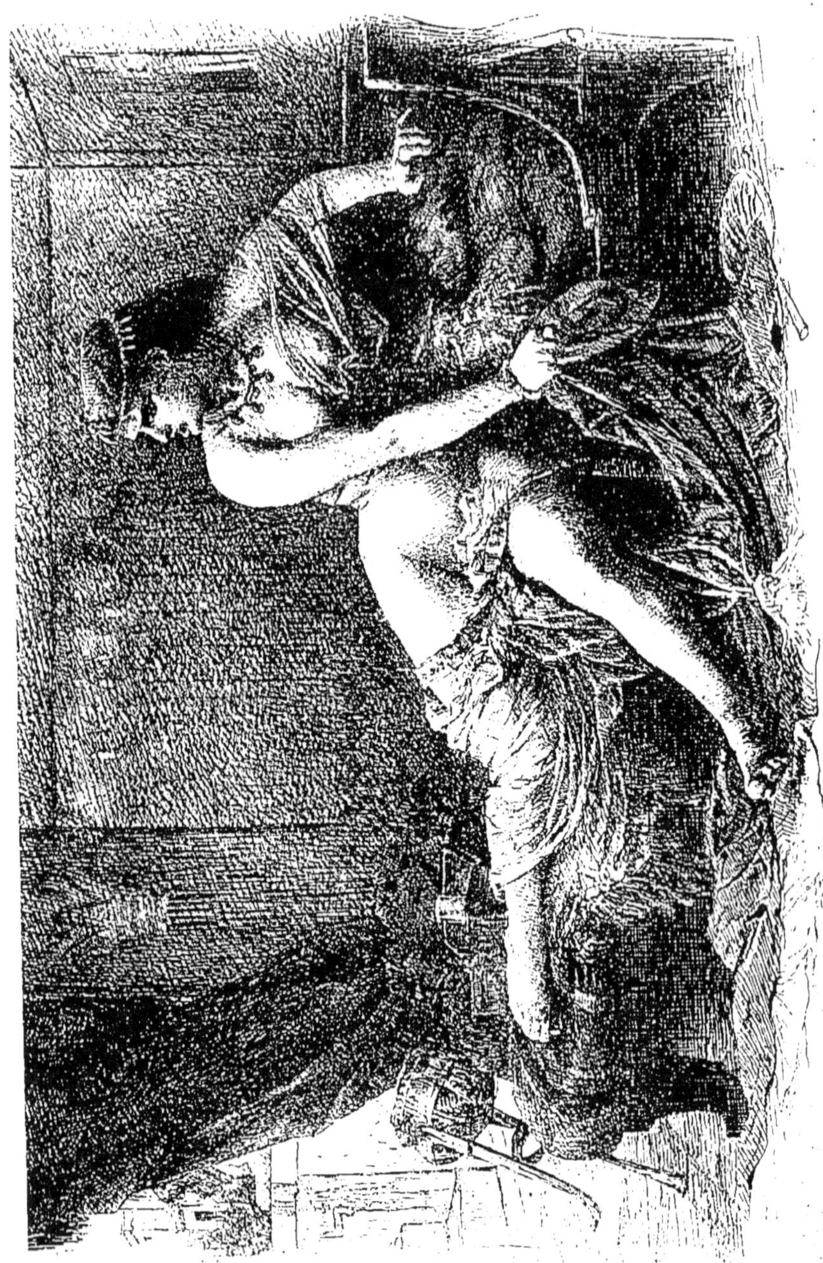

2745. SCHUTZENBERGER (L.-F.). H. C. *La femme de Putiphar.*

2772 SINET (L.-R.-H.). *Fruits.*
2773 SIROUY (A.). *Portrait de M. G. W. Z...*
2774 — *Portrait du docteur L. de L. T...*

2775 SISTERÉ (A. DE). *Deux camarades.*
2776   —   *La demande en mariage.*
2777 SMITH (É.-J.). *Indolence.*
2778 SMITH-HALD (F.). *Retour des pêcheurs* (Norwège), *le matin.*
2779   —   *Promenade du matin.*
2780 SOUBIRAN (E.). *St Sébastien secouru.*
2781   —   *Hassan-Aga.*
2782 SOULACROIX (C.-J.-F.). *Héro et Léandre.*
2783 SOULANGE-TEISSIER (L.-E.). *Pêches.*
2784   —   *Giroflées.*

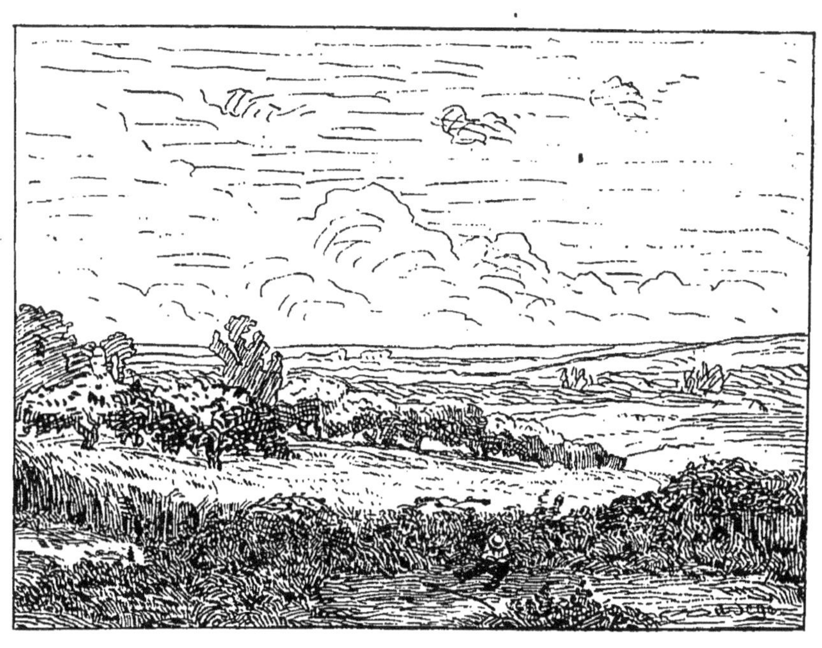

2755. SEGÉ (A.). H. C. *La vallée de Courtry* (Seine-et-Marne).

2785 SOYER (P.). *Part à deux.*
2786   —   *Étude.*
2787 SPECHT (É. DE). *Portrait de Mme ***.*
2788 SPILHER (P.). *Pêches et roses.*
2789   —   *Giroflées.*
2790 SPINETTI (C.). *La Vierge de la Rédemption.*
2791 SPIRIDON (I.). *M. Monteverde, dans son atelier, à Rome.*
2792   —   *Page.*
2793 STAHL (É.). *Visite au grand-père convalescent.*
2794 STARCK (J.-G.-J.). *Intérieur de café turc, à Smyrne* (Asie Mineure).
2795 STEINHEL (A.-C.-É.). *Amateurs d'estampes.*
2796 STENGELIN (A.). *La Meuse, près de Dordrecht* (Pays-Bas).
2797 STEWART (J.-L.). *Portrait de Lady A...*
2798 STOLK (Mme A.). *Branche de marronnier.*
2799 STONE (Mlle M.-L.). *L'Angélus.*

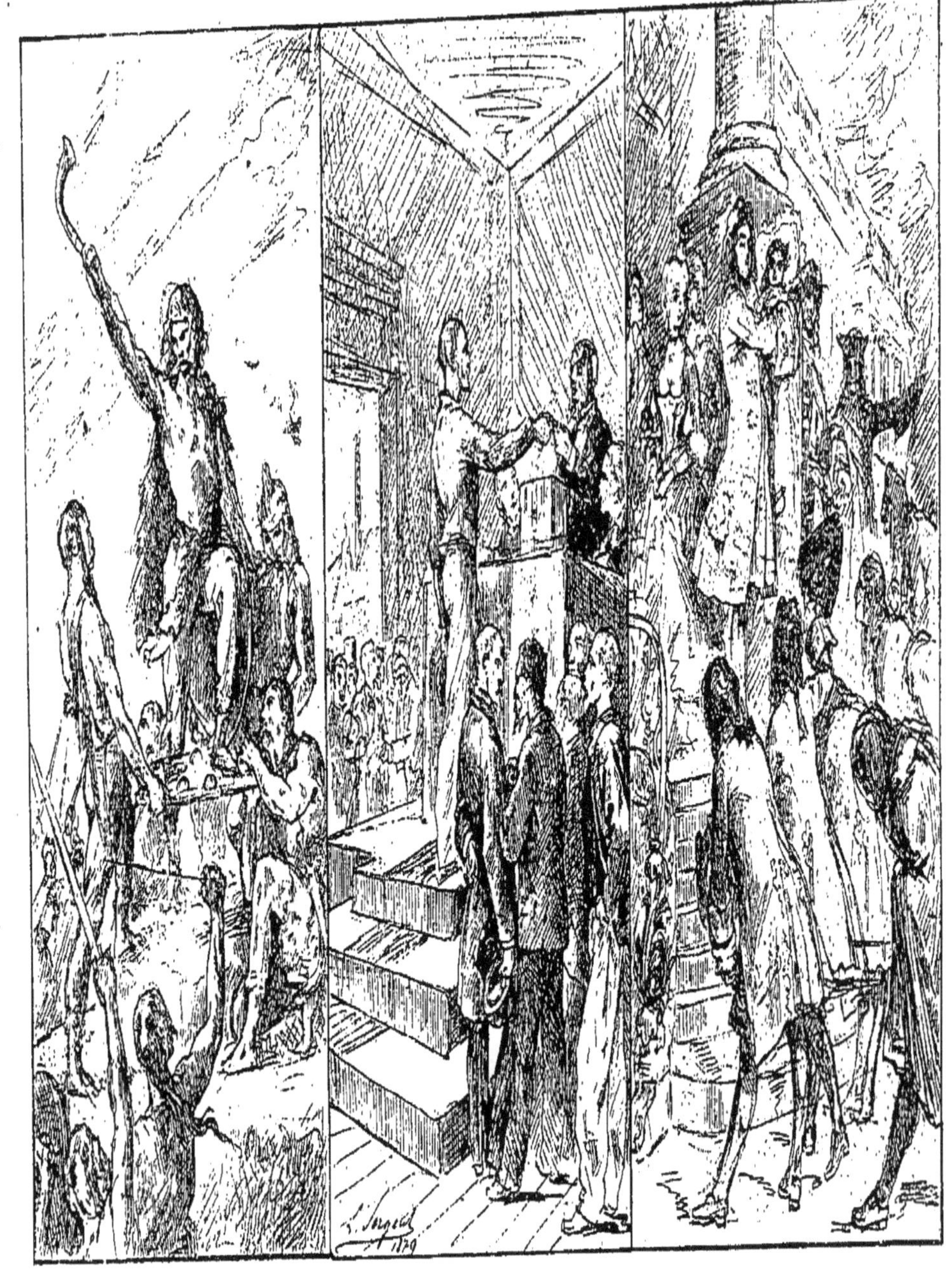

2780. SERGENT (L.-P.). *Origine du Pouvoir : Force ; Suffrage universel ; Droit divin.*

2800 STRATTA (C.). *La parade.*
2801 STROOBANT (F.). *Le quai du Rosaire, à Bruges (Belgique).*
2802 STUPFLER (H.). *Souvenir de « mon premier amour. »*
2803 SUCHET (J.). *Trois-mâts entrant dans le Vieux-Port de Marseille.*
2804 SUNDBERG (Mlle C.). *Fruits et fleurs.*
2805   — *Salade et fruits.*
2806 SUNDRETER *Élie dans le désert.*
2807 SWIFT (C.). *Une épave.*
2808 SYLVESTER (J.-H.). *Long, long, ago! (Il y a très longtemps.)*
2809 SZYNDLER (P.). *Drambouniar.*
2810   — *Pensierosa.*
2811 TANGUY (E.). *Le long de la garenne, à Civry-la-Forêt* (Seine-et-
2812   — *Sous le taillis.* [Oise).

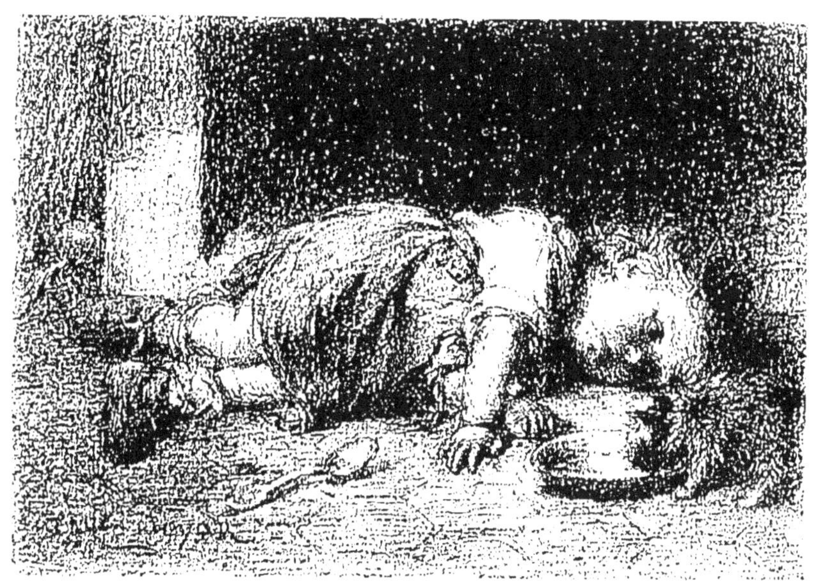

2785. Soyer (P.). *Part à deux.*

2813 TANQUERAY (A.-E.). *Portrait de Mme ***.*
2814 TANZI (L.). *Portrait de Mme ***.*
2815 TASSET (G.-C.). *Dans la forêt.*
2816 TATTEGRAIN (F). *Au large, pendant la pêche du hareng.*
2817   — *Un coup d'épaule.*
2818 TAUZIN (L.). *Vieux moulin normand, à Blangy-sur-Bresle* (Seine-
2819 TAVERNIER (P.). *Portrait de M. ***.* [Inférieure).
2820   — *Arabes baignant leurs chevaux dans la mer.*
2821 TAYLOR (T.). *Indécision.*
2822 TELINGE (L.-J.). *Un coin de ferme aux environs de Saint-Valéry.*
2823   — *La falaise, à Saint-Valéry-en-Caux, le matin.*
2824 TENER (R.). *Bords de l'Oise au soleil levant.*

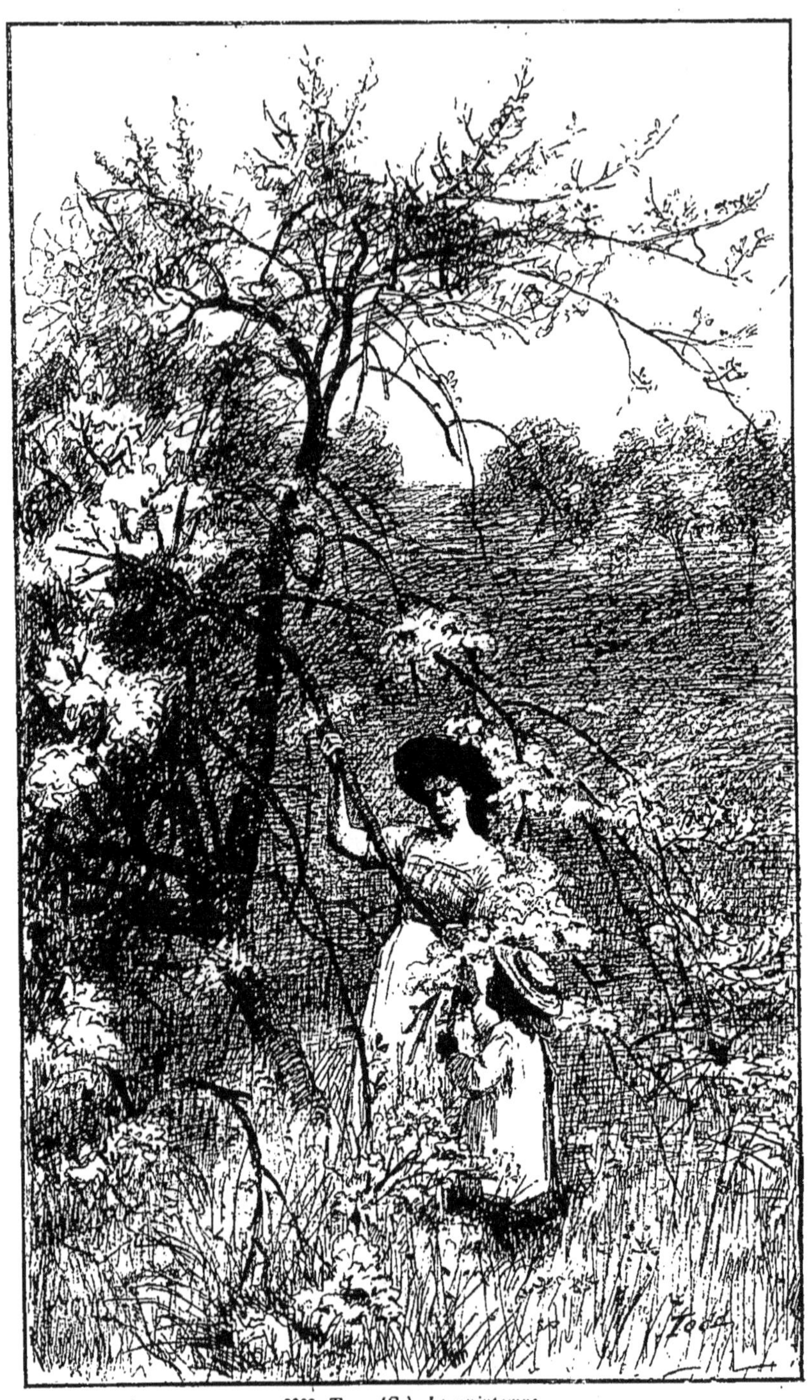

2860. Todd (G.). *Le printemps.*

2825 TENISWOOD (G.-F.). *Sur les bords du Dartmoor ; temps orageux.*
2826 TESSE (P.). *Les trois chênes, environs de la Motte-aux-Bois* (Nord).
2827 TESSIER (F.). *Portrait de Miss A. S...*

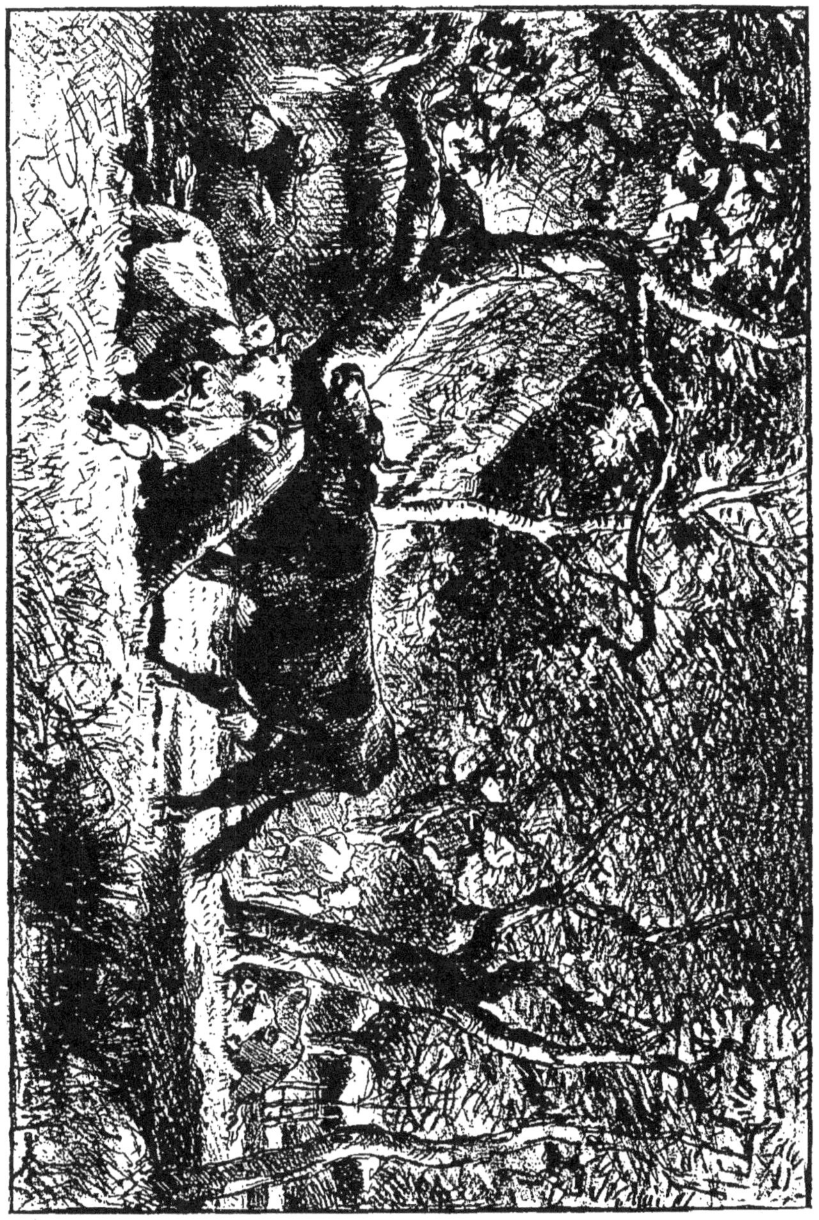

2918. Van Marcke (E.) H. C. Herbage à Soreng (Seine-Inférieure).

2828 THAULOW (F.). *Vers la côte ; Norwège.*
2829   —   *Une plage de Norwège.*
2830 THIEBLIN (Mlle R -J.). *Grenades, oranges, etc.*

2831 THIELLEY (C.). *École buissonnière.*
2832 THIOLLET (A.). *Un gros temps dans la baie de la Somme.*

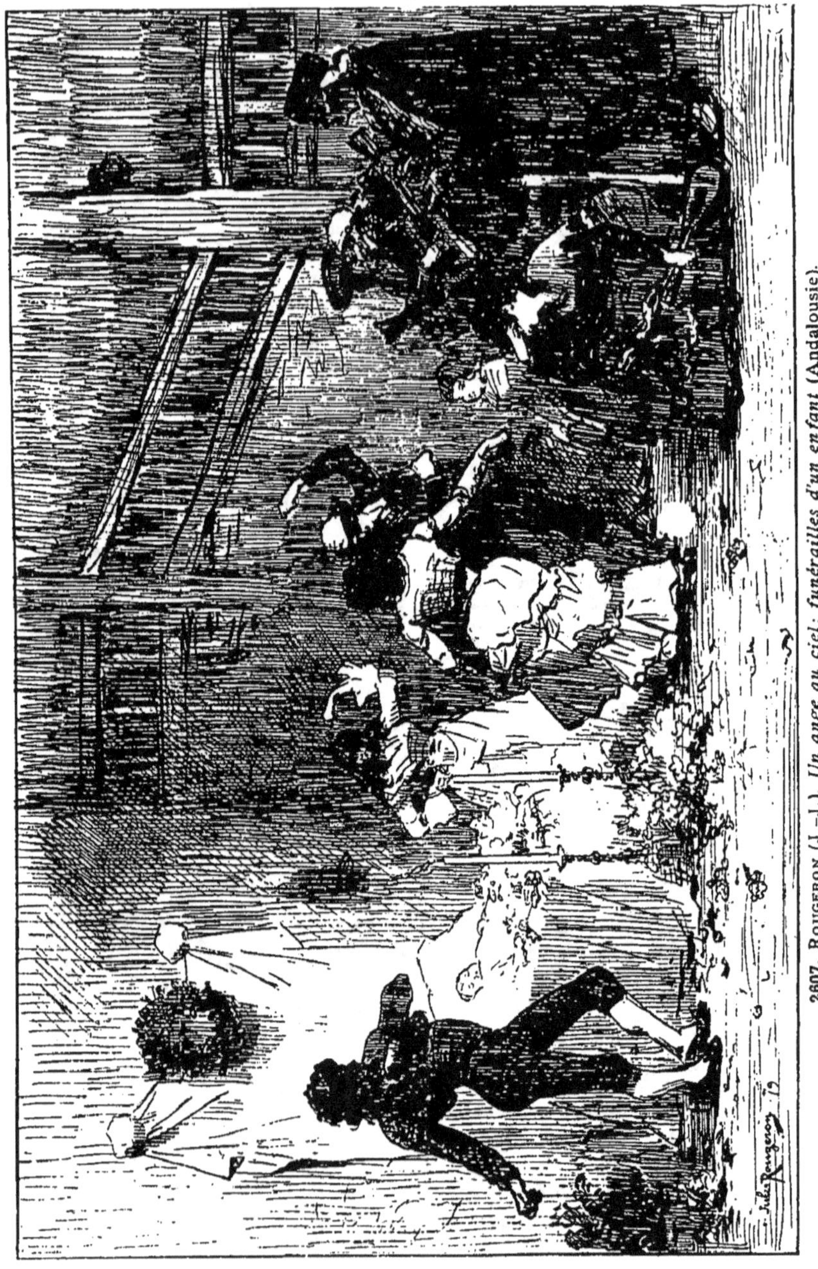

2607. ROUGERON (J.-J.). *Un ange au ciel; funérailles d'un enfant (Andalousie).*

2833 THIOLLET (A.). *Débarquement de poissons à Cayeux* (Somme).
2834 THIRION (E.-R.). **H. C.** *Portrait de Mme H...*
2835   —   *Portraits des enfants du vicomte de B...*

2836 THIVET (A.-A.). *Un petit marchand oriental.*
2837   —   *Portrait de M*^{me} *A. T...*
2838 THIVET (É.). *Portrait de M.****

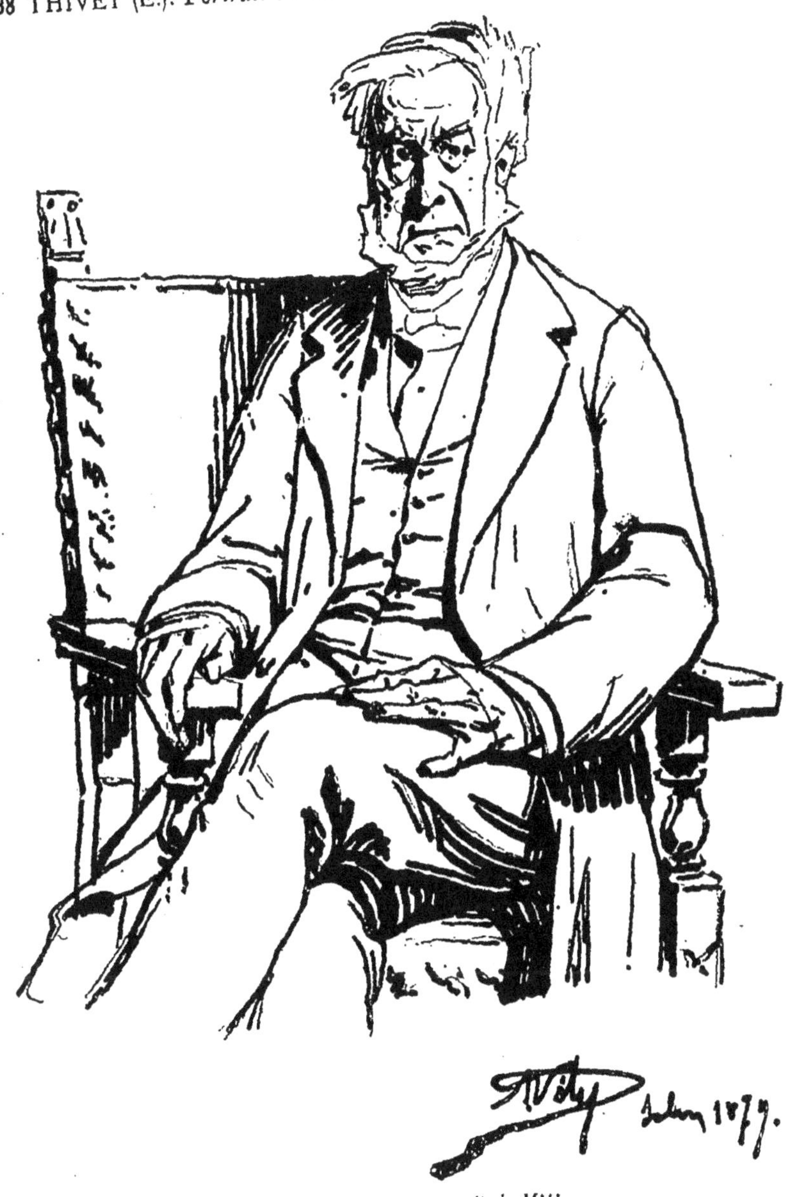

2924. VÉLY (A.). *Portrait de M****

2839 THOLER (R.). *Nature morte.*
2840   —   *Huîtres et soupière.*
2841 THOMAS (Mlle A.). *Prunes.*

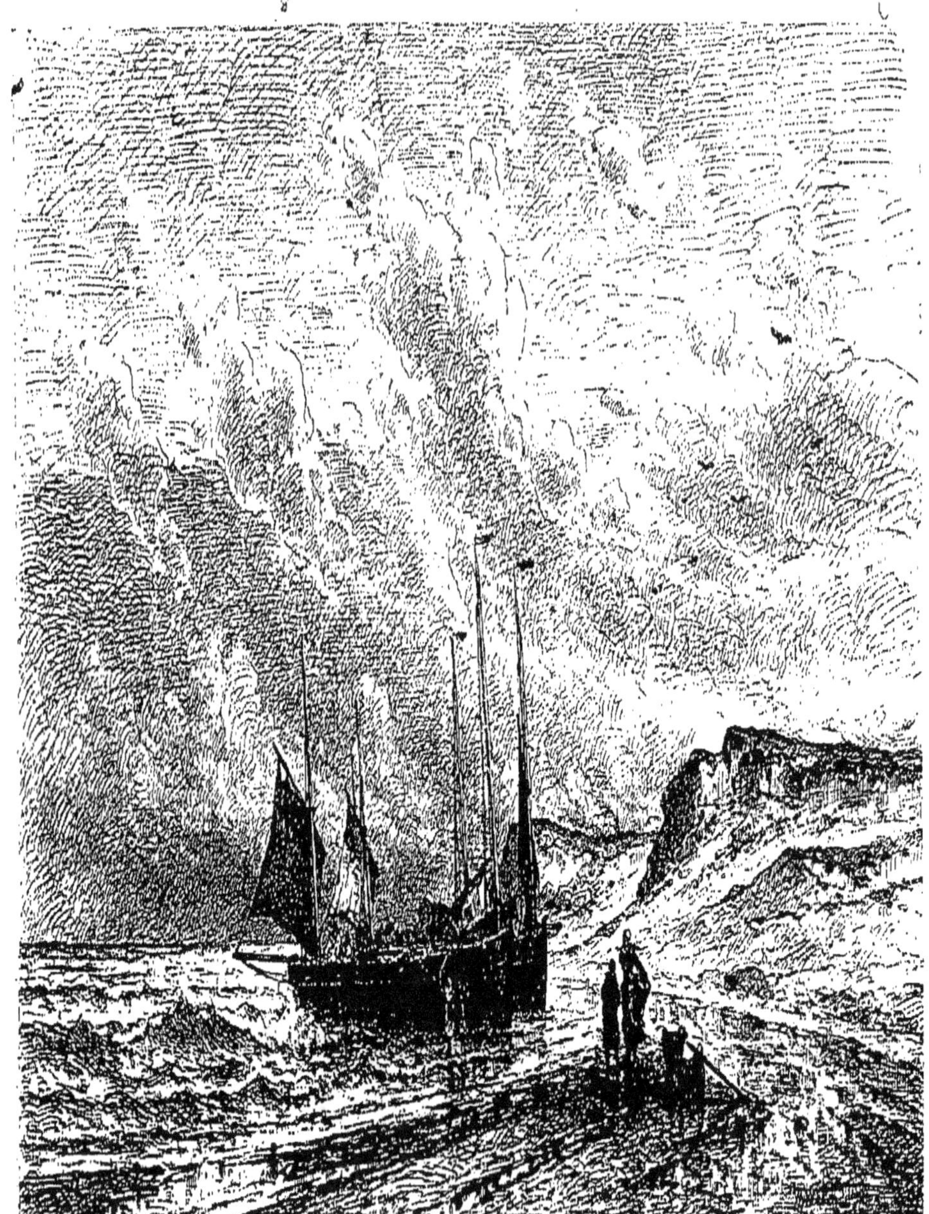

2997. WEBER (T.). *Bateaux de Penzance* (Grande-Bretagne).

2842 THOMAS (C.-A.). *Roses.*
2843 THOMINE-DESMAZURES (M.-J.-L.). *Les bords de la Rançon* (Seine-
2844 THOMPSON (H.). *Une bergerie.*   [Inférieure).
2845 — *Vue prise du bois de sapins, à Allery.*
2846 THOREL (Mlle M.-C.). *La petite sœur de charité.*
2847 THOREN (O. DE). *Dans les steppes de la Hongrie.*
2848 — *Le paradis des enfants.*
2849 THURNER (G.). *Le retour du marché.*
2850 THURNEYSSEN (H.-A.-T.). *Un passage dangereux.*
2851 — *Les poneys du vicomte de Brigode.*
2852 TILLIER (P.-P.). *Baigneuse.*
2853 TIRADO (F.). *Portrait de M. de G...*
2854 TISSERON (J.-A.). *Le trou aux grenouilles.*
2855 — *La source.*
2856 TITEUX (E.). *Portrait du général Lewal.*
2857 TIVOLI (S. DE). *Matinée de fin d'été, aux bords de la Seine.*
2858 — *Bateaux pêcheurs de la Méditerranée.*
2859 TODD (G.). *Rideau de théâtre.*
2860 — *Le printemps.*
2861 TOJETTI (D.). *Elaine.*
2862 — *Françoise de Rimini.*
2863 TORREY (E.). *L'annonce.*
2864 TORTEZ (V.). *Retour des champs ; idylle.*
2865 — *Vénus et l'Amour.*
2866 TOUDOUZE (É.). **H. C.** *Les anges gardiens.*
2867 TOURNÈS (E.-F.-L.). *Portrait de M. T...*
2868 TOURNIER (G.). *Rhododendrons.*
2869 — *Pensées.*
2870 TOURNIER (L.). *Portrait de Mlle M. de R...*
2871 TOURNY (L.-A.). *Le retour des champs.*
2872 TOVAR y TOVAR (M.). *Portrait de Mlle J. Lazo.*
2873 TRAMONTANO (J.). *Intérieur d'une église à Naples.*
2874 TRAYER (J.-B.-J.). **H. C.** *Pêcheuses du Tréport attendant la basse mer.*
2875 TRAZ (E. DE). *Etang ; fin de novembre.*
2876 — *La mare de Bénouville.*
2877 TRESIÉRES (J.). *L'invitation.*
2878 TRIPET (A.). *Portrait de M. E. B...*
2879 TROUILLEBERT (P.-D.). *Portrait de Mlle F. de R...*
2880 TRUPHÊME (A.). *Les premiers pas de Marguerite.*
2881 — *Un marcassin.*
2882 TYLLON (P.). *Nature morte.*
2883 TYTGADT (L.). *La répétition.*
2884 UCHERMANN (K.). *Lapins.*
2885 ULFSTEN (N.). *Plage norwégienne.*
2886 ULMANN (B.). **H. C.** *Caton arraché du sénat.*
2887 ULYSSY-ROY (J.). *Portrait de Mme D...*
2888 UNTERNAHRER (Mlle S.). *Le bain.*
2889 — *Portrait de Marie-Jeanne.*
2890 VALADON (J.-E.). *Pendant un service funèbre.*
2891 — *Portrait de M. Brunner.*
2892 VALENTINO (Mlle A.). *Portrait de Mme C...*

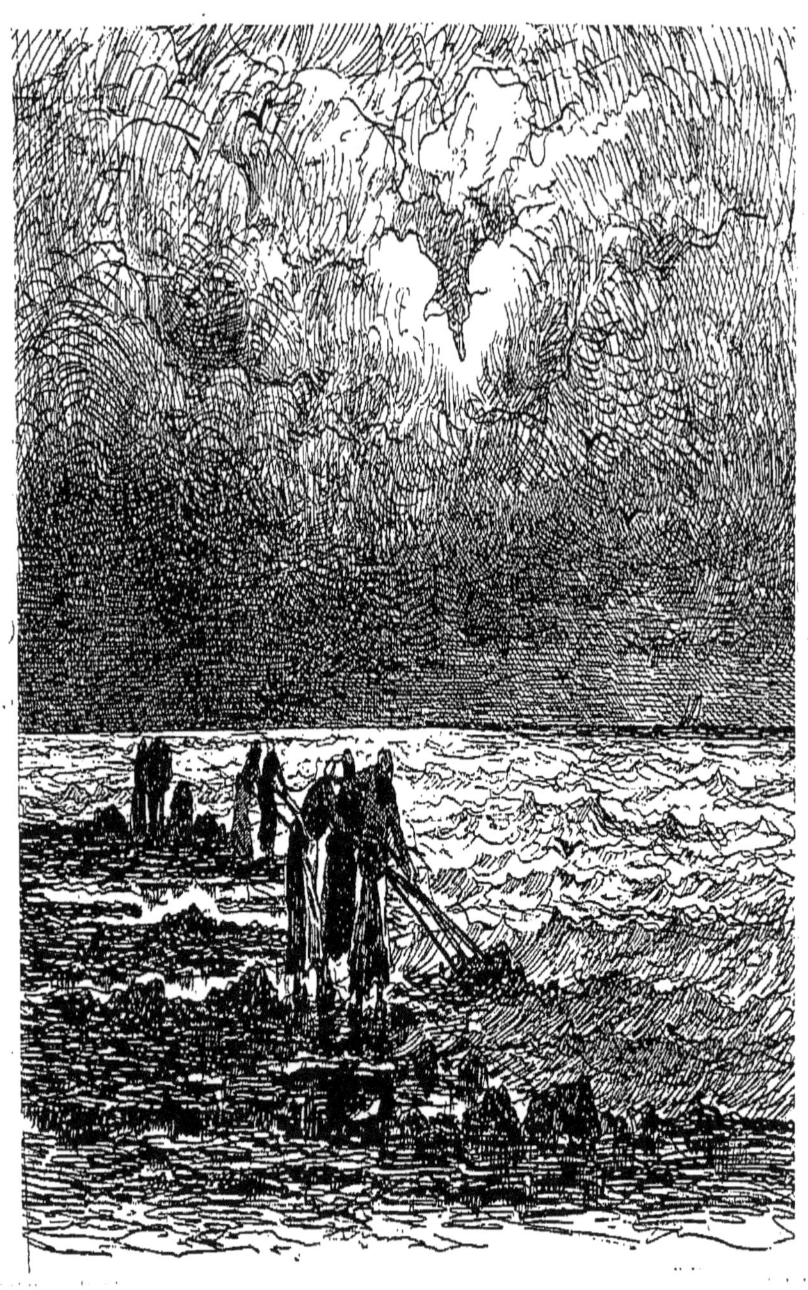

2933. Vernier (E.-L.). *Les pêcheuses de varech à Yport* (Seine-Inférieure).

2893 VALENTINO (Mlle A.). *Portrait de Mme E. A...*

2894 VALÉRIO (T.). **H. C.** *La coupe du goëmon, à Carnac* (Morbihan).

2895 VALETTE (R.). *Descente du brouillard dans la gorge de Soussouéou.*

2896 — *Les bords du Gave à Gélos, près de Pau.*

2897 VALLANCIENNE (L.-N.). *Les deux gourmands.*

2898 VALLÉE (É.-M.). *Le vieux moulin de Fontaine-sous-Jouy, près Évreux.*

2899 — *Une matinée de printemps, environs d'Évreux.*

2900 VALENNIS (O.). *Portrait de M. A. S...*

2901 VALLET (É.). *Ajoncs en fleurs.*

2902 VALLET (L.). *Le cuisinier.*

2903 — *L'éplucheur de légumes.*

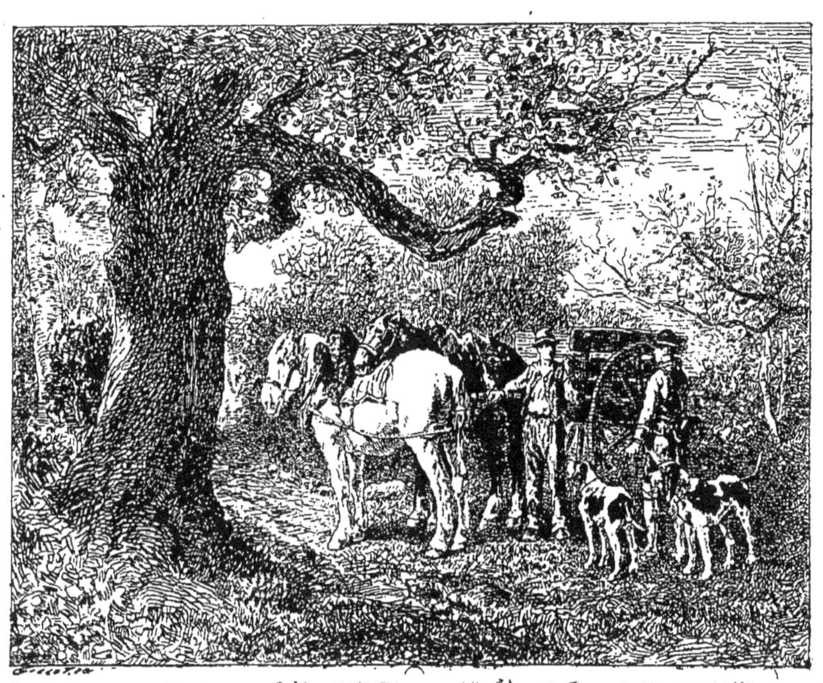

2941. V*eyrassat* (J.-J.). **H. C.** *Le renseignement.*

2904 VALLOIS (P.). *Épave à marée basse; environs d'Étretat.*

2905 — *Le tribunal du Cadi à Alger.*

2906 VALPINÇON (P.). *Gibier.*

2907 VANAISÉ (G.). *Louis XI et Olivier le Daim.*

2908 VAN BEERS (J.). *Le poète flamand Jacob van Maerlandt prédit, en mourant, à Jan Breydel et à Pieter de Coninck, la délivrance de la Patrie; triptyque.*

2909 — *La laitière.*

2910 VAN DEN BUSSCHE (E.). *Les plébéiens au temps de la dîme.*

2911 VAN DER MEULEN (E.). *Chiens au chenil.*

2912 VAN DER SYP (A.). *Effet de neige; vue prise à Rosny-sous-Bois* (Seine).

2913 VAN ELVEN (P.). *Vue de Beyrouth* (Asie Mineure).

2914 — *Une rue du Caire.*

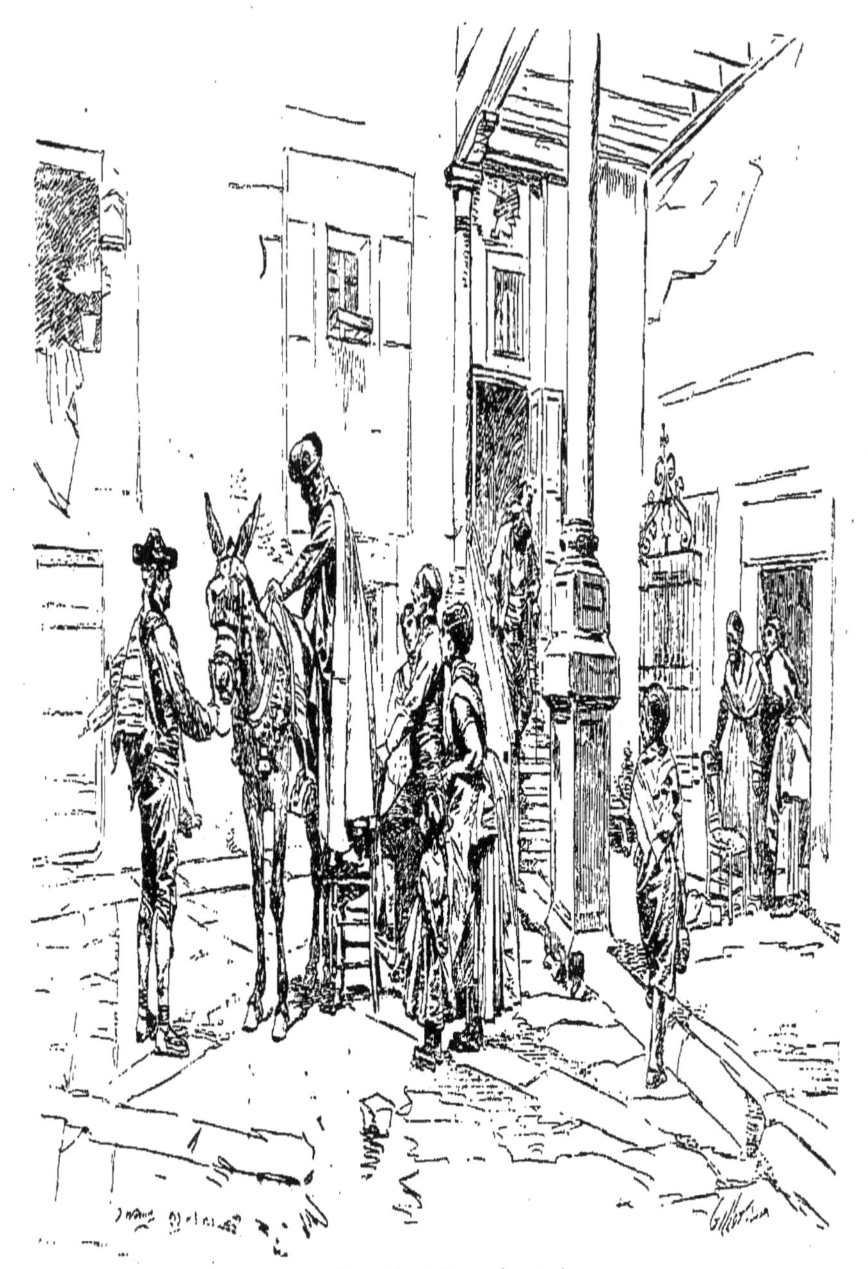

3012. WORMS (J.), H. C. *La tournée pastorale.*

2915 VAN HAANEN (C.-C.). **H. C.** *Boutique de masques, à Venise.*
2916 VAN HOVE (E.). *Portrait de Mme V...*
2917 VAN LEEMPUTTEN (C.). *Un intérieur d'étable.*
2918 VAN MARCKE (É.). **H. C.** *Herbage à Soreng (Seine-Inférieure).*
2919 VANNUTELLI (S.). Primavera.
2920 VASSELON (Mlle A.), *Fleurs d'avril*
2921 VASSELON (M.). *Musette.*
2922 VAUQUELIN (R.-L.-F.). *Jeune Italienne de la campagne de Rome.*
2923 VAYSON (P.). *Les moutons; paysage de Provence.*
2924 VÉLY (A.). *Portrait de M***.*
2925 VENNEMAN (Mlle R.). *L'attente.*

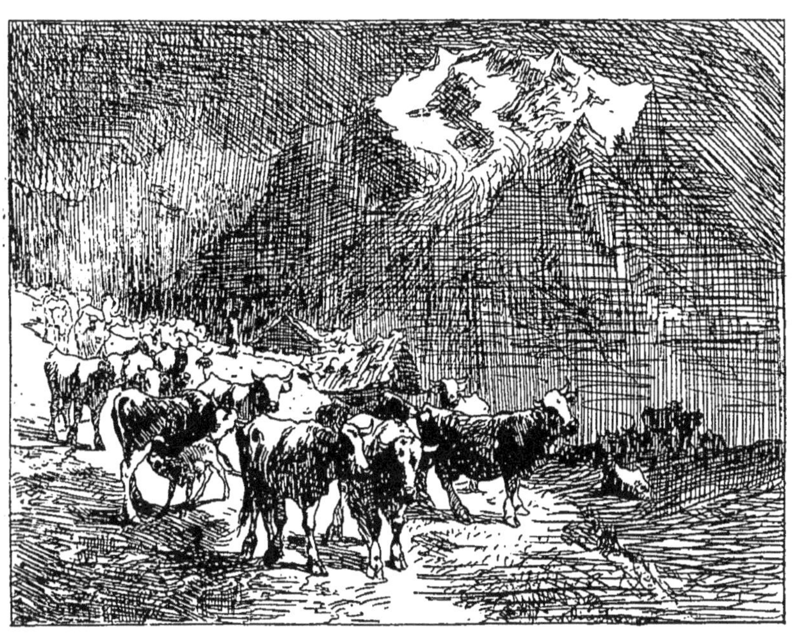

2978. VUILLEFROY (F. DE), H. C. *Un troupeau de vaches dans l'Oberland.*

2926 VERDEVOYE (A.-E.). *Un coin d'atelier.*
2927 VERDIER (G.). *Jacques Callot gravant une eau-forte.*
2928 VERGEZ (E.). *La lande, à Tréboul (Finistère).*
2929 VERHAS (F.). *Fleurs de printemps.*
2930 — *La fête de papa.*
2931 VERHAS (J.). *Portrait de Mlle Suzanne Stevens.*
2932 VERHEIJEN (A.). *Il a soif.*
2933 VERNIER (É.-L.). *Les pêcheuses de varech à Yport (Seine-Inférieure).*
2934 — *La Seine à Bercy, en décembre 1878.*
2935 VÉRON (A.-R.). *Le printemps à Senlis (Oise).*
2936 — *Un moulin à Pontoise (Seine-et-Oise).*
2937 VERRIER (N.-P.). *Villa Cordier, à Orsay.*
2938 VERTET (H.-F.). *Un étang, aux environs de Dijon.*
2939 VERWEE (A.-J.). **H. C.** *En West; Flandre.*

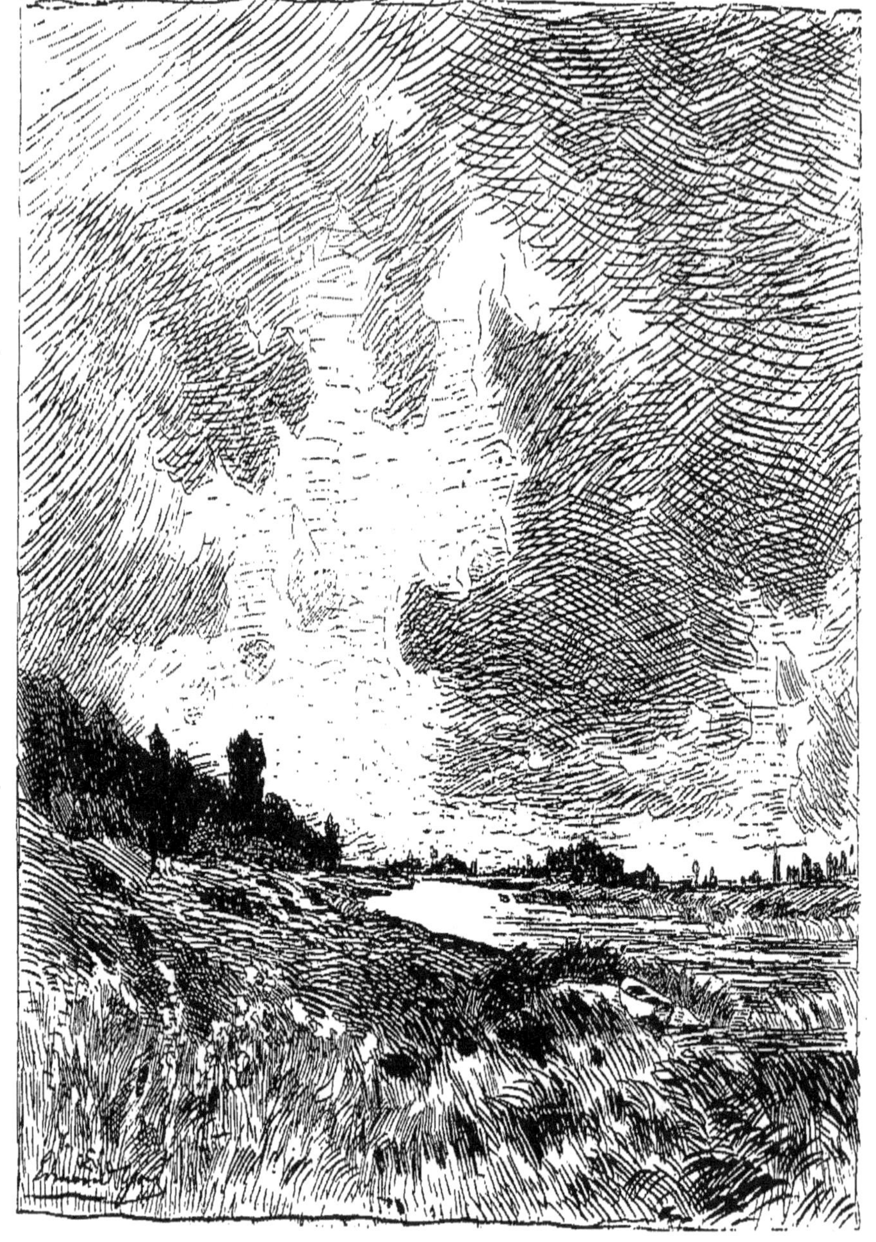

3023. Yon (E.-C.). *Le bas de Montigny; bords de la Marne.*

2940 VEULLE (M. DE). *Bric à brac.*
2941 VEYRASSAT (J.-J.). **H. C.** *Le renseignement.*
2942   —   *Le hallage à Samois.*
2943 VIALLE (J.). *L'exilé.*
2944 VIANELLI (A.). *Folie.*
2945 VIARDOT (L.). **H. C.** *Portrait d'un enfant.*
2946   —   *Tête de chien épagneul.*
2947 VIDAL (V.). **H. C.** *Étang de Quimerc'h* (Finistère).
2948   —   *Toul-ar-coat-bin; ferme du Finistère.*
2949 VIDECOQ (Mlle L.-M.). *Casque du xve siècle.*
2950 VIÉ (É.). *Remise d'une chevrette.*
2951 VIEL-CASTEL (J.-M.-B.-U. DE SALVIAC DE). *Gibier.*
2952 VIERLING (A.). *Portrait de Mme la comtesse de M...*
2953 VIGER (J.-L.-H.). *Le château de Saint-Cloud.*
2954   —   *Le fauteuil bleu.*
2955 VIGNON (H.-F.-J. DE). **H. C.** *Portrait de Mme W...*
2956   —   *Portrait de Mme C...*
2957 VILLA (É.). *Jeune femme tressant une couronne.*
2958 VILLAIN (E.). *Joueur.*
2959   —   *Pêche.*
2960 VILLAIN (G.-R.). *Lever de lune sur le port de St-Malo* (Il.-et-Vil.)
2961   —   *Matinée; côtes de Bretagne.*
2962 VILLÉ (F.). Ecce homo.
2963 VILLEBESSEYX (G.). *Saules à Acquigny* (Eure).
2964 VILLOTEAU (Mlle L.). *Fruits.*
2965 VIMONT (É.). *Le mauvais riche.*
2966 VINCHON (A.-R.). *Narcisse.*
2967 VIOLLET-LE-DUC (V.). *Un chemin dans le bois d'Étennemare,*
2968 VION (A.). *Le réveil.*   [*à Saint-Valéry-en-Caux.*
2969 VIRY (P.). *Le bihoreau.*
2970   —   *La colombe.*
2971 VISCONTI (A.). *Panoplie.*
2972 VITTALY (J.-L.). *Brioche, pommes, oranges.*
2973 VOILLEMOT (C.). **H. C.** *Portraits de Georges et de Jeanne Hugo.*
2974 VORUZ (Mlle É.). *Le livre défendu.*
2975   —   *Portrait de Mlle J. R...*
2976 VUAGNAT (F.). *Pâturage près Veigy* (Haute-Savoie).
2977   —   *Portrait du vicomte de C ...*
2978 VUILLEFROY (F. DE). **H. C.** *Un troupeau de vaches dans l'Oberland.*
2979 VUILLIER (G.-C.). *La fin du jour.*
2980 WAGNER (P.-F.). *Chevreuil.*
2981   —   *Coq de bruyère.*
2982 WAGREZ (J.-C.). *Persée.*
2983   —   *Portrait de Félicité.*
2984 WALBECQ (Mme J.). *Portraits de Mme H. W... et de son fils.*
2985 WALKER (J.-A.). *Hors de combat.*
2986   —   *En attendant.*
2987 WALLET (C.-A.). *Portrait*
2988 WANNEZ (É.). *Coq de bruyère d'Écosse.*
2989 WARD (E.-M.). *Le tonnelier.*
2990 WARD (DE L.). *Un savetier italien.*

2991 WASHINGTON (G.). *Environs de Collo; province de Constantine.*
2992　　— 　*Cavaliers arabes dans les plaines d'El-Outaya.*
2993 WATELIN (L.-V.). *Le marais de Bouttencourt* (Somme).

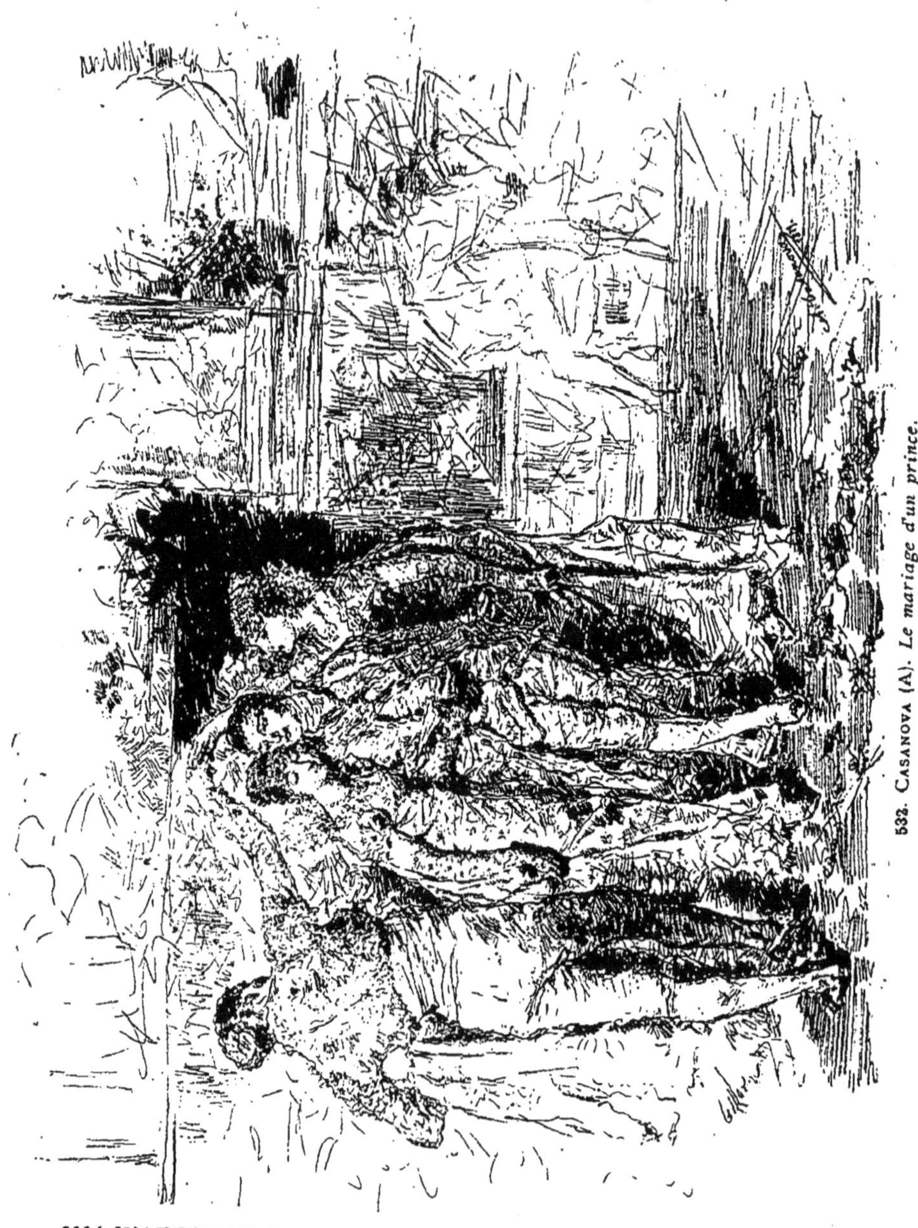

532. CASANOVA (A). *Le mariage d'un prince.*

2994 WATERNAU (Mlle H.). *St Jean-Baptiste.*
2995 WAUTERS (É.-C.). Niniche; *portrait de Mme Judic.*
2996 WEBER (A.). *Portrait de M.* ***
2997 WEBER (T.). *Bateaux de Penzance* (Grande-Bretagne).

2998 WEERTS (J.-J.). **H. C.** *St Didace.*
2999 WEILER (Mme L. DE). *Portrait de Mme la comtesse de W...*
3000 WEISHAUPT (V.). *Abreuvoir.*
3001 WEISZ (A.). *Portrait de Mme G...*
3002   —   *Portrait de Mlle C...*
3003 WENCKER (J.). **H. C.** *Ste Élisabeth de Hongrie.*
3004 WILBERG (C.). *Parc de la villa d'Este (Italie).*
3005 WILLENICH (M.). *Rade de Brest.*
3006 WILLIAMS (F.-D.). *Une rue de Montigny.*

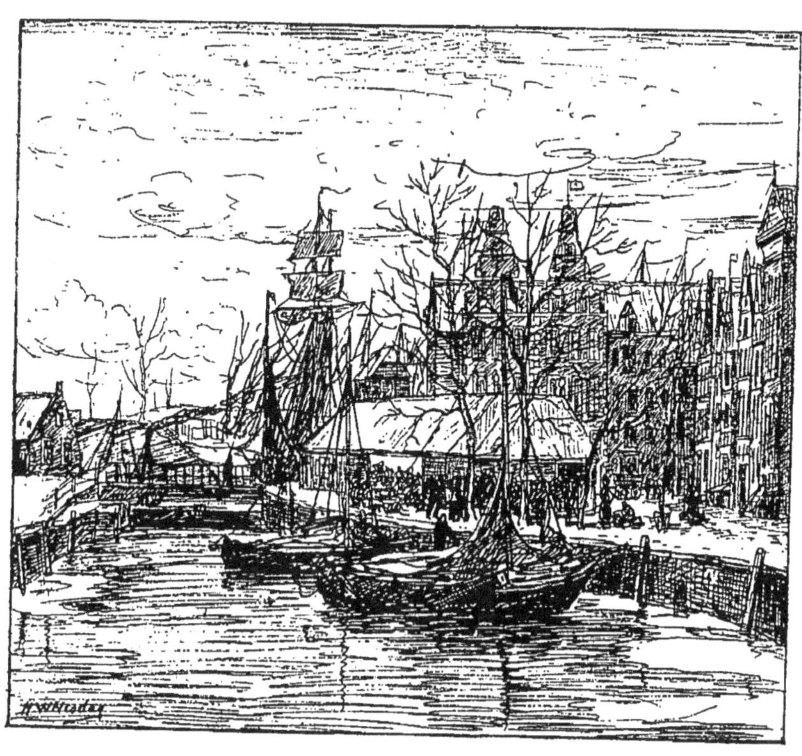

2117. MESDAG (H.-W.) *Marché aux poissons, à Groningue (Pays-Bas), l'hiver.*

3007 WINNE (L. DE). **H. C.** *Portrait de M. R..., ancien ministre.*
3008 WINTER (P.-A.-L. DE). *Le dimanche des Rameaux.*
3009 WINTZ (G.). *Moutons près d'un pommier.*
3010 WIWEL (N.). *Portrait de M. P. Schon.*
3011 WOODWARD (W.-W.). *Une cour du vieux Paris.*
3012 WORMS (J.). **H. C.** *La tournée pastorale.*
3013 WUGK (Feu A.). *Portrait.*
3014 WUST (T.). *Portrait de M. B. F...*
3015 WYLD (W.). **H. C.** *Vue prise au lac de Côme (Italie).*
3016   —   *Vue prise à Vintimiglia (Italie).*
3017 WYLIE (M.). *Un lavoir en Italie.*
3018   —   *Rue à San Germano, près du Mont Cassin (Italie).*

3019 WYMBS (Mlle M.). *Portrait du docteur N...*
3020 XIDIAS (N.). *Portrait de M. ***.*
3021 YARZ (E.). *Le satyre.*
3022 — *Jardin arabe, au Maroc.*
3023 YON (E.-C.). *Le bas de Montigny; bords de la Marne.*
3024 YVON (A.). **H. C.** *Portrait de M. Gatineau, député.*
3025 — *Portrait du docteur Péan.*
3026 ZACHARIE (P.-E.). *Portrait de M. G. M...*
3027 — *Une concierge.*
3028 ZACHO (C.). *La Mare aux Fées; forêt de Fontainebleau.*
3029 — *Un sentier dans la Gorge aux Loups* (Fontainebleau).
3030 ZAKARIAN (Z.). *Pêches.*
3031 — *Raisin.*
3032 ZETTERSTROM (Mme M.). *Charlotte Corday devant le tribunal révo-*
3033 ZIER (É.). *Pélagie.*   [*lutionnaire.*
3034 — *Portrait de M. E. Loudun.*
3035 ZIER (V.-C.). *La fuite en Égypte.*
3036 — *La rosée du matin.*
3037 ZILLHARD (Mlle J.). *Fruits.*
3038 ZUBER-BUHLER (F.). *Une nymphée.*
3039 — *Portrait de Mlle ***.*
3040 ZUR-HELLE (V.). *Une fête champêtre.*

21ᵉ ANNÉE. — 1879

LA
GAZETTE DES BEAUX-ARTS

COURRIER EUROPÉEN DE L'ART ET DE LA CURIOSITÉ

Paraît une fois par mois. Chaque numéro est composé d'au moins 88 pages in-8°, sur papier grand aigle ; il est en outre enrichi d'eaux-fortes tirées à part et de gravures imprimées dans le texte, reproduisant les objets d'art qui y sont décrits, tels que tableaux, sculptures, eaux-fortes, dessins de maîtres, etc.

Les 12 livraisons de l'année forment deux beaux et forts volumes ayant chacun plus de 500 pages ; l'abonnement part des livraisons initiales de chaque volume, 1ᵉʳ janvier ou 1ᵉʳ juillet.

FRANCE

	Un an.	Six mois.
Paris.	5o fr.	25 fr.
Départements.	54 fr.	27 fr.

ÉTRANGER

| États faisant partie de l'Union postale. États-Unis d'Amérique. . . . . | 58 fr. | 29 fr. |

LES ABONNÉS A UNE ANNÉE ENTIÈRE REÇOIVENT

La Chronique des Arts & de la Curiosité
Journal hebdomadaire.

ON S'ABONNE

CHEZ LES PRINCIPAUX LIBRAIRES DE LA FRANCE ET DE L'ÉTRANGER
ou en envoyant *franco* un bon sur la poste
à l'Administrateur-Gérant de la Gazette des Beaux-Arts
8, RUE FAVART, 8

L'éditeur de cette magnifique publication n'a reculé devant aucun sacrifice pour produire une œuvre véritablement digne de l'admiration des amateurs, conciliant l'excellence avec un prix relativement minime.

L'éloge du journal *l'Art* n'est d'ailleurs plus à faire; nous nous bornerons donc à citer les gravures hors texte les plus remarquables parues depuis le commencement de l'année :

Le Tasse dans la prison des fous, gravé par Léopold Flameng, d'après Eug. Delacroix.

Souvenir de Venise, par Léon Gaucherel.

Une Pêcheuse de Schevening, par José Israëls.

Le Derby day, par L. Lalauze, d'après C. Green.

Le Saint Sébastien, par Monizès, d'après Th. Ribot.

Barque de transport sur les lagunes de Murano, par Émile Vernier.

Schields Harbour, par J. Park.

La Charrette de foin, par J. Dupré.

Portrait d'après Drouais, par Ed. Hédouin.

Environs de Southampton, par J. Dupré.

Enfin, l'*Entrée de Charles-Quint à Anvers*, cette œuvre colossale de Hans Makart que nous avons tous admirée à l'Exposition universelle, dont Lalauze vient de faire une eau-forte qui ne mesure pas moins de 55 centimètres de long sur 3o de haut.

Cette planche exceptionnelle, exécutée sur la demande d'un grand nombre d'abonnés, sera offerte gratuitement à tous les souscripteurs de l'*Art*.

La direction justifie bien la devise espagnole : *Siempre adelante!* (Toujours en avant!) Elle s'installe en ce moment, 33, avenue de l'Opéra, dans un splendide local dont l'entresol sera consacré à des expositions internationales trimestrielles.

On ne peut trop encourager une entreprise de ce genre, qui, bien dirigée, est appelée à répandre le goût de l'art, à rendre aux artistes des services très appréciables.

LE MUSÉE DU LOUVRE[1]

Nous ne saurions assez applaudir les tentatives faites pour populariser les chefs-d'œuvre des collections publiques. Il faut saluer avec reconnaissance et espoir les belles livraisons artistiques de la publication que M. Hermet entreprend d'éditer. Le *Musée du Louvre,* tel est le titre qui décore une série de 500 planches, gravées au burin, d'après les œuvres en peinture et en sculpture des diverses Écoles.

En mettant à la portée de tous les richesses inestimables que renferme notre Musée du Louvre, c'était répondre à un besoin général, donner satisfaction à un goût déjà développé pour les grands maîtres, en même temps que faire œuvre de vulgarisation.

La tâche entreprise par M. Hermet demandait non seulement bien du temps et des soins pour la mener à bonne fin, mais encore un goût élevé. Les livraisons parues attestent la réussite de l'entreprise. Le courageux éditeur a voulu que les œuvres reproduites fussent choisies avec le discernement qui doit diriger un esprit dont le but est l'enseignement et la divulgation du beau ; il a eu soin de ne présenter que des gravures dont la valeur fût capable de réhabiliter à tous les points de vue l'art si délaissé du burin.

Les 500 planches de cette magnifique collection comprennent pour l'École italienne des reproductions des tableaux de Raphaël, parmi lesquelles on remarque la *Sainte Famille* et la *Belle Jardinière ;* nous admirons encore la *Joconde,* de Léonard de Vinci ; la *Charité,*

(1) Publication artistique, paraissant deux fois par mois, par livraison de 5 gravures, prix 25 fr. — FÉLIX HERMET, éditeur, passage Dauphine, 7, Paris.

d'Andrea del Sarto, le *Triomphe de l'amour*, du Domi-
niquin, des œuvres de Paul Véronèse, du Titien, des
Carrache, de Salvator Rosa, de Jules Roman, etc., etc.

Dans l'École hollandaise, nous mentionnerons les *Phi-
losophes*, de Rembrandt, la *Femme hydropique* et l'*Arra-
cheur de dents*, de Gérard Dow; des scènes familières de
Terburg, de Metsu, de G. Netscher, de Van Ostade; des
paysages de Berghem et de Ruisdaël; des animaux de Paul
Potter et de Karle Dujardin.

Dans l'École flamande, nous signalerons la *Kermesse*,
de Rubens, et des reproductions de tableaux de Van Dyck,
de Jordaens, de Crayer, de Teniers, de Philippe de Cham-
paigne.

Pour l'École allemande, nous trouvons des œuvres de
Hans Holbein et d'Elzheimer.

Pour l'École espagnole, Murillo et Ribera.

Dans l'École française, nous admirons les plus belles
compositions de notre grand Poussin, l'*Arcadie*, le *Déluge*,
et des paysages de Claude Lorrain, des marines de Joseph
Vernet, des portraits de Mme Vigée-Lebrun, le *Saint
Paul à Ephèse*, de Lesueur; des œuvres du baron Gérard,
de Guérin, de Gros, d'Horace Vernet.

Enfin, pour la sculpture et bas-reliefs, 100 planches
remarquables reproduisant les plus beaux sujets de la
statuaire antique : la *Vénus de Milo*, *Vénus d'Arles*,
Diane de Gabies, *Apollon*, *Bacchus*, *Minerve*, *Junon*, etc.

Chaque gravure est accompagnée d'une notice biogra-
phique de l'artiste et d'une petite étude sur chaque tableau.

Le *Musée du Louvre* forme non seulement une collection de planches rares, mais encore un recueil agréable
et instructif à feuilleter dans les salons.

Un catalogue, contenant la nomenclature des œuvres
reproduites, est envoyé *franco* à toute personne qui en
fait la demande à l'éditeur.

LA VIE MODERNE

JOURNAL HEBDOMADAIRE (1)

Il vient de paraître une nouvelle publication que l'on ne saurait trop recommander aux amateurs d'art et de littérature, un *journal illustré* dont on peut lire le texte avec plaisir et profit, un *journal littéraire* dont on peut regarder les illustrations avec le plus grand intérêt, admirablement imprimé sur papier riche, d'un format commode, joignant à l'attrait particulier des journaux d'art l'attrait plus général des journaux d'actualité, vivant, jeune, passionnément véridique.

Nous citerons au hasard les principaux collaborateurs: pour la partie artistique, les noms de MM. Baudry, Bonnat, Gérôme, Henner, J.-P. Laurens, Detaille, de Neuville, de Nittis, Paul Dubois, Vollon, Falguière, Alma-Tadema, Bastien Lepage, Manet, Puvis de Chavannes, Worms, Jules Breton, Duez, Delaplanche, Jacquet, Munkacsy, Vierge, etc.; pour la partie littéraire, les noms de MM. G. Flaubert, E. de Goncourt, E. Zola, A. Daudet, Meilhac, Halévy, de Banville, Barbey d'Aurevilly, Coppée, Silvestre, Theuriet, etc.

De tels noms sont tout un programme et tout commentaire serait superflu; nous renvoyons nos lecteurs à la collection du journal.

(1) *La Vie moderne*, journal hebdomadaire, illustré, artistique et littéraire, 75 centimes le numéro. Abonnements : 3 mois, 9 fr.; six mois, 18 fr.; un an, 36 fr.; pour l'étranger, le port en sus.
Bureaux à Paris : 13, rue de Grenelle-Saint-Germain, et boulevard des Italiens, 7.

LES BEAUX-ARTS ILLUSTRÉS

Nous parlerons enfin des *Beaux-Arts illustrés,* journal à la fois nouveau et datant de trois ans ; cela veut dire qu'il vient de prendre une nouvelle forme, une nouvelle rédaction. Ce journal est fort au courant, comme texte et illustrations, des actualités de l'art, à l'étranger aussi bien qu'en France. Il est fait avec vivacité, originalité et indépendance, aussi respectueux des grands maîtres du passé que bienveillant aux tentatives nouvelles, s'occupant de toutes les questions : arts industriels, enseignement du dessin, expositions, etc., etc.

Deux critiques bien connus, MM. de Loustalot et Duranty, dirigent le groupe d'écrivains attaché à la rédaction.

Outre les gravures de page, *les Beaux-Arts illustrés* donnent un magnifique supplément dans chacun de leurs numéros, qui sont hebdomadaires. C'est le seul recueil de leur format qui ait un tel luxe. C'est aussi le meilleur marché des journaux d'art. Le prix du numéro n'est que de 5o centimes. Nous souhaitons bonne chance à cette très intéressante publication qui répond à un besoin de notre époque, et nous engageons artistes, amateurs, ouvriers et industriels artistiques à la suivre avec attention.

On s'abonne chez M. G. Decaux, éditeur, 7, rue du Croissant.

M. Alf. Boucher, qui expose cette année une *Léda* d'un mouvement si élégant et si hardi, nous offre le dessin du *Jason* qui lui valut le Second grand Prix de Rome.

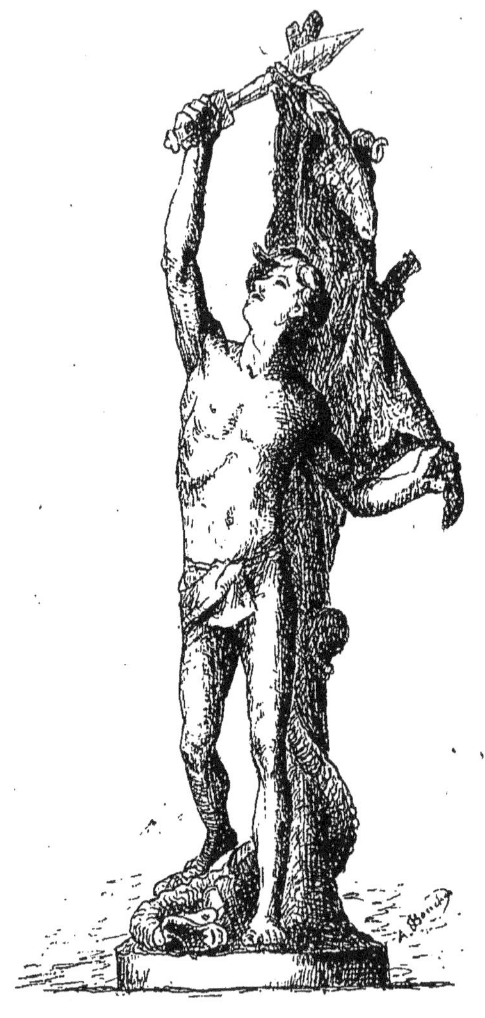

Cette œuvre d'un grand caractère est éditée, ainsi que les groupes gracieux de Mathurin Moreau : *Primavera* et *Saltarella*, par **M. ERNEST ROYER**. Nous avons vu dans ses magasins, 12, rue des Filles-du-Calvaire, à côté de figures d'une valeur artistique réelle et d'une exécution parfaite, une collection de bronzes Louis XVI, dont la pureté et le fini lui ont fait décerner la médaille d'or à l'Exposition universelle de 1878.

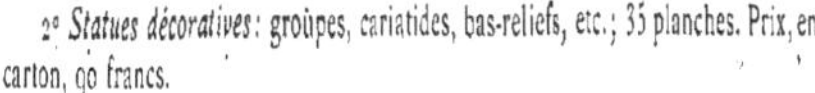

La Librairie générale de l'Architecture et des Travaux publics, DUCHER et Cⁱᵉ, rue des Écoles, 51, à Paris, peut être considérée comme tenant le premier rang parmi les maisons d'édition qui ont pour principale spécialité la publication des livres d'art (Archéologie, Architecture, Art décoratif, Art industriel, etc.) à la fois de grand luxe et d'application pratique.

Le Jury du grand tournoi industriel et international de 1878, à Paris, l'a reconnu, en décernant à cette maison, bien nouvelle encore dans la carrière, la Médaille d'or pour des publications dont nous citerons ici quelques-unes seulement, embarrassé que nous sommes par le choix à faire dans les ouvrages si nombreux et si variés qui figurent à son catalogue.

Nous remarquons principalement.

La monographie du NOUVEL OPÉRA DE PARIS, par M. Charles Garnier, architecte, membre de l'Institut. Deux volumes grand in-folio composés de 100 planches, dont un grand nombre en couleurs, donnant toute la partie architecturale, proprement dite, de cet immense et splendide édifice : façades et détails d'ornementation de ces façades; nombreux plans et coupes; détails intérieurs de décoration; foyer, salle, grand escalier, foyer de la danse, etc.

Ces deux volumes de planches sont accompagnés de deux forts volumes grand in-8 d'un texte historique, descriptif et critique, rédigé par M. Garnier avec l'entrain pittoresque et la brillante humour qu'on lui connaît.

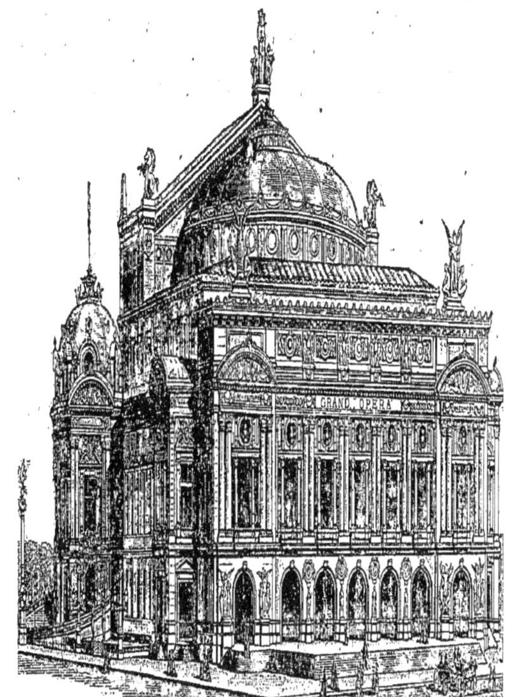

Les deux volumes de planches et les deux volumes de texte se vendent ensemble 320 francs.

Huit livraisons sur dix à publier sont parues.

Les deux volumes de texte peuvent s'acquérir isolément au prix de : brochés ou en fascicules, 20 francs.

Cette première partie du Nouvel Opéra de Paris est complétée par une série de quatre albums de photographies, de même format que les planches, savoir :

1° *Sculpture ornementale* : chapiteaux, consoles, cartouches, panneaux, clefs, rosaces, frises, tympans, pilastres, etc.; 45 planches. Prix, en carton, 125 francs.

2° *Statues décoratives* : groupes, cariatides, bas-reliefs, etc.; 35 planches. Prix, en carton, 90 francs.

3° *Peinutres décoratives* : foyer de la danse, avant-foyer, grand foyer, tympans et voûte de la salle; 20 planches. Prix, en carton, 70 francs.

4° *Bronzes* : lustres, candélabres, torchères, etc.; 15 planches. Prix, en carton, 50 francs.

Chacun de ces quatre albums est complet en soi; ils se vendent ensemble ou séparément, avec ou sans la première partie, à la convenance de l'acquéreur.

L'ORNEMENT DES TISSUS, depuis les temps les plus anciens jusqu'à nos jours. Recueil historique et pratique des plus beaux types de tissus : brocarts, satins, velours, broderies, etc., que nous ont légué l'Art ancien, le Moyen âge, la Renaissance, les XVIIᵉ et XVIIIᵉ siècles, les Arts orientaux, arabes, chinois, japonais, etc., par M. Dupont-Auberville.

Un beau volume grand in-folio de 100 planches en couleurs, or et argent. Tirage de luxe, exemplaires d'amateurs. Chaque planche comprend un grand nombre de motifs différents; elle est accompagnée d'une feuille de texte explicatif.

Prix du volume : en carton, titre doré, 150 fr. — Belle reliure avec fers spéciaux, 165 francs.

LES CHATEAUX HISTORIQUES.

Anet. — Un volume in-folio, 60 planches et texte. — 150 francs.

Blois. — 35 photographies inaltérables; 12 chromolithographies, 1 planche gravée et un texte historique, 180 francs.

Fontainebleau, Pierrefonds, Chambord, Coulanges-les-Royaux, etc., complètent cette très intéressante collection de monographies architecturales.

LE MOBILIER DE LA COURONNE ET DES GRANDES COLLECTIONS. Spécimens de l'Art du meuble (sièges, bronzes, mobilier, tentures, tapisseries, etc.) à ses meilleures époques, depuis le XIIIᵉ jusqu'au XIXᵉ siècle.

3 volumes de chacun 40 planches gravées ou 10 grands dessins au crayon, avec texte historique et descriptif.

Chacun de ces volumes est complet en soi et peut s'acquérir séparément au prix de, en carton, 60 francs.

La Librairie générale de l'Architecture et des Travaux publics à toutes les personnes qui veulent adresse gracieusement, et franco, un exemplaire de son catalogue général bien lui en faire la demande.

Nous pensons être agréable à nos lecteurs, et notamment aux artistes, en leur signalant les innovations qui peuvent les intéresser, et dont quelques-unes nous ont frappé dans nos visites chez les peintres. Citons d'abord, pour ceux qui travaillent beaucoup le soir ou qui veulent montrer leurs tableaux aux amateurs sans se fatiguer à porter une lampe, un modèle de torchère (dont nous avons pris le dessin que nous reproduisons ci-contre), qui permet de dessiner le soir et de changer à volonté le point éclairé. Cette torchère à l'huile (dont nous avons vu des exemplaires dans plusieurs ateliers fameux, M. M., Mlle S., B.) monte et descend, peut donc servir à éclairer un grand tableau. Le croquis suivant est une lampe au gaz, montant et descendant également, mais fixée au mur par son contrepoids; le réflecteur seul est mobile et peut diriger les rayons sur le tableau que l'on veut regarder. Cette torchère ne serait pas déplacée dans les plus belles galeries de tableaux.

Après informations nous avons appris que ces objets brevetés étaient fabriqués par MM. Dagrin et Casse, qui ont obtenu une médaille d'argent à l'Exposition universelle.

Nous sommes allé rue Debelleyme, 7; nous avons vu chez ces messieurs un article qui intéresse à un égal degré nos artistes et les collectionneurs de gravures, eaux-fortes, etc. Ce sont les porte-folio qui tiennent les col-

lections à l'abri des regards indiscrets, puisqu'ils ferment
à clef et garantissent en même temps de la poussière,

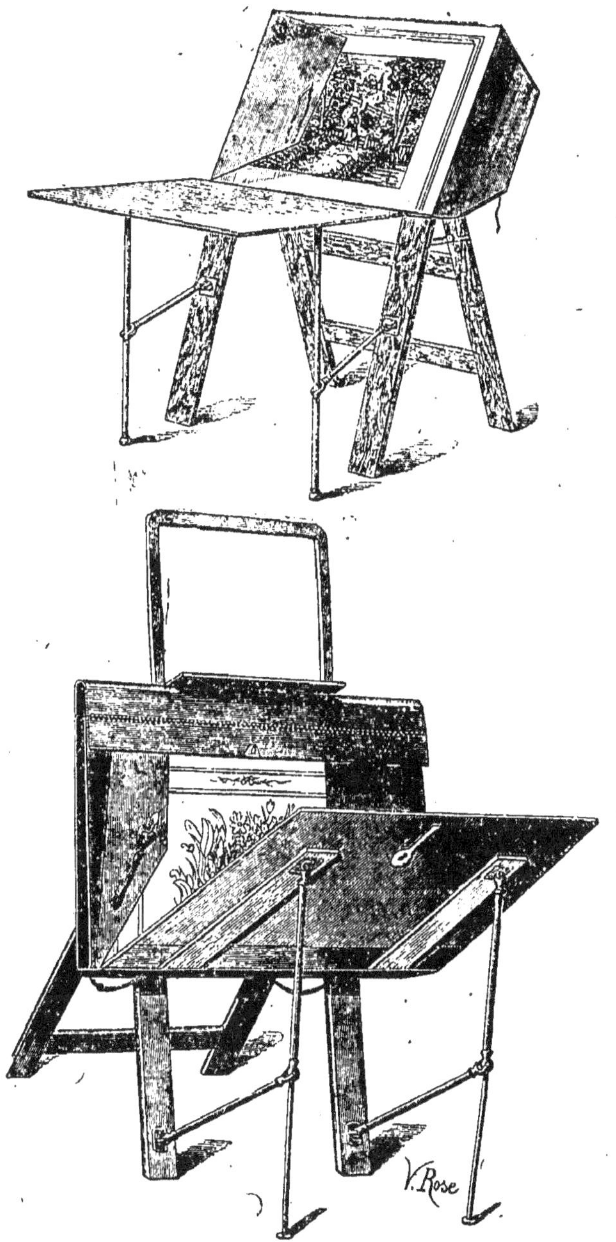

étant parfaitement fermés par des rabats en toile.
Vous pouvez examiner vos gravures sans fatigue, les

cartons s'ouvrent ou se ferment selon que l'on baisse ou
lève les supports mobiles.

Le catalogue est envoyé sur demande.

Nous avons également remarqué de belles épreuves
de la statuaire antique, des garnitures de cheminée, des
vases du musée de Naples et des bronzes d'ameublement,

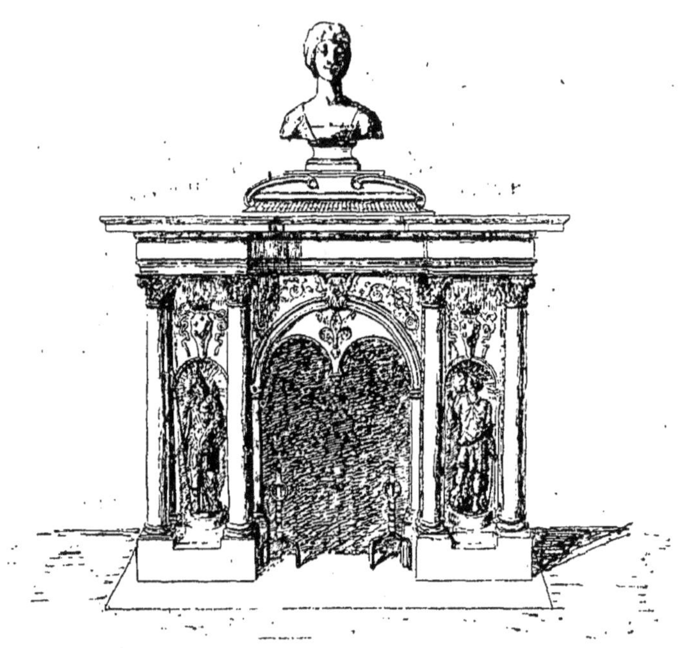

suspensions, lustres, torchères, en un mot l'utile et l'a-
gréable. Enfin nous nous sommes arrêté devant une
très belle cheminée que nous soumettons aux dilettanti.
La Renaissance florentine qui a servi de base à la com-
position y brille d'un vif éclat ; Sansovino y est dignement
représenté par son Mercure et sa Minerve. Les écussons
des Médicis, en émail de Limoges, se détachent sur le fond
blanc du marbre, encadrés par les colonnes en marbre
griotte. Au centre un masque burlesque surmonté de la
fleur de lis florentine, de chaque côté serpentent capri-
cieusement de légères arabesques finement exécutées. Les
chapiteaux qui supportent l'entablement sont en bronze.
Comme couronnement, un chef-d'œuvre de notre salle de
la Renaissance du Louvre, la Femme inconnue de l'École
milanaise en terre cuite, qui donne une note différente dans
cet ensemble harmonieux.

On peut dire que, depuis plusieurs années, la mode est revenue aux ameublements de chêne sculpté. Leur simplicité de bon goût, leur élégance correcte plaît en général à tout le monde, et nous en voyons aujourd'hui dans presque toutes les salles à manger, les ateliers, et même les chambres à coucher. Les résultats merveilleux que les sculpteurs ont obtenus dans le travail du chêne, ont placé les ameublements en bois sculpté au premier rang. On nous sera donc reconnaissant de signaler à l'attention de tous une maison qui s'est acquise, en ce genre, par sa sobriété et son bon goût, une réputation pleinement justifiée, c'est la maison Favier, dont les magasins sont situés, 8, place de la Bastille.

M. Favier occupe plusieurs artistes et ouvriers de mérite qui sont passés maîtres dans leur art, et les meubles qui sortent de chez lui, particulièrement les ameublements de salles à manger, sont tout à fait remarquables et se distinguent pas leur solidité et leur élégance, deux qualités précieuses quand il s'agit de meubles.

Nous engageons les amateurs de beaux meubles à visiter les magasins de M. Favier, ils en sortiront convaincus que rien de mieux n'a été fait jusqu'à ce jour dans l'art de l'ameublement en chêne sculpté.

Un ingénieux instrument, à la fois simple et très commode, est le T indicateur et rapporteur inventé par M. WALLET, dessinateur et graveur, 147, boulevard Saint-Michel.

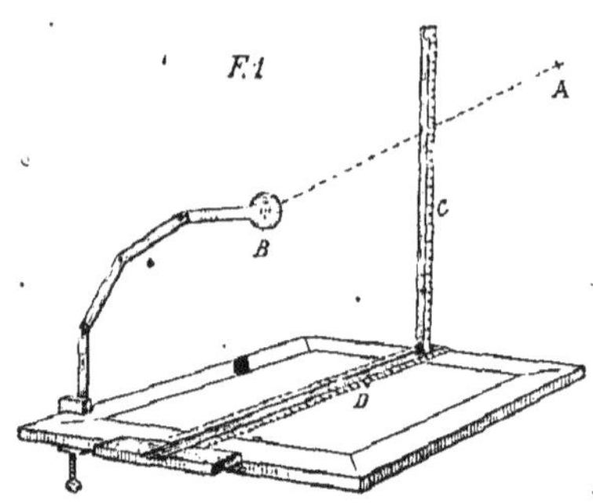

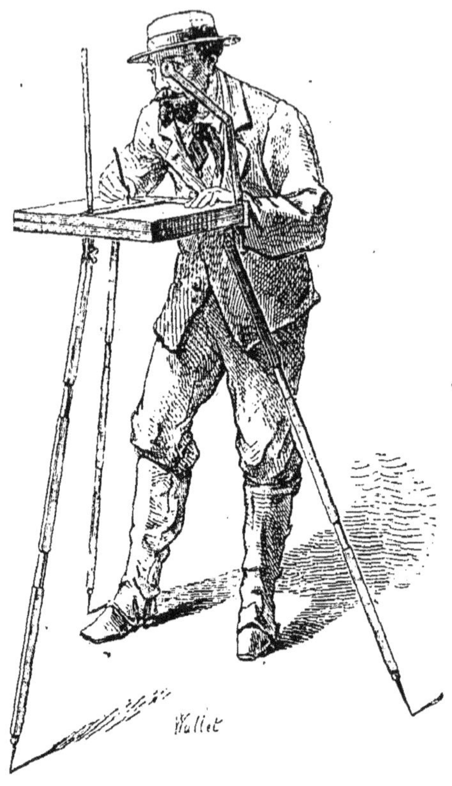

DESCRIPTION DE L'APPAREIL

Il se compose (voir *fig.* 1) d'un T dont les bords taillés en biseau portent des divisions, et d'une règle C sur laquelle sont marquées des divisions correspondantes à celles du T. Ainsi que le montre le dessin, la règle est maintenue perpendiculaire au T au moyen d'une charnière à compas munie d'une vis de pression. L'instrument comprend en outre un viseur B placé à l'extrémité d'une tige articulée, de façon à pouvoir être mis à la hauteur voulue et fixée par une vis à la planchette.

Supposons que l'on veuille obtenir la trace perspective d'un point A par exemple, il suffira d'appliquer l'œil au viseur, de lire sur la lèvre de l'échelle amenée dans l'axe du viseur et du point, le chiffre que rencontre le rayon visuel, et de piquer ensuite au crayon sur la planchette un point à la division correspondante marquée sur le biseau du T. En faisant glisser l'instrument à droite ou à gauche, sans toucher au viseur, bien entendu, et en répétant l'opération du piquage comme il vient d'être indiqué, on obtiendra la trace perspective du nombre de points de l'horizon que l'on jugera nécessaires, et il ne restera plus qu'à les joindre entre eux. On se trouve ainsi posséder un tracé perspectif *horizontal* qui sera la reproduction exacte du tracé qui aurait été fait sur le tableau vertical dans lequel se meut la règle.

Nous avons encore à signaler deux petits instruments qui nous paraissent appelés à rendre de réels services.

1° Porte-Loupe *(fig. 1)*. Cet appareil s'adapte au chevalet des peintres ou à la table des graveurs, lithographes, photographes, etc., etc.

Il rend à l'artiste l'usage de ses deux mains et maintient la loupe à la distance que l'on veut; elle est mobile dans tous les sens, s'éloigne ou se rapproche, se monte ou se baisse et se porte de gauche à droite et de droite à gauche.

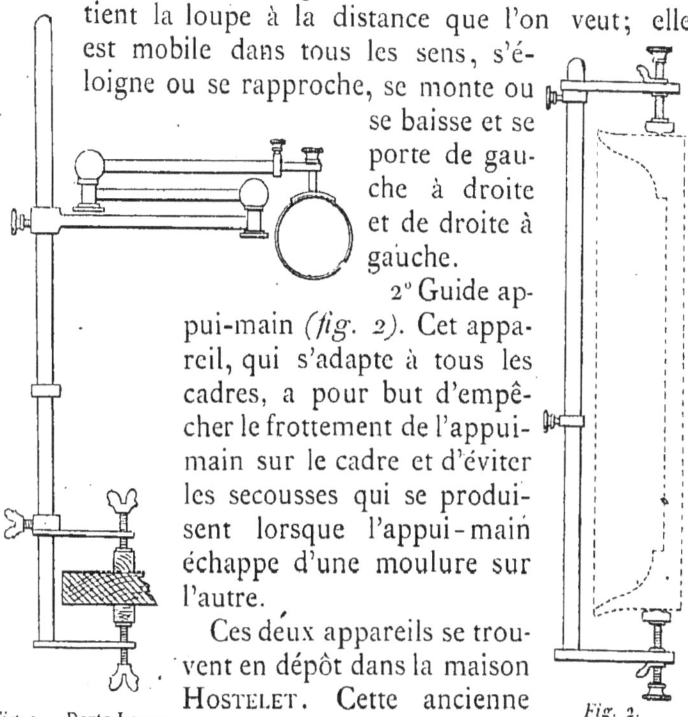

Fig. 1.— Porte-Loupe.
Breveté s. g. d. g.

Fig. 2.
Guide appui-main.
Breveté s. g. d. g.

2° Guide appui-main *(fig. 2)*. Cet appareil, qui s'adapte à tous les cadres, a pour but d'empêcher le frottement de l'appui-main sur le cadre et d'éviter les secousses qui se produisent lorsque l'appui-main échappe d'une moulure sur l'autre.

Ces deux appareils se trouvent en dépôt dans la maison HOSTELET. Cette ancienne maison, fondée en 1854 et dirigée aujourd'hui par M. PEPIN-MALHERBE, neveu et successeur du fondateur, s'est acquis une grande réputation dans la fabrique des mannequins et des chevalets.

Elle a obtenu plusieurs mentions honorables à diverses Expositions, et notamment à celle du Havre, en 1868, et à l'Exposition universelle de 1878. Les mannequins qui sortent de ses fabriques se distinguent particulièrement par leur légèreté, leur souplesse et l'extrême flexibilité des articulations.

Nous signalerons aussi les chevalets de luxe qui sortent de cette maison. Ils se font remarquer par leur légèreté, leur solidité et leur élégance; c'est le dernier mot du genre.

Les artistes trouveront chez MM. Pepin-Malherbe neveu

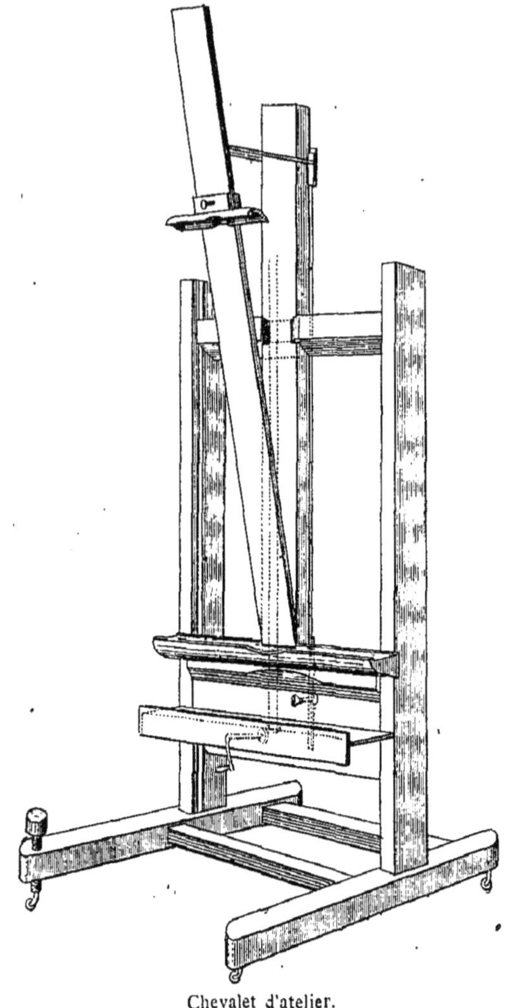

Chevalet d'atelier.

des berles d'ateliers, des chevalets de campagne, des toiles, des panneaux, des châssis, des boîtes à crémaillère, des cartons, etc., etc.; en un mot, tout l'attirail de l'artiste dans les meilleures conditions.